Reimer Gronemeyer

Kampf der Generationen

REIMER GRONEMEYER

Kampf der Generationen

Deutsche Verlags-Anstalt
München

Bibliographische Information Der Deutschen Bibliothek
Die Deutsche Bibliothek verzeichnet diese Publikation
in der Deutschen Nationalbibliographie; detaillierte
bibliographische Daten sind im Internet über
http://dnb.ddb.de abrufbar.

2. Auflage 2005
© 2004 Deutsche Verlags-Anstalt GmbH, München
Alle Rechte vorbehalten
Typografie und Satz: DVA/Brigitte Müller
Gesetzt aus der Stone
Druck und Bindung: Bercker Graphischer Betrieb, Kevelaer
Diese Ausgabe wurde auf chlor- und säurefrei gebleichtem,
alterungsbeständigem Papier gedruckt.
Printed in Germany
ISBN 3-421-05752-4

Für Gerda Graf

INHALT

Mir geht es wie einem Klimaforscher. Erst sind die mahnenden Experten dieser Disziplin mehr als ein Jahrzehnt verlacht worden, jetzt hingegen begründet mein Versicherungsagent die Prämienerhöhung für mein Haus mit den absehbaren Folgen der Klimaveränderung. Man bekommt manchmal äußerst ungern Recht.

Schon vor mehr als zehn Jahren, 1989, fand sich ein Verlag, der mein Buch über einen drohenden Generationenkonflikt zu drucken bereit war (»Die Entfernung vom Wolfsrudel. Vom drohenden Krieg der Jungen gegen die Alten«). Der wachsende Schuldenberg, die Rentenfinanzierung, der Zerfall der Familie, die Pflegekatastrophe, die Überlastung der Jungen – davon war die Rede. Die Renten seien sicher, entgegnete mir damals empört der zuständige Minister Norbert Blüm, und Ursula Lehr, Seniorenministerin, fand meine Behauptung, die Rentenbeiträge würden heftig steigen müssen, lächerlich und gefährlich. Von haltlosen Horrorvisionen wurde gesprochen.

Inzwischen ist es ein Gemeinplatz: Die Renten sind keineswegs sicher, die Finanzierung der ausufernden Gesundheitsleistungen steht vor dem Bankrott. Es droht eine Klimakatastrophe im Generationenverhältnis: Schon fordern Jungpolitiker die Begrenzung von Medizinkosten für Alte (keine künstlichen Hüften ab 85), Wissenschaftler sprechen von einer fälligen Rationierung (ab 75 nur noch Schmerztherapie).

Man muss heute den Generationenkonflikt nicht mehr beschwören, er ist da. Er räkelt sich wie ein Riese in den unterirdischen Gewölben der Gesellschaft und lässt das Gebäude, das wir bewohnen, wackeln. Eine gewisse Zeit war der Riss erfolgreich mit Geld verdeckt und wattiert worden. Da alle immer alles »kriegten«, gab es keinen Krieg zwischen den Generationen. Nun fehlt es an Geld, der Krise ist der monetäre Schleier abgerissen. Jetzt geht es um die Frage: Wer kriegt was? Der Konflikt um die Alten bricht jetzt aus, weil die konsumistische Korruption nicht mehr funktioniert. Wer den Debatten zuhört, erkennt mit Schrecken, dass diese Diskussion bisher von einer einzigen Zwangsidee beherrscht ist: Der Generationenkonflikt wird ausschließlich als ein Verteilungskonflikt diskutiert. Konsequent erfolgt daraus die Frage: Wer hat die besseren Waffen in dieser Auseinandersetzung? Die Alten, weil sie die Wahlen entscheiden können, weil sie die Ministersessel und die Aufsichtsratsposten innehaben? Oder die Jungen, weil sie morgen das Geld verdienen?

Die sich immer noch ausfächernden medizinischen Angebote können nicht mehr allen zur Verfügung stehen, weil das unbezahlbar wird. Die Brüste des allen zur Mutter gewordenen Marktes werden unsanft entzogen. In diesem Augenblick des Entsetzens, der Verunsicherung befinden wir uns. Mitten aus dem rasenden Lauf eines Lebens, in dem wir uns zu Verbrauchern haben machen lassen, werden wir herausgerissen und drohen, auf die plötzlich sichtbar gewordenen Grenzen aufzuprallen.

Wir stehen heute an einer Wegscheide: Wir können die Haltung beibehalten, die Leben mit dem Einheimsen von Angeboten verwechselt. Dann erwächst aus der Überalterung der Gesellschaft ein neuer Verteilungskampf, eine durchaus hässliche Variante des Generationenkonfliktes. Gezeter und Gezerre um die knapper werdenden Ressourcen. Da werden die einen fordern: Rentenkürzung für die, die keine Kinder in die Welt gesetzt haben! Es wird zurückgegiftet mit der Aufforderung: Zahlt ihr doch erst mal so viel in die Rentenkassen, wie wir das getan haben!

Wie kommen wir aus einer derartigen Verengung heraus, und wie »rekultivieren« wir das Thema? Es geht um Auswege aus dem »Kampf der Generationen«. Was hier vorgeschlagen wird, steht quer zur gegenwärtigen öffentlichen Debatte. Dieses Buch ist kein Mini-Rürup-Bericht. Im Gegenteil: Es verweigert sich der Rürupisierung der Gesellschaft – der Verlagerung von Konflikten, die uns alle angehen, in Kommissionen, die uns dann mitteilen, was wir alles nicht mehr kriegen oder dürfen. Dieses Buch will den Wunderglauben stärken: den Glauben an das Wunder, dass es den mündigen Bürger (»civis«) noch gibt, der die »Zivilisierung« der Gesellschaft zu seiner Sache macht. Der sich weder vom Geschrei der Altenlobby (»Ich auch! »Ich auch«) noch vom Geschrei der Jugendlobby (»Ich auch!« »Ich auch!«) mitreißen lässt. Der die Infantilisierungen, die uns zugemutet werden, ablehnt und stattdessen Bescheidenheit erwägt. Nicht vom Verzicht wird hier geredet, den man anderen zumutet, sondern von dem, der Junge wie Alte aus konsumistischer Unmündigkeit befreit.

Ging es mir 1989 um die Befürchtung, dass der Generationenkonflikt die Gesellschaft zerreißen könnte, so geht es mir jetzt um die Hoffnung, dass der unübersehbar gewordene Generationenkonflikt zu einem Aufbruch wird, der die Menschen ändert, der uns dazu animiert, über das Verhältnis von Jung und Alt neu nachzudenken.

Im Grunde sind wir Zeugen eines merkwürdigen Phänomens: Die Alten werden in vielerlei Hinsicht zum Zentrum der Gesellschaft. Nicht nur durch ihre schiere Zahl. Sie sind zum wichtigen, wenn nicht zum wichtigsten Reformthema der europäischen Gesellschaften geworden. Das Thema »Vergreisung« ist ja lange übersehen worden, weil es ein graues Thema ist, ungeeignet für Wahlkampagnen und für Kulturevents. Man denke nur an zahlreiche misslungene Veranstaltungen zum Generationenkonflikt, die sich durchgängig dadurch auszeichneten, dass keine Jungen kamen und die Alten sich über die Faulheit der Abwesenden erregten. Das Altenthema passt nicht in eine Situation, in der man sich –

inmitten spürbarer Krisen – von Flexibilität, jugendlichem Schwung und Aufbruchsbereitschaft alles verspricht und das Alte unter den Chiffren Verkrustung, Reformstau, Unbeweglichkeit für Krisen aller Art verantwortlich macht.

Aber mit einem Mal wird »die drohende Vergreisung« der europäischen Gesellschaften zum Dauerbrenner, ganz plötzlich wird von einer bevorstehenden sozialpolitischen Altenkatastrophe geredet, nicht nur in Deutschland: Wer soll die alle versorgen? Wie sollen die Renten bezahlt werden?, hallt es durch Europa. Ruinieren die Alten unsere Krankenkassen? Sklerotisiert unsere Kultur – und noch erschreckender – unsere Ökonomie? In Katastrophenszenarien sieht man junge Menschen durch die Zukunft wanken, die zahllose Alte auf ihren Schultern tragen müssen. Die verzehren dicke Pensionen, während sich die Jungen mit der Aussicht auf kümmerliche Renten in ein tristes Morgen schleppen. Sie sollen sich mit Zahnlücken abfinden, während die Alten teure Zahnkosmetik auf Kosten der Jüngeren bezahlt bekommen. Sie saugen den Gesundheitsetat ab, während die Jungen mit den rationierten Pauschalangeboten eines ›verschlankten‹ Gesundheitspakets werden zufrieden sein müssen, wenn sie nicht Geld genug haben, um sich teure Privatmedizin zu erlauben.

Es kommt alles darauf an, dass die Chancen, die in dieser Krise liegen, begriffen und ergriffen werden. Es ist ein merkwürdiger Tatbestand, dass damit wohl zum ersten Mal in der uns bekannten Geschichte die Alten zum Anlass für tief greifende gesellschaftliche Reformen werden. Aber so ist es. Sie sind (noch) nicht die Akteure, aber der Anlass. Der Ruck, der durch die Gesellschaft gehen soll, hat seinen Angelpunkt in den Alten. Der Kampf der Generationen kann zu einer Vereisung unserer Lebenswelt führen, wenn er zum Stellungskrieg in Verteilungskämpfen erstarrt. Aber die anstehenden Einschränkungen können auch zum Aufbruch in eine neue Gemeinsamkeit werden, die Konflikte nicht leugnet, sondern in die Hand nimmt.

Das Manuskript habe ich mit verschiedenen Menschen diskutiert, und ich danke den Freunden für Anregungen, Hinweise, Korrekturen. Vor allem hat Rüdiger Dammann das Manuskript sorgfältig und kritisch mit mir durchgearbeitet – ohne ihn würde es bruchstückhaft geblieben sein; eine lange Kooperation hat da ihre wunderbare Fortsetzung gefunden. Auch Bernhard Suchy von der Deutschen Verlags-Anstalt hat mich vor Irrtümern und Einseitigkeiten bewahrt und auf Alternativen hingewiesen. Marianne Gronemeyer, Wolfgang Buff, Georgia A. Rakelmann, Matthias Rompel, Marco Schäfer, Michaela Fink, Marcel Globisch, Felix Schumann, Andrea Newerla, Guido Zakrzewski, Thorsten Euler, Heidi von Grünewaldt sind meinen Selbstzweifeln ausgesetzt gewesen oder haben auf Material hingewiesen oder haben gelesen und wieder gelesen. Dank!

Dieses Buch widme ich Gerda Graf, der Vorsitzenden der Bundesarbeitsgemeinschaft Hospiz, die auf viele Weisen meine – unsere – Forschungstätigkeit unterstützt.

Reimer Gronemeyer

ALZHEIMER-GESELLSCHAFT

Der Generationenkonflikt hat Zukunft

Verliebt ins Vergessen

Sie werden mit einem kreisrunden roten Fleck auf der Stirn geboren, gerade über der linken Augenbraue. Das ist ein Zeichen, dass der so geborene Mensch niemals sterben wird. Im Lauf des Lebens verändert der Fleck seine Farbe: Er wird grün, blau und schließlich kohlschwarz. Begeistert nimmt Lemuel Gulliver diese Geschichte auf. Nachdem er bei den Liliputanern war, hat ihn ein Sturm zu den Luggnaggiern verschlagen, und dort hört er den Bericht über die Unsterblichen mit dem roten Fleck, die Struldbrugs. Sogleich malt sich Gulliver ein Leben als Unsterblicher aus: Grenzenlos reich und gelehrt könne er – in der unbegrenzten Zeit – werden. Eine lebende Schatzkammer des Wissens und der Weisheit würde er sein. Doch die Luggnaggier klären den Reisenden darüber auf, dass es ganz anders ist: Traurig ist das Schicksal der Struldbrugs. Wenn sie nämlich achtzig Jahre werden – und das gilt bei den Luggnaggiern als die äußerste Grenze des Lebens –, dann zeigen sie nicht allein alle Torheiten und Schwachheiten anderer alter Leute, sondern noch viel mehr: Es treten Torheiten und Schwachheiten auf, die eine Folge der furchtbaren Aussicht sind, niemals zu sterben. Sie sind nicht nur eigensinnig, verdrießlich, habgierig, mürrisch, eingebildet und geschwätzig. Sie sind nun auch der Freundschaft unfähig und unempfänglich für jede natürliche Zuneigung. Neid und ohnmächtige Begierden sind ihre vorherrschenden Leidenschaften. Ihr Neid richtet sich auf die Laster der jüngeren Leute und auf den Tod der alten. Sie erinnern sich nur an das, was sie in ihrer Jugend und in ihrem mittleren Alter gelernt und beobachtet haben. »Die am wenigsten Unglücklichen unter ihnen scheinen noch diejenigen zu sein, die kindisch werden und ihr Gedächtnis völlig verlieren; diesen wird mehr Mitleid und Hilfe zuteil, da ihnen viele schlechte Eigenschaften fehlen, die bei anderen im Überfluss vorhanden sind.« Sobald ein Struldbrug das achtzigste Lebensjahr vollendet hat, wird er rechtlich als tot betrachtet, der Struldbrug gilt dann als unfähig, irgendeine Stellung zu bekleiden. Mit neunzig verlieren diese Unsterblichen Zähne und Haare, sie nehmen keine Geschmacksunterschiede mehr wahr, sondern essen und trinken ohne Vergnügen und Appetit, was sie bekommen können. Ihre Krankheiten dauern immer fort. »Beim Sprechen vergessen sie die gewöhnlichsten Bezeichnungen von Sachen und die Namen von Personen. Sie können sich die Zeit nicht mehr mit Lesen vertreiben, weil ihr Gedächtnis nicht ausreicht, sie vom Anfang eines Satzes bis zum Ende zu bringen.«[1]

Die Struldbrugs sind unter uns: Uralte, die nicht einmal mehr die Namen ihrer Kinder kennen; außerstande, das schlichte Handlungsmuster einer Vorabendserie zu begreifen, geschweige denn einen gedruckten Satz vom Anfang bis zum Ende zu verfolgen. Die Struldbrugs heißen bei uns Alzheimer-Kranke. Mehr als eine Million in Deutschland, viele Millionen in Europa. Niemand scheint sicher vor diesem Schicksal, nicht einmal ein ehemaliger Präsident der Vereinigten Staaten: Auch Ronald Reagan hat alles vergessen und weiß nicht mehr, wer er ist. Hat die Verlängerung des Lebens, die immer mehr Menschen ein hohes Alter beschert, diesen Preis: dass immer mehr dieser Alten den Verstand verlieren?

Jede Zeit brütet die für sie typischen Krankheiten aus. Jedes Zeitalter – so Egon Friedell – macht sich seine Krankheiten, die ebenso zu seiner Physiognomie gehören wie alles andere, was es hervorbringt: Sie sind gerade so gut seine spezifischen

Erzeugnisse wie seine Kunst, seine Strategie, seine Religion, seine Physik, seine Wirtschaft, seine Erotik und sämtliche Lebensäußerungen, sie sind gewissermaßen seine Erfindungen und Entdeckungen auf dem Gebiet des Pathologischen.[2] Zum 21. Jahrhundert gehören Aids und Alzheimer, die Immunschwäche und die Hirnschwäche.

Müssen wir die Alzheimer-Krankheit als die Kehrseite des glitzernden Fortschritts begreifen? Eine der Erinnerung feindlich gesinnte Gesellschaft spuckt massenhaft Individuen aus, die sich nicht erinnern können. Die Kenntnisse und die Kompetenzen der Alten sind unbrauchbar. Was bleibt den Alten da eigentlich anders übrig, als den Verstand zu verlieren? Die Welt, in der sie leben, schreit ihnen unablässig in die Ohren, dass ihre Erfahrungen überholt sind. Unsere Struldbrugs entziehen sich dem allgegenwärtigen Innovationswahn und dem zermürbenden Beschleunigungszwang, indem sie sich in die Hirnerweichung flüchten. Warum sollte man sich erinnern, wenn nichts mehr zählt?

Immer mehr breiten sich die weißen Flecken der Erinnerungslosigkeit in unserer Gesellschaft aus: Mit den wachsenden Datenmengen wächst eine neue Leere. Die Informationsgesellschaft entzieht dem Erinnern den Boden, weil das mächtig kumulierende Neue alles Alte verschüttet. Die Informationsgesellschaft nötigt dazu, die explodierenden Datenmengen in immer neuen Dateien abzulegen: Die elektronische Abraumhalde wächst und löst dabei stillschweigend das Erinnern ab. Sie zieht einen Vorhang vor das Erinnern, das eigentlich überflüssig wird, weil man ja doch alles abrufen kann. Tatsächlich vernebelt der Sandsturm aus Bytes und Pixeln den Blick auf alles, was gewesen ist, das Einfache und das Komplizierte: auf Jesus und auf Kant, auf das Einlegen von Salzgurken und auf den Anbau von Flachs. Das Alte wird musealisiert, man kann es besichtigen und abrufen, aber es hat sein Leben verloren: Die Dresdner Frauenkirche wird wieder aufgebaut, während der lebendige Strom des Glaubens,

der solche Bauwerke einmal geschaffen hat, längst ausge-
trocknet ist.

Es wird berichtet, dass Alzheimer-Patienten nur noch durch
große einfache Schilder Orientierung finden: Bad, Tür, Tochter steht drauf. Die Dresdner Frauenkirche ist ein solches
Schild, das sich die Alzheimer-Gesellschaft zur krampfhaften
Erinnerung gesetzt hat: Die Menschen starren darauf, aber sie
wissen gar nicht mehr, was dieses Gebäude soll. Noch geben
wir uns der Illusion hin, dass das Phänomen Alzheimer ein
Randphänomen, eine Folge des verlängerten Lebens ist.
Umgekehrt wird ein Schuh draus: Alzheimer ist überall. Eine
erinnerungsfeindliche Kultur bringt im Alzheimer-Patienten
den ihr zeitgemäßen Einwohner hervor, den Erinnerungslosen. Er setzt physisch um, was ihm von allen Seiten ent-
gegendröhnt.[3]

Die Frage ist, ob der Homo alzheimerensis sich auf Dauer
mit den Rändern der Gesellschaft begnügt oder ob er von
den Rändern her allmählich in das Zentrum unserer Lebenswelt vorrückt. Wie verwandt ist der uns bekannte Alzheimer-
Kranke eigentlich jenem Normal-Bewohner der Informationsgesellschaft, der – wesentlich erinnerungslos – über nichts
mehr verfügt als über seine Datenmengen?

Vielleicht sollten wir uns also bereitmachen, die Alzheimer-Kranken als die heimliche Avantgarde der modernen
Gesellschaft zu begreifen: Auf die Entwertung ihrer Kenntnisse und Kompetenzen reagieren die Alten mit Vergesslichkeit. Auf die Erfahrung, dass sie von niemandem mehr
gebraucht und somit zu sozialen Leichen umdefiniert werden, reagieren sie, indem sie asozial werden: Sie brechen den
Verkehr mit allen ab und machen in die Windeln.

Eine irritierende und unerfreuliche Feststellung ist also
zu treffen: Die Erinnerungslosen, die wir in geschlossenen
Anstalten, Pflegeheimen und opferbereiten Familien einiger-
maßen unsichtbar aufgehoben vermuteten, könnten so etwas
wie das heimliche Zentrum der Gesellschaft sein. Sie setzen

den allgegenwärtigen Imperativ der Erinnerungslosigkeit konsequent um und sind insofern realistischer als mancher Aufsichtsratsvorsitzende, als mancher Minister und sowieso realistischer als manche Wissenschaftler. Sie sind der Spiegel, in dem wir uns erkennen können.

In der ›Veralzheimerung‹ offenbart sich zugleich ein Paradox: Während einerseits Gedächtnis und Erinnerung systematisch entwertet werden, wird andererseits das Gehirn zugleich zum Menschen-Zentrum. Wir Modernen verstehen uns immer nachdrücklicher als Hirnträger. Der Mensch ist ein Hirn mit Fleisch-Hülle. Seit den ersten Herztransplantationen hat sich der Sitz der Vitalität, der Ort, an dem wir das Zentrum der Person vermuten, immer mehr in die Hirnregionen geflüchtet. Ohne das eigene Herz kann man leben, ohne das eigene Hirn – noch – nicht. Das Ende des Lebens wird nicht mehr am ausbleibenden Pulsschlag, sondern am Erlöschen der Hirnfunktionen gemessen. Darum wird die Hirnforschung gegenwärtig zum Angelpunkt medizinischer und biologischer Forschung. Während das Hirn so einerseits zum Zentrum der Person erklärt wird, wird es andererseits als der Ort, an dem bisher Mnemosyne, die Erinnerung, wohnte, überflüssig. Das Hirn, das nun allenfalls noch neurologisches Kontrollzentrum für Datenmengen sein soll, vermag sich selbst zu zerstören, wenn es diese Aufgabe nicht wahrnehmen kann.

Alzheimer ist nicht nur als ein rätselhaftes, massenhaftes Krankheits-Phänomen zu lesen, sondern in Alzheimer setzt sich die allgemeine Erinnerungslosigkeit der Gesellschaft in den alt gewordenen Individuen durch. An die Stelle der Traditionen, die Alte einmal weitergaben und die nun zu Staub zerfallen sind, tritt realistisch – und im Grunde der Lage angemessen – nur noch eins: das Nichts. Und das trägt den Namen Alzheimer.

Bei den Griechen stieg man, wenn es dunkelte, in den Fluss Lethe, der für die Nacht Vergessen schenkte. Aus der Wohltat scheint gegenwärtig eine Katastrophe werden zu wollen. Wir sind süchtig nach Vergessen. Als hätten wir es versäumt, aus dem Fluss Lethe wieder herauszusteigen, und wären darin ertrunken. Die Vergangenheit ist gestrichen. Die Schulen und Universitäten sind zukunftsversessen und erinnerungsarm. Selbst die Alten starren vor allem auf das, was noch kommt, und trinken nicht aus den Quellen der Erinnerung. Das macht sie für die Jungen so uninteressant und lässt aus den Vorbildern Konkurrenten werden. Die alte fruchtbringende Arbeitsteilung zwischen zukunftsorientierten Jungen und kenntnisreichen Alten ist implodiert zugunsten des Kampfes um die Frage, wer die Gegenwart und die Zukunft besetzen kann. Der Streit um die Reform der Sozialsysteme zwingt uns – so wie er geführt wird – zu einem Windschutzscheibenblick. So wie man durch die Autoscheibe auf die Autobahn starrt, starren Junge und Alte nach vorn und ignorieren, was nebenan und hinter uns liegt.

Lagebeschreibung: Jeder Zehnte über achtzig!

Die Töne werden schriller. Inzwischen wird unverhohlen gefragt: Werden die Alten zu einer Bedrohung für die ökonomische, kulturelle und soziale Stabilität der modernen Gesellschaften? Aus der Frage wird bald eine trompetenklare Feststellung geworden sein. Unsere teuren Alten, die in Sonntagsreden gewürdigt werden, werden uns dann am Montag schon zu teuer sein. Zu hohe Renten, überbordende Gesundheitskosten – ganz abgesehen von der zukünftigen Pflegekatastrophe, die jetzt schon an die Tür klopft. Im Jahre 2050 wird – so unterstreicht die Kommission der Europäischen Gemeinschaften – jeder Dritte in Europa ein Alter sein.[4] Jeder Zehnte ist dann über 80 Jahre. Es ist, als würde man die Gesellschaft bei einem Fehler ertappen. Erst haben die günstigen Lebensumstände dafür gesorgt, dass viele Menschen gut versorgt alt werden. Nun läuft das Produkt Senior immer noch vom Band, obwohl der Markt längst gesättigt ist.

Wie kann man das wieder stoppen? So viel haben wir uns auf unsere Planungskompetenz eingebildet, nun zeigt sich, dass alle Experten das kommende Desaster übersehen haben. Die Folge sind hektische Rettungsversuche, deren Scheitern absehbar ist.

Die umfassende Krise, die aus der drohenden Vergreisung entsteht, meldet sich. Jahrelang ist das Thema verleugnet, ignoriert, übersehen worden. Noch im Bundestagswahlkampf 2002 kam das Alten-Thema, das gute Chancen hat, zum Zentrum eines sozialen Erdbebens zu werden, gar nicht vor. Jetzt ist es da. Warum ist es da? Weil wir an unserem empfindlichsten Punkt getroffen sind: Das Geld fehlt. Wer jetzt gerade alt wird, ahnt, dass seine Einkünfte beschnitten werden. Wer jetzt jung ist, muss befürchten, dass seine Altersversorgung dürftig ausfallen wird. Ob alt, ob jung – die wattierte Wohlstandsära ist vorbei, künftig weht ein kalter Wind.

Wen kann das wundern? Die Gesellschaft, die das Geld zu ihrer spirituellen Mitte gemacht hat, degradiert auch das Generationenverhältnis zu einer Geldfrage. Das Generationenverhältnis wird folgerichtig in einer Marktgesellschaft, die die meisten Verhältnisse auf Geldfragen zurückführt, zu einer Geldangelegenheit. Wenn aber das Verhältnis zwischen den Generationen unter die Gesetze des Marktes gerät, dann wird dieses Verhältnis notwendig auch durch die Gesetze der Konkurrenz bestimmt. Und damit droht dann schließlich nackte Gewalt zum Mitspieler in der Generationenfrage zu werden.

Man müsste gewarnt sein: Es gehört zu den symbolischen Untaten der Nazis, dass sie uralte Leute umbrachten, weil sie dem Volk nicht mehr nützlich waren. Was wird eine entfesselte Marktgesellschaft mit dem anschwellenden Heer von Hochaltrigen machen, die als Produzenten oder Konsumenten nicht mehr infrage kommen? Sie wird wahrscheinlich nicht töten, aber warum sollte sie nicht die freiwillige Selbstabschaltung (»wenn ich zu nichts mehr nütze bin ...«)

zum Programm erheben? Die Niederlande und Belgien sind mit ihrer Euthanasiegesetzgebung bereits ein Stück in diese Richtung gegangen.

Noch bis vor wenigen Jahren waren sich die Menschen darin einig, dass alles immer mehr wird. Mehr Geld, mehr Wohnraum, mehr Medizin, mehr Rente, mehr Sicherheit. Der bereits deutlich absehbare Konflikt zwischen den Generationen wurde konsumistisch verdeckt: Jeder bekam immer mehr – also brauchte man eigentlich nicht um Anteile zu kämpfen. »Für mich bestand der amerikanische Traum aus dem Haus mit dem weißen Holzzaun, aus der Garage für zwei Autos, aus zwei Kindern, einem Hund und einer Katze ... Was ist heute so anders? Es gibt einfach von allem mehr ... Ich finde ... dass der American Dream immer anspruchsvoller wird.« Dieser konsumistische Aufwind ist deutlich belegbar: Amerikaner wurden gefragt, wie hoch ihr Einkommen sein müsste, um »alle ihre Träume zu erfüllen«. 1986 wurde die Summe 50 000 Dollar genannt, 1994 war es schon mehr als das Doppelte, nämlich 102 000.[5] Diese Entfesselung der Bedürfnisse lässt sich in Europa genauso beobachten. Wenn irgendetwas die Alten heute charakterisiert und zu einer Generation zusammenbindet, dann ist es das Lebensgefühl, dass alles immer mehr wird.

Wenn mir der 83-jährige Franz. B. aus einem nordhessischen Städtchen stolz von seinen soeben gelegten fünf Bypässen erzählt, stellt er sich nicht die Frage, ob ihm das zusteht. Es würde ihm nicht einfallen, den Bezug zur Gemeinschaft, die das bezahlen muss, herzustellen. In den Nachrichten wird gleichzeitig mitgeteilt, dass die Jungen künftig möglicherweise Zahnbehandlung grundsätzlich als Privatangelegenheit betrachten müssen. Er soll sie haben, seine fünf Bypässe, der Franz B. Aber die kleine Geschichte zeigt, dass das Empfinden für Proportionen einer konsumistischen Fraglosigkeit gewichen ist: »Ich bin – also muss ich haben.« Die Frage, was denn geht und was mit dem ›Gemeinwohl‹ vereinbar ist, ist zugunsten eines nahezu grenzenlosen Anspruchsdenkens verloren gegangen. Je mehr das Leben mit dem Konsumieren (von Gütern, Jahren, Dienstleistungen, Medikamenten, Erlebnissen etc.) identisch wird, desto rüder wird das kollektive Geschrei nach mehr: »Ich auch! Ich auch!«.

Plünderer im Haus der Generationen?

Vielleicht aber ist genau darin auch eine Zukunftschance eingeschlossen. Der Generationenkonflikt spitzt sich zu, weil er nicht mehr wie bisher mit Geld kaschiert werden kann. Wenn aber dem Generationenverhältnis nun das Geldmäntelchen abgerissen wird, dann kann endlich wahrhaftig darüber nachgedacht werden, wie wir künftig zusammenleben wollen. Dazu muss man sich allerdings die Eckpunkte des drohenden Konfliktes klar vor Augen führen:

– *Zunehmende Vergreisung:* Im Jahre 2050 werden in Deutschland 38,7 Prozent der Menschen über sechzig Jahre und 31,4 Prozent über fünfundsechzig Jahre alt sein.

– *Verhältnis Jung–Alt:* Bis 2020 – so teilt das Bundesamt für Statistik im Jahre 2003 mit – wird sich die Schülerzahl in den Sekundarstufen I und II (Klassen 7–13) halbiert haben und die Zahl der über 80-Jährigen wird 2050 auf 9,1 Millionen gestiegen sein. Weil die Alten von morgen heute schon geboren sind, wird sich daran kaum etwas ändern. Auch Zuwanderung wird diese Zahlen allenfalls etwas dämpfen.

– *Verringerte Zahl von Erwerbstätigen:* Bis 2050 wird sich die Zahl der Erwerbstätigen – so ebenfalls das Bundesamt für Statistik – von 51 Millionen auf 40 Millionen verringern, die Einwohnerzahl wird auf 75 Millionen sinken.

– *Gefährdete Sozialsysteme:* Schreibt man die gegenwärtige Rentenfinanzierung fort, wird um die Jahrhundertmitte jeder Erwerbstätige eine Rente finanzieren müssen.

– *Explodierende Gesundheitskosten:* Achtzig Prozent der Gesundheitskosten fallen gegenwärtig in den letzten beiden

Lebensjahren an. Ein 90-Jähriger verursacht acht Mal so hohe Gesundheitsausgaben wie ein 10-Jähriger.

– *Überbordende Pflegeausgaben:* Da die Zahl der über 80-Jährigen sich in den nächsten 25 Jahren vervierfachen wird, wächst die Zahl der Pflegebedürftigen von jetzt 1,5 Millionen bis zum Jahr 2040 auf 2,9 Millionen. Für das Jahr 2050 wird für Deutschland mit zwei Millionen Alzheimer-Kranken gerechnet, deren Versorgung extrem teuer ist.

– *Wachsende Altenmacht:* Jede zweite Wählerstimme gehört schon bald einem Alten, denn die unter Achtzehnjährigen wählen nicht mit. Das schafft den Alten prinzipiell die Möglichkeit, jede Wahl zu entscheiden, und sie können so im Prinzip Veränderungen zu ihren Ungunsten verhindern.

– *Geringe Geburtenrate:* Gleichzeitig schrumpft – ohne Einwanderung – die Bevölkerung Deutschlands bis 2050 von jetzt 82 Millionen auf 70 Millionen. Die Geburtenrate liegt bei 1,4 Kindern pro Frau, und zu dem verschwindenden Kinderwunsch tritt noch die sich ausbreitende Unfruchtbarkeit, die heute jedes zehnte Paar betrifft.

Drei Entwicklungen – Megatrends, wenn man denn diesen Begriff aufgreifen will – dürften die nächsten Jahrzehnte in den reichen Regionen bestimmen:

– *die Globalisierung*

– *die IT-Revolution*

– und das *demographische Altern.*

Noch wird erst selten offen davon gesprochen, dass die Alten eine erdrückende Last sind. Noch werden nur die zusammenbrechenden Sozialsysteme beklagt, die der Vergreisung nicht mehr standhalten. Aber der Wind kann sich drehen. Dann dürfte die Anklageschrift der Jungen auf dem Tisch liegen: Wieso sollen wir eigentlich für die Konsumsucht alter Menschen aufkommen, für ihre entgrenzten Gesundheitskosten, für ihre schrankenlose Lebensgier? Haben sie uns nicht die Suppe eingebrockt, die wir jetzt auslöffeln sollen? Einen bröckelnden Sozialstaat, eine wachsende Arbeitslosigkeit, eine ruinierte Lebenswelt? Haben sie nicht ihr Leben auf unsere Kosten gelebt und tun es noch immer? Wann wird sich daraufhin die Forderung nach der Einschränkung des Wahlrechtes für über Achtzigjährige durchsetzen? Wann wird man verlangen, dass kinderlose Rentner ein Begrüßungsgeld für Babys bezahlen? Wann wird die Forderung nach Rationierung der Gesundheitsleistungen für Alte sich durchgesetzt haben? In Großbritannien ist das schon Alltag: Keine Herzoperationen ab 60, keine Dialysen, keine Hüftoperationen mehr. Auch die schwedische Krankenversicherung bezahlt keine Dialysen und keine Herzchirurgie bei Patienten über 65 Jahren.

Gegenwärtig stehen sich finanziell gut abgesicherte Alte auf der einen Seite und arbeitslose Jugendliche, abgabenbelastete Berufstätige und sozialhilfeabhängige Familien auf der anderen Seite gegenüber. Viele machen die Erfahrung: Alter geht mit Reichtum, Jugend mit Armut einher. Politiker neigen immer noch dazu, die Sprengkraft der Situation zu leugnen: »Ich wehre mich mit Händen und Füßen dagegen, diese modische Debatte um einen Generationenkonflikt mitzumachen«, sprach die Gesundheitsministerin Ulla Schmidt von der SPD. Aber das Sich-Wehren dürfte kaum helfen. Es geht längst nicht mehr nur um die Rente und die Sozialversicherungssysteme, sondern um den Schuldenberg, der den nächsten Generationen hinterlassen wird Es geht um kaputte Schulen und Universitäten, um ein absurd-ungerechtes Steuersystem, um aufgeblasene Bürokratie.[6] Und überall, wo gegenwärtig zu Reformen angesetzt wird, gehen sie auf Kosten der sozial Schwächeren, während die Gutsituierten geschont werden. Das Deutsche Institut für Altersvorsorge hat vorgerechnet, dass die heute Alten von der Rentenversicherung profitieren, die Jüngeren aber ihr Geld verlieren: Die Modellrechnung für einen heute 30-Jährigen ergibt, dass er durchschnittlich 115 900 Euro mehr für das öffentliche Wohl einzahlen muss, als er selbst einmal erhalten wird.[7] Noch gibt es wenig formulierte Wut. Wenn sich aber die Einsicht durchsetzt, dass es für die Jungen keineswegs eine Aussicht auf ein gut situiertes Alter gibt, sondern dass sich ihre Armut fortsetzen wird, dann könnte sich diese jetzt noch kaum wahrgenommene untergründig brodelnde Wut öffentlich Ausdruck verschaffen. Dann droht ein Krieg der Generationen. Das heißt nicht, dass sich in den Einkaufsstraßen unserer Städte eines Tages Jugendliche mit erhobenen Baseballschlägern und Rentner mit gezückten Golfschlägern gegenüberstehen. Aber man erinnere sich: Krieg kommt von kriegen. Und die Frage: Wer kriegt was, die dürfte von Tag zu Tag an Schärfe gewinnen. Sie gewinnt an Schärfe auch deshalb, weil das, was die Menschen lange verbunden hat, wegschmilzt: Der Respekt, der Gemeinsinn, die Nächstenliebe, die Familie – alles, was bisher Gemeinschaft gestiftet hat, droht zu verschwinden. Nicht dass Respekt, Gemeinsinn, Nächstenliebe, Familie je ideal realisiert gewesen wären, aber sie waren gebilligte Leitideen, an denen man sich zu messen hatte.

Der einzige gesellschaftliche Klebstoff, der heute geblieben zu sein scheint, ist das Geld. Alle persönlichen und alle gesellschaftlichen Fragen sind Geldfragen geworden: Das wird einem jeden Tag vor Augen geführt. Die Krise der modernen Gesellschaften – ihre Vergreisung, ihre gefährdeten Sozialsysteme – wird geradezu zwanghaft nur auf eine einzige Weise diskutiert: als Geldfrage. Jede Kulturdebatte, jeder Sozialstreit und auch die Auseinandersetzung um den Generationenvertrag kommt nur als eine Auseinandersetzung um Geld vor. Geld, das fehlt, Geld, das umverteilt oder aufgebracht werden soll. Theater, Opernhäuser, Universitäten, Museen, Schulen, Krankenhäuser, Kindergärten, Kirchen, Pflegeheime, Fußballvereine – es gibt nur noch den einen Blick, den von der zeitgenössischen Zwangsidee eingeengten Blick auf diese Einrichtungen unserer zivilen Gesellschaft:

die Geldfrage. Das Geld hat sich zum Spiritus Rector aller Kultur- und Sozialdebatten aufgeworfen, und weil alle Fragen, die noch gestellt werden können, Geldfragen geworden sind, wird auch die Altenfrage im Augenblick nahezu ausschließlich als ökonomische Frage diskutiert. Eine neuer Anfang ist nur möglich, wenn es gelingt, aus der Geldfrage, die jetzt das Generationenthema beherrscht, eine Kulturfrage zu machen. Dabei stellen sich Fragen, die etwa so lauten:

Sind unsere demokratischen Institutionen dem Ansturm gewachsen, der aus der Überalterung erwächst? Alte, die die Wahlen durch ihr Übergewicht dominieren; Alte, die Ministersessel besetzen. Überall Alte, die über die Zukunft der Jungen entscheiden – auch in Aufsichtsräten, Vorständen, Kommissionen. Aus den vereinzelten Alten, die die Geschicke der Jüngeren schon oft – weise oder nicht weise – bestimmten (vom greisen Hindenburg bis zum uralten Adenauer) ist ein graues Übergewicht geworden, das bei den Jungen die Idee einer Allgegenwart und Allmacht der Greise hervorrufen muss. Wo sie hinkommen, ist der alte Igel schon angekommen und stellt jubilierend fest: »Ick bün all dor!« Die Generationenfrage schließt die Frage nach neuen Machtverteilungen ein, bei denen die Älteren klug und weitsichtig auch Positionen räumen und das Wohl der Jüngeren mitbedenken müssten.

Welche Aufgaben erwachsen aus der Generationenspannung für die Zivilisierung unserer Gesellschaft? Gerade weil die Mittel knapper werden, muss die Frage nach der »Nützlichkeit« von Individuen zurückgedrängt werden, weil sonst zur Jagd auf unnütze Alte oder nicht brauchbare Jugendliche geblasen werden würde. Das ins Exil getriebene »Gemeinwohl« muss zurückgeholt werden. Es geht nicht um das allgemeine Lamento, dass die Menschen so egoistisch geworden sind, sondern um die realistische Wahrnehmung, dass Alte und Junge nur zusammenleben können, wenn das, was uns verbindet, nicht zugunsten manischer Selbstverwirklichung erdrückt wird. Was kann ich von der Gesellschaft erwarten, worauf müsste ich verzichten? Eine Frage, die eher aus der Mode gekommen ist, aber lebenswichtig wird, die Frage also nach Selbstbegrenzung zum Wohl der anderen. Von der Sozialpflichtigkeit des Eigentums redet unsere Verfassung. Müsste die Erinnerung an die »Sozialpflichtigkeit« aller Generationen hinzukommen? Eine solche neue – Alte und Junge umfassende – Kultur des Gemeinwohls kann man jedoch nicht verordnen. Sie muss animiert, hervorgelockt, bestärkt werden. Denn sie ist noch nicht vollständig verschwunden, wenn man an die sehr breite Bereitschaft der Menschen aller Altersstufen zur ehrenamtlichen Tätigkeit denkt.

Eine Humanisierung des Generationenkonfliktes wäre durch keine Verwaltungsvorschrift und durch kein Gesetz zu erzwingen, sondern verlangt einen Aufbruch der Beteiligten aus den Verkrustungen einer Gesellschaft, die das Haben-wollen stützt. Die Rentengesetzgebung oder die Gesundheitsreform wird immer nur Einschränkungen oder Umverteilungen organisieren können. Das löst Krach aus. Die mündigen Bürger, die oft vergessen haben, dass sie mündig sind, müssen sich gegenüber den verordneten Kürzungen, Verschiebungen, Ungerechtigkeiten verselbständigen. Bürger heißt bekanntlich lateinisch *civis*. Und davon kommt die Zivilisation. Die Humanisierung und Zivilisierung des Generationenkonfliktes ist keine Angelegenheit des Staates, sondern eine der Bürger und Bürgerinnen.

Das uralte Kind der Marktgesellschaft

Die Pflegeversicherung verzeichnete für das Jahr 2002 ein Defizit in Höhe von 400 Millionen Euro. Das liegt vor allem daran, dass die Zahl der stationären Pflegefälle rasant an wächst (1996 waren es 385 000; 2001 bereits 578 000).[8] Die Zahlen kann man lesen als Ausdruck einer kommenden Finanz- und Versorgungsfrage. Aber wollen wir nicht alle alt werden? Und gehört dann nicht auch dazu, dass man irgendwann auf Hilfe angewiesen ist? Und muss das ein Schrecken sein, ein teurer Schrecken zumal? Oder können wir in der Hinfälligkeit auch eine überraschende Herausforderung sehen – ob es nun unsere Hinfälligkeit ist oder die anderer? Wird die Vergreisung als ein peinlicher und kostspieliger Produktionsfehler angesehen? Oder liegt in der Vergreisung eine, vielleicht die Chance, zu neuen Ufern aufzubrechen?

Es ist doch bemerkenswert: Die Marktgesellschaft, die den flexiblen, den konsumfähigen, den agilen Menschen fördert und fordert, muss plötzlich in ihrer Mitte ein Riesenheer von Individuen entdecken, die das Gegenteil sind – ohnmächtig, abhängig. Leute, die mehr kosten, als sie beisteuern. Schlechte Kunden. Ein offenes Ärgernis, ein versteckter Widerspruch, ein betriebswidriger Skandal! Lauter schwache, alte Menschen in einer Gesellschaft, die das Starke, Gesunde, Junge vergöttert! Der Markt, der immer Junges gebären will, hat zur größten Überraschung aller Beteiligten ein Kind bekommen, das uralt ist, das zu ihm schreit und versorgt werden will.

Nun wird sich zeigen, ob die Logik des Marktes sich endgültig durchsetzt auch im Generationenverhältnis. Setzt sie sich durch, dann wird das »Problem«, das diese Heerscharen von Alten darstellen, auf die Frage nach einer billigen und humanitär gerade noch verträglichen Entsorgung zurückgeführt werden. Oder die Sache kippt: Dann schiebt die massenhafte Gegenwart von Schwachen und Hinfälligen die Frage nach dem Geld, nach dem Haben zur Seite und drängt sich in den Vordergrund als die Frage nach dem Sein: Wie wollen wir denn leben, wenn wir nicht mehr durch Einkaufsstraßen bummeln können, wenn wir uns nicht mehr in Ferienclubs bedienen lassen können? Gibt's da was? Werden die Jüngeren Zuwendung neu verstehen als etwas, was sich nicht rechnet, aber das Leben entdecken lässt?

Die Vergreisung Europas erzwingt eine Entscheidung: Beseitigen wir kurzerhand marktwidrige Existenzen oder wackelt die Logik des Marktes angesichts deren massenhafter Gegenwart? Die Millionen Pflegebedürftigen werden entweder die Herrschaft des Geldes bestätigen, dann dürfen wir uns auf eine inhumane Gesellschaft gefasst machen. Oder die pure Existenz der Pflegebedürftigen destabilisiert diese Herrschaft und lässt uns eine neue Gesellschaft entdecken, die nicht aus der Buchführung, sondern aus der Zuwendung lebt. Zugeben – es klingt nicht sehr wahrscheinlich. Aber wer sagt denn, dass der Weg in die Sackgasse unausweichlich ist?

Einen Beleg für diese Hoffnung gibt es: Kaum eine soziale Bewegung erfreut sich heute in Europa eines so nachdrücklichen Zulaufs wie die Hospizbewegung. Viele junge und ältere Menschen, die sich da engagieren, Veranstaltungen zum Thema Hospiz sind überfüllt. Wie soll man sich das erklären? Wird nicht immer gesagt, dass Tod und Sterben tabuisiert sind in der modernen Gesellschaft? Warum sind sie denn da, die Menschen? Weil sie etwas tun wollen, was Sinn in ihr Leben bringt. Weil die Menschen begreifen, dass sie sich als Wesen, die auf ihre Marktfähigkeit reduziert sind, verlieren. In der Hospizbewegung deutet sich ein Kontra zu einer Gesellschaft an, die das Haben vergöttert. Und in genau diesem Sinn kann man die Vergreisungsfrage doppelt lesen: als eine Geld- und Versorgungsfrage oder als die Gegenwart einer Marktwidrigkeit, die uns neue Handlungsfelder eröffnet.

»Denen musst du oft die Scheiße mit dem Rasiermesser vom Körper kratzen.« Das erzählt ein junger Banker aus Deutschland, der in Kalkutta im Hospiz, das die Mutter Teresa gegründet hat, arbeitet. Er lebt von seinen Ersparnissen. Sein Essen besteht aus Reis mit einer Linsensuppe, er lebt von einem Euro am Tag. Er wäscht und füttert die alten oder kranken Menschen, die von der Straße geholt werden, die im Sterben liegen und an diesem bescheidenen Ort aufgenommen werden. Die Helfer waschen sogar ihre eigene Kleidung mit der Hand selbst, keinen Luxus hat Mutter Teresa geduldet. Hungrig, schmutzig, elend kommen die

Pfleglinge an und werden von Freiwilligen aus der ganzen Welt umsorgt.[9]

Bis an das Ende der Welt muss man offenbar gehen, um die radikale Überwindung des Grabens zwischen den Generationen erfahren zu können: Ein verdreckter, sterbender alter Mann und ein junger Banker, der hier nicht etwa ein Familienmitglied versorgt und der hier nichts verdienen kann. Warum sollte man diese Geschichte nicht für zukunftsträchtiger halten als die Berechnungen von Sozialpolitikern, die den Zusammenbruch unserer Sozialsysteme ankündigen? Während der Banker seinen Reis mit Linsen isst, wird bei uns eine Rationierung von Gesundheitsleistungen gefordert, es wurde sogar schon – vom ehemaligen Vorsitzenden der Bundesärztekammer Vilmar – vom sozialverträglichem Frühableben gesprochen. Damit ist auf die kostspieligen Alten gezielt, die – in ungebremster Lebensgier? – den Gesundheitsetat aufbrauchen. Die letzten Tage verbringen viele auf der Intensivstation, dem teuersten, aber wohl auch schrecklichsten Ort, den man sich für seine letzten Stunden denken kann. Achtzig Prozent aller Menschen, die bei uns sterben, erleben ihre letzten Stunden, Tage oder Wochen in Einrichtungen, in denen sie professionell gepflegt und versorgt werden. Sie verlieren dabei ihr eigenes Leben und versäumen ihren eigenen Tod, weil sie zu Kunden medizinischer Betriebsamkeit und Betreuung werden.

Wir haben eine furchtbare Richtung eingeschlagen: In unserer Gesellschaft sind Altern und Tod systemwidrige Vorgänge geworden. Altern muss verhindert werden, solange es geht, und der Tod muss kontrolliert, notfalls medizinisch hergestellt sein.

Aber damit kommen wir wieder zu der Kernfrage: Welchen Weg wollen wir einschlagen? Wird aus der »Altenfrage« immer mehr ein ökonomisches Problem der spätmodernen Gesellschaften – mit technischen, medizinischen und administrativen Dimensionen? Dann verkommt das Alter zu einer sozialpolitischen Managementaufgabe: Wie viel Alter verträgt unser System? Wie viel Geld- und Gesundheitsinput können wir uns für diese Greisenmasse erlauben? Wann und wo ist Schluss? Das läuft hinaus auf eine kühle Gleichschaltung des Alters: Altersfragen sind dann als Versorgungsfragen definiert, aus denen, schneller, als man denkt, eine Entsorgungsfrage werden kann. Damit dürfte dann eine endgültige Vereisung der Generationsverhältnisse einhergehen: Begegnung nur noch auf der Ebene der Interessenkonflikte – wer dreht wem zuerst den Hahn zu?

Die Verwüstung der Areale des Alters

Hinter der Ökonomisierung des Generationenkonfliktes verbirgt sich eine umfassende Verwüstung des Alters und der Beziehungen zwischen den Generationen. Auch wenn »früher« keineswegs alles besser gewesen ist, haben Alte doch in Familienzusammenhängen und lokalen Milieus einen Platz gehabt. Der ist keineswegs immer idyllisch gewesen, hatte aber doch klare Orientierungs- und Aufgabenspektren. Heute lebt die Mehrzahl der Alten nicht mehr mit ihren Familien, sondern allein. Die Beziehungen zu Jüngeren sind ausgedünnt, die Lebensbereiche der Alten und Jungen schärfer getrennt als je zuvor. Dem Alter ist inzwischen die Einbindung in soziale Rhythmen des Lebens weitgehend abhanden gekommen. Noch einmal: Diese Einbindungen waren keineswegs das Paradies, aber es waren Milieus, in denen man sich einfügen oder von denen man sich abgrenzen konnte, in denen man sich ärgern oder sich freuen konnte, sich geborgen fühlte oder verachtet war.

Man kann zwar einerseits beobachten, dass Alte heute gut situiert und meist besser abgesichert sind als je zuvor. Andererseits liegt die wachsende Einsamkeit, die Abschiebung Alter in Heime, ihre soziale Isolierung, die drohende Sinnlosigkeit, die das Alter überschattet, offen zutage.

Alle zwei Stunden bringt sich ein alter Mensch in Deutschland um, weil er nicht mehr kann oder nicht mehr will.

Die psychische Verwahrlosung einer zunehmenden Zahl von Alten ist nicht nur ihrem biologischen Alter zuzurechnen, sondern verdankt sich auch der Tatsache, dass es immer schwerer wird, angemessene Altersrollen zu finden. Ältere Menschen sind in Ermangelung anderer Kontakte auf einen exzessiven Fernsehkonsum reduziert, es mangelt ihnen an Gesprächskontakten, und die Leere des Alltags wird oft nur mühsam durchgestanden.

Weisheit und Erfahrung bedeuten in der Hochgeschwindigkeits-Gesellschaft nichts. Wenn Weisheit und Erfahrung überhaupt noch zustande kommen, werden sie als Modernisierungshemmnisse verstanden, die beseitigt werden müssen.

An die Stelle der alten familialen und nachbarschaftlichen Lebenszusammenhänge tritt der Konsum von Waren und Dienstleistungen, die die Einsamkeit und Isolation nur betäuben, aber nicht heilen.

Die Alten sind zwar einerseits zur kulturell, ökonomisch und politisch dominierenden gesellschaftlichen Gruppe geworden, aber andererseits geraten sie – je älter sie werden, desto mehr – in eine »Dritte Welt«, die durch Abhängigkeit und Marginalität gekennzeichnet ist. Macht, Einfluss, Geld konzentrieren sich wie nie in der Hand der jüngeren Alten. Wohl zum ersten Mal in der Geschichte der Menschen werden sie gegenwärtig zum primären Anlass für Reformanstrengungen in der Gesellschaft: Sozialsysteme müssen umgebaut, eine kulturelle Vergreisung verhindert werden. Aber zugleich sind die Alten diejenigen, die die Fäden in der Hand halten. Sie sind der Anlass für Reformen, aber sie müssten sie selbst – auch zu ihren Ungunsten – veranlassen. Sie können Reformen verhindern, weil sie die Wahlen entscheiden und ihre Finger überall drin haben. Die Frauenbewegung hatte von den »Netzen« der Männer gesprochen, die sich gegenseitig fördern und Frauen nicht ans Ruder lassen. Solche Netze gibt es auch im Generationenkonflikt: die Netze der Alten, die nichts aus der Hand geben und so den notwendigen Aufbruch verhindern können.

Die globalisierten Marktverhältnisse sind es, die immer mehr Menschen für überflüssig erklären: die wachsende Zahl von jungen Menschen, die sich als überflüssig wahrnehmen müssen, weil ihre lebendige Arbeit nicht mehr gebraucht wird. Die wachsende Zahl von alten Menschen, die sich als überflüssig verstehen, weil sie nichts mehr beizutragen haben. Das Ranking der Marktgesellschaft verbannt ja nicht nur immer mehr Alte, sondern auch Jugendliche an das Ende der Skala: Loser sind sie. Damit wird Angst zunehmend zum Grundmotiv gesellschaftlicher Verhältnisse. Verlierer sind sie – die Alten wie die Jungen – allerdings nur, solange sie dieses Ranking akzeptieren. Man denke erneut an den Banker in Kalkutta: Nur solange wir im Griff der Versorgungsapparate zappeln, nur solange wir uns abhängig machen lassen von Waren und Dienstleistungen, Geld und Sicherheitssucht, kann die Angst uns beherrschen.

Dagegen wäre anderes aufzubieten: Es gilt die Mauer zu durchbrechen, wie sie symbolisch jener junge Banker im Kalkutta-Hospiz durchbrochen hat. Es geht um die Wiederentdeckung personaler Verhältnisse zwischen den Generationen. Auf die Alten wartet die Entdeckung, dass sie sich nicht zum Versorgungsobjekt degradieren lassen müssen. Für die Jungen sollte es möglich sein, das Alter nicht als ein lediglich tristes Defizit-Stadium abzubuchen. Die generationeübergreifende Aufgabe lautet: versteinerte Verhältnisse aufweichen und einen Aufbruch wagen. Es wird uns eingeredet, dass sich Alte und Junge als Lobby-Gruppen gegenüberstehen, fixiert auf die Durchsetzung ihrer Interessen – diese Zwangsperspektive gilt es zu sprengen. Sonst wird die drohende Überalterung unweigerlich zum lähmenden Angstthema: Angst vor fehlender Versorgung. Angst vor Kostenlawinen. Notwendig aber ist ein Befreiungsschlag der Überflüssigen, die sich aus ihrer Entmündigung befreien unter der Devise: Von jetzt ab wird selbst gedacht, von jetzt an wird selbst gelebt, von jetzt an wird verzichtet auf das, was uns aufgenötigt wird, aber unsere Freiheit beschädigt.

Unendlich schwer und zugleich unendlich einfach ist die fällige Kehrtwendung: der Aufbruch aus dem primitiven Schema, das Altenthema nur als ein finanzielles Problem zu betrachten. Damit wir uns aus dem Sumpf eines konsumistisch missverstandenen Lebens herauswinden können, müssen wir freilich lernen, Nein zu sagen. Nicht ein verbiestertes, lebensfeindliches Nein, sondern ein befreiendes Nein, das ein Leben überhaupt erst freilegt, in dem es wieder möglich wird, alt zu werden und jung zu sein. Dazu gehört die Ahnung (die ein Wissen sein könnte), dass mehr Geld nicht zur Verbesserung der Lebenswelt beiträgt, sondern zu ihrer Gefährdung; dass undifferenzierte Gesundheitspropaganda uns unter medizinischem Müll begräbt; dass organisierte Fürsorge immer ein dürftiger Ersatz für persönliche Bindungen (ob das nun Familie oder Freundschaft ist) bleiben muss.

»Reich ist, wer weiß, dass er genug hat«, heißt es im Taoismus. Und dieses Wissen um die Gefährdung des Lebens durch ein gieriges Mehr zieht sich durch Religionen und Philosophien. »Wer immer in dieser Welt seine selbstsüchtige Begierde überwindet, von dem fallen seine Sorgen ab wie Wassertropfen von einer Lotusblüte«, sagt der Buddhismus, und im Neuen Testament wird durchaus ähnlich formuliert: »Sehet zu und hütet euch vor aller Habgier; denn niemand lebt davon, dass er viele Güter hat.«

Die »gefährliche« Erinnerung an diese philosophischen und religiösen Traditionen, die von Jesus bis Schopenhauer und von Seneca bis Thoreaux reichen, wurde erfolgreich eingesperrt: Diese Wahrheiten sind verbannt in museale Schaukästen, die sie zu Totempfählen untergegangener Kulturen degradieren. Es gilt, die Scheiben zu zerschlagen, hinter denen diese humanitäre Tradition mumifiziert aufbewahrt ist, es gilt, sie herauszunehmen, sie zu befreien und sie zum Leben zu erwecken.

KAPITEL 1

GIERIGE GREISE

Wie das Leben zur Strecke gebracht wird

»Dies ist ein großer Tag für unsere Senioren.«

Bill Clinton, amerikanischer Präsident, als Astronaut
John Glenn 1998 mit 77 Jahren noch einmal in die
Erdumlaufbahn geschickt wurde.

Age is sexy

Im Grunde sind sich die Jüngeren nicht darüber im Klaren,
was sie von diesem neuerdings massenhaft auftretenden Wesen
»Senior« halten sollen. Das Wesen hat mit den Alten, wie wir
sie aus Märchenbüchern kennen, kaum etwas gemeinsam.
Manchmal sieht es so aus, als wären sie eine Sorte hausge-
machter Asylanten, ausgebrochen aus dem Statistischen Bundesamt. Überfremden sie die Gesellschaft? Bedrohen sie den
sozialen Zusammenhalt? Belasten sie die öffentlichen Kassen? Schleichen sie nicht wie die Zuwanderer durch unsere
Supermärkte, lungern auf Parkbänken herum, verstopfen die
öffentlichen Verkehrsmittel? Was hat es mit diesem fremden
Stamm, der da in unsere Gesellschaft eindringt, auf sich? Die
Fragen sind besonders deshalb interessant, weil wir ja doch
selbst einmal in diesen Stamm eintreten werden. Obwohl
natürlich keiner sich wirklich vorstellen kann, alt zu sein.
Aber isolieren und vergraulen wie afrikanische Asylanten
kann man sie auch nicht, eben weil man sich doch immer
der eigenen Zukunft in dieser Ethnie gewiss sein kann. Man
freut sich einerseits über alte Herren mit Surfbrett unter dem
Arm, weil das ein tröstlicher Anblick ist – kann man doch
darauf hoffen, einmal selbst so fit zu sein. Der muskulöse

achtzigjährige Picasso, der neunzigjährige scharfsinnige
Schriftsteller Chargaff – das sind Ikonen, auf die man inbrüns-
tig schaut: So sollte es bei mir auch sein.

Es ist wie eine heimliche Abmachung zwischen den Generationen: Das Alter wird schöngeredet, auch wenn wir
ahnen, dass es anders kommen kann. Wir bemühen uns
krampfhaft, die möglichen Schrecken des Alters zu über-
tünchen. Es wird alles gut, flüstern wir uns zu und denken
an den Greis mit Surfbrett. Wir versuchen, das drohende
Leiden, das das Alter mit sich bringen kann, wegzusperren.
Guiseppe Verdis Briefe, die er in den letzten Lebensjahren
geschrieben hat, haben diesem Leiden am Alter Ausdruck
verliehen:

»Genua am 23. Januar 1895: Der Müßiggang langweilt
mich, doch halte ich der Anstrengung der Beschäftigung
nicht stand! Das ist ganz natürlich. Ich bin im vorgerückten
Alter von 82 Jahren ... und wenn ich mich beklagte, hätte ich
unrecht. Das ändert jedoch nichts daran, dass das Leiden
besteht und die Langeweile ebenfalls!«

An eine Freundin schreibt Verdi 1897: »Nach einem halben
Jahrhundert intensiven Zusammenlebens bin ich allein,
allein, allein; ohne Familie in einer trostlosen Leere ... und
85 Jahre!! ... Bedauern Sie mich ... Adieu ...« Und schließlich
am 23. April 1900, kurz vor seinem Tod: »Nachrichten von
mir? ... Ich bin nicht krank, aber es geht mir nicht gut: die
Beine wollen nicht mehr, die Augen sehen nicht, der Geist ist
durcheinander, und so ist das Leben äußerst hart! Ach, wenn
ich doch arbeiten könnte! Oh, wenn ich wenigstens gute
Augen und gesunde Beine hätte! Ich würde den ganzen Tag
laufen und lesen, und ich wäre glücklich trotz der 87 Jahre.
Ich hätte nie geglaubt, dass ich mir als höchstes Glück zwei
gesunde Beine wünschen müsste.«[10]

Heute wird bloß der »Megatrend Reife« beschworen,[11] der
den Gedanken an mögliche Einschränkungen im Alter durch
heftiges Trendschütteln verscheuchen soll. Eine Art Umfrage-

zauber, der den Betrachter von unerfreulichen Begleitumständen trickreich ablenkt: »Bleibt es beim Jugendlichkeitswahn oder werden Falten wirklich sexy?«, wird da gefragt, und ein Bild von zwei nackten Alten, die ihre gepolsterten Bäuche aneinander reiben macht anschaulich, worum es geht. Ganze Branchen leben bisher vom »Wert Jugend« – kommen jetzt »reife Werte« zum Zuge? Ob man die Nackten als abgeschmackt oder zukunftsträchtig empfindet: So wie hier von »Werten« die Rede ist, weiß man schon, dass nicht Tugenden gemeint sind, sondern dass die Werte zu Richtgrößen für das Kaufen und Verkaufen verkommen sind. »In einer älter werdenden Gesellschaft wird das reale Gut Jugend knapp.«[12] Vom Guten zum Gut: Jugend wird unter den Bedingungen der Überalterung besonders »teuer«, oder das Ganze verdreht sich ins Gegenteil »nach dem Motto: Gut ist, was da ist. Und das hieße dann, pointiert formuliert: Falten werden sexy.« Das *summum bonum*, das höchste Gute, von dem im Abendland immer die Rede war – hier ist es auf die Ebene heruntergekommen, auf der wir uns offenbar befinden: Age is sexy.

Die Alten – sie sind heute massenhaft da und sie sind unverbunden. Das ist das Neue: Es gilt nicht, ein goldenes Zeitalter zu beschwören, in denen die Alten respektiert und verehrt waren. Aber der Unterschied muss herausgestrichen werden: Sie waren wenige und sie waren mit Familie, Nachbarschaft oder Gemeinschaft verbunden. Manchmal hatten sie die Rolle weiser Herrscher und manchmal galten sie als überflüssige Esser. Immer aber waren sie eingebunden in einen Lebensrhythmus, der durch religiöse und biographische Zäsuren gekennzeichnet war. So etwas wird man nur noch an den Rändern der Moderne finden. Keine alte Frau ist bei uns noch gezwungen, schwarze Witwenkleidung zu tragen. Das Altenteil, das kleine Rückzugs-Häuschen für die betagten Eltern, ist ebenso aus der Mode gekommen wie die traditionelle Genügsamkeit, in die sich die Alten fügten. Das ist ein großer Schritt hinein in eine Befreiung der Alten aus Konventionen und Zwängen, die wir heute nicht mehr ertragen würden. Aus dem alten Japan wird von der älteren Frau berichtet, die sich die gesunden Zähne ausschlägt, um nicht mehr jugendlich-anspruchsvoll zu wirken und um den Jungen nicht im Wege zu stehen. Sie lässt sich schließlich von ihrem Sohn auf den schneebedeckten Berg tragen, und will dort sterben, weil ihr Weiterleben das Überleben der Gruppe gefährdet.[13]

Man kann sich nur des Eindrucks nicht erwehren, dass das, was drückend war an diesen alten Verhältnissen, nun durch eine zweifelhafte Freiheit ersetzt wird: »Freedom's just another word for nothing left to lose« – hat Janis Joplin gesungen. In diesem Sinne sind die Alten heute bedrohlich frei. Sie haben nichts mehr zu verlieren als ihr Leben und ihr Geld. Alle anderen wärmenden und einbindenden Milieus sind im Begriff wegzuschmelzen. »Können Sie sich vorstellen, wie es ist, alt zu sein? Natürlich können Sie das nicht. Ich jedenfalls konnte es nicht. Ich hatte keine Ahnung, wie es sein würde. Ich hatte nicht einmal ein falsches Bild – ich hatte gar keins. Und etwas anderes will ja auch niemand. Niemand will sich das Alter vorstellen müssen, bevor er es muss. Wie wird es sein? ... Vor nicht allzu langer Zeit gab es eine vorgesehene Art, alt zu sein, so wie es eine vorgegebene Art gab, jung zu sein. Das gilt heute nicht mehr.«[14] So hat es der amerikanische Schriftsteller Philip Roth beschrieben. Es drängt sich das beunruhigende Gefühl auf, dass die vielen Jahre des Alters, die man heute erwarten kann, durch eine gähnende Leere gekennzeichnet sind. Diese Leere kann allenfalls durch den Konsum von Waren, Dienstleistungen oder gekauften Erleb-nissen hastig gefüllt werden. Aus dem Alten, der in ökonomische, familiale, religiöse und kulturelle Rhythmen eingebunden war, wird das Mitglied einer unverbundenen Masse von Senioren, die staatlich versorgt werden, die von

den Medien unterhalten werden, die vom Gesundheitsapparat gepflegt werden. Und zunehmend macht sich auch
der pädagogisch-edukative Komplex über diese Senioren-
menge her, um sie mit Surrogaten für den verlorenge-
gangenen Lebenssinn zu versorgen. Unter der Hand sind
so die Alten, nachdem sie aus traditionellen Bindungen
herausgefallen sind, zu einer formlosen Verfügungsmasse
geworden, die von Experten aller Couleur in Form gebracht
werden. Das Alter wird zur Verwaltungs- und Gestaltungs-
aufgabe, und so fühlen sich viele auch.

Diese moderne Leere wird auch daran offenbar, dass die
Alten immer weniger zu erzählen haben. Sie waren einst die
Personen, in denen das kollektive Gedächtnis der Familie
und des Dorfes seinen Ausdruck fand.[15] Sie kannten die
Geschichten, sie hatten etwas zu klatschen, und sie versuchten die Normen, mit denen sie groß geworden waren, durchzusetzen. Heute hat das Erzählen aufgehört, weil es nichts
mehr zu erzählen gibt. Zur Geschichte der Familie oder
des Dorfes hatte jeder etwas beizutragen, die Erzählung
konnte ein Geflecht werden. Wenn Tante Milli aber über
ihre Kreuzfahrt nach Ägypten berichtet oder auch nur
vom Altennachmittag, dann sind das Silben, die in einem
sozial leeren Raum ausgesprochen sind und die schnell ver-
hallen.

Es hat auch früher eine Abneigung gegen alte Leute gegeben: Begegnet man morgens – so sagte man im Rheinland –
einem alten Weibe, so hat man Unglück. Ein altes Weib darf
nicht als erste ein neues Haus betreten, und das alte Weib
wurde in der Eifel ängstlich von der Wochenstube fern gehalten.[16] Heute beginnt sich eine solche Abneigung gegen Alte
an der Gefährdung der Sozialsysteme festzumachen, an der
wogenden Menge sozial unverorteter, anonymer Anspruch-
steller. Der alten Abneigung entsprang der Hexenglaube und
die Verfolgung der Hexen. Der neuen Abneigung könnte sich
eine ›Lösung der Altenfrage‹ aufdrängen, die dann in der

repressiven Verwaltung des massenhaft gewordenen Alters ihren Ausdruck fände. Die Nationalsozialisten haben dazu das Muster schon geliefert.[17] Die Alten, die man aus ihren traditionalen Verhältnissen vertrieben hat, sind nun gewissermaßen in der großen Gesellschaftsarena versammelt, in der sie unterhalten, versorgt und verwaltet werden: als Zuschauer, Kunden, Patienten und Klienten.

Der alte Rhythmus des Lebens ist zur Strecke gebracht. Das Leben bewegt sich nicht mehr in Zyklen, die an die Jahreszeiten erinnern. Es erinnert eher an eine gerade Linie, ausgebaut wie eine Autobahn, auf der sich das Leben mit wachsender Beschleunigung bewegt. Ein Genforscher erläuterte kürzlich in einem Fernsehmagazin das biomedizinische Ideal für künftiges Altern: Er zeichnete einen geraden Strich auf gleichem – hohem – Niveau auf die Tafel, der dann abrupt mit einem plötzlichen Knick nach unten zeigte – ins Nichts: Ende, Tod. Alles, was an die auch schmerzliche Rhythmisierung des Lebens erinnert, muss verschwinden. Stattdessen Fitness und Gesundheit bis zuletzt, Sexualität bis zuletzt: erfolgreiches Altern eben.

Damit verschwindet der herkömmliche Generationenkonflikt. Er bestand in der Spannung zwischen Alt und Jung, in den Konflikten, in denen mal die Jungen, mal die Alten die Oberhand behielten. Die Alten wollen aber immer frisch bleiben. Darum dämmert so etwas wie die Alterslosigkeit von Ameisen: Alle, ob jung, ob alt, rennen auf der Lebensautobahn entlang, immer schneller zwar, aber der Verdacht ist nicht auszuräumen: auch immer bewusstloser. An der Oberfläche also die Gleichheit von geschäftigen Ameisen, aber darunter pulsiert wachsende Wut – die Konkurrenz der Gleichgeschalteten: Je mehr die persönlichen Spannungen und Beziehungen aus dem Generationenkonflikt schwinden, desto mehr anonymisiert sich der Generationenkonflikt. Vater und Sohn mögen sich hasserfüllt oder liebevoll angeschaut haben. In den öffentlichen Debatten über den Generationenkonflikt nehmen wir eine andere Perspektive ein: Wir schauen uns nicht mehr an, sondern blicken vom Feldherrenhügel auf das Heer der Alten einerseits, die Schar der Jungen andererseits herab und denken über Regelungs- modelle in diesem Konfliktfeld nach. Das ist nicht ungefähr- lich. Der Einzelne verliert sein Gesicht in dieser zur Admi- nistration freigegebenen Menge. Was dem Einzelnen angetan wird, verschwindet zugunsten allgemeinen Tuns, das dann auch gewaltsam werden kann, weil das Opfer kein Antlitz mehr hat. Aus der Anonymisierung, der wir heute im Ver- hältnis der Generationen ausgesetzt sind, kann ein durchaus destruktiver Hass auf die Alten werden, der sich nicht mehr am Alten als Person, sondern an den Alten als einer lästigen Masse entzündet.

Kariöser Klatsch

Warum sind heute viele alte Leute so unsympathisch? Und war das früher anders? Weckt das schlaffe Fleisch der Alten unweigerlich die Wut der Jungen, die an ihre eigene Ver- gänglichkeit erinnert werden? Das Ende der Familie macht die Alten immer mehr zu einsamen Aussätzigen, die von der schlimmsten Krankheit, die diese Gesellschaft kennt, befal- len sind: alt, krank, nutzlos. Sie werden in die Sümpfe der von Geld und Innovation beherrschten Gesellschaft gejagt, wo sie lange Zeit haben, allmählich im Morast der Ver- einsamung zu versinken. Wer will da hundert Jahre werden? Und dennoch blüht das immer mehr Menschen. Niemand hat über die unsympathischen Alten bösere Worte gefunden als der französische Schriftsteller Louis-Ferdinand Céline: »Um die uns vorbehaltenen Räume trippelten Greise des benachbarten Hospizes mit schlenkerigen, überflüssigen Hüp- fern. Sie gingen von Saal zu Saal und keuchten überall ihren kariösen Klatsch herum, verbreiteten Gerüchtefetzen und abgegriffene Bosheiten. Diese alten Arbeiter waren hier in ihrem offiziellen Elend eingesperrt wie in einen schmierigen Pferch und sonderten den ganzen Dreck ab, der sich in langen Jahren der Knechterei an der Seele absetzt. Ohnmächtige Hassgefühle, ranzig geworden in der verpissten Untätigkeit der Aufenthaltsräume. Ihre letzten meckernden Energien setzten sie ausschließlich dazu ein, einander das Leben noch ein bisschen zu verleiden und mit allem fertig zu machen, was ihnen an Freude und Puste noch blieb.

Höchster Genuss! In diesen verschrumpelten Gestellen gab es kein einziges Atom mehr, das nicht durch und durch boshaft war.«[18]

Warum also sind sie unsympathisch? Weil keine andere Rolle mehr für die Alten vorgesehen ist. Die beschleunigte, jugendfixierte Welt, die sie selbst geschaffen haben, lässt nur das Band der Nützlichkeit zwischen den Menschen gelten. So landen sie am Schluss in der Diesseits-Hölle, an der eben sie mitgebaut haben. Weil die Konkurrenz zum Fundament geworden ist, weil sie alle Lebensverhältnisse einfärbt, bemächtigt sie sich auch des Generationsverhältnisses und droht mit ihrer nackten Gewalt.[19] Die Großmutter, die ihre Enkel um sich versammelt und ihnen Märchen erzählt, ist ausgestorben. Wer hat schon noch mehrere Enkel? Und welche Enkel wollen Märchen hören? Und außerdem lebt die Großmutter weit weg oder ist auf Reisen. Man telefoniert halt häufiger. Die Kinder sind heute von der pränatalen Diagnostik bis hin zur Formierung durch Bildungsmandarine eher Objekte der Züchtung als der Erziehung und können daher von den Großeltern nichts mehr lernen – außer wie man von ihnen Geld abzockt. Die aus sozialen Zusammenhängen herauskatapultierten Alten können kaum etwas anderes tun, als sich mit sich selbst beschäftigen: mit ihren Krankheiten, mit ihrer Lebensgier, mit ihrem Körper. Je lauter ihnen ins Ohr geschrien wird: Du wirst nicht mehr gebraucht!, desto mehr kämpfen sie geradezu reflexhaft um jeden Zentimeter Leben. Alt und lebenssatt konnten die Patriarchen des Alten Testamentes sterben, weil sie in ihren Nachkommen ein gesegnetes Werk hinterließen. Etwas davon hat in der modernen Familie immerhin noch nachgeklungen. Eine Schutzhütte war sie, in der geliebt, gestritten, gehasst, versorgt und misshandelt wurde. Kein Paradies, vielleicht sogar eine muffige Interessengemeinschaft – wie Theodor W. Adorno gesagt hat –, aber eben doch auch ein Zufluchtsort. Sie hat unterdrückt, aber durch den Widerstand, den sie provozierte, ein starkes Individuum hervorgebracht.[20]

Nun tritt ein von diesen zerfallenden Bindungen befreites Individuum hervor, das erschrocken feststellen muss, dass da nichts ist. Die familiale Schutzhütte ist abgebrannt und durch die Trümmer stolpert eine Monade, der es freigestellt ist, sich durch enthusiastische Unterwerfung in der Vergnügungsgesellschaft gleichzuschalten, um so dem Alleinsein scheinbar zu entrinnen. Während Jüngere sich diesen Tatbestand noch in der Beschäftigtheit mit Beziehung und Beruf verbergen können, müssen die Alten auf diese neue Obdachlosigkeit reagieren.

Geschmack des Alters

Ich habe als Kind gedacht: Altsein muss schrecklich sein, denn das bedeutet, nichts mehr zu Weihnachten zu bekommen. Meine Großmutter fand auf dem Gabentisch immer nur eine neue weiße steifleinene Schleife für ihr graues Kleid. Das war ihr einziger Wunsch. Ich weiß, dass ich mir deshalb mit Schaudern vorstellte, was es heißt, alt zu sein: Du kriegst nichts mehr, und das musst du auch noch selber wollen. Zwölf Jahre alt bin ich gewesen, als mir in meiner Großmutter das erste Mal Hinfälligkeit, Sterben und Tod begegnet sind. Sie lag eines Morgens vom Schlag getroffen im Bett. Ich sah sie zu meinem Schrecken plötzlich ohne Zähne, das Gebiss war – wie ich später feststellte – in einer Schublade ihres Schrankes verschwunden. Das weiße Haar, das sonst in einen ordentlichen Knoten gebunden war, stand wirr um das eingefallene Gesicht, in dessen Mitte wie ein schwarzes Loch der geöffnete Mund saß, von fahl gewordenen, zuckenden Lippen umrahmt. Über Nacht war aus der bescheidenen, ordentlichen, gepflegten Frau eine verwüstete Greisin geworden. Zwei Tage später erhaschten wir Kinder noch einmal durch die nur kurz geöffnete Tür einen Blick auf sie, die gestorben war. Der Arzt hatte eine weiße Mullbinde um ihren Kopf geschlungen, der den Mund hatte schließen sollen, aber es war nicht gelungen. Es war nicht mehr möglich gewesen, die erstarrte Verheerung, die sich an ihr manifestiert hatte, zurückzunehmen.

Meine Großmutter war eine Frau von den Nordfriesischen Inseln, die einen Schrankenwärter der Reichsbahn geheiratet hatte. Wenn er wieder einmal betrunken war, warf sich die Großmutter den dunkelblauen Uniformmantel über die Schultern und ging mit der Laterne in die Nacht, um die Züge vorbeizuwinken.

Am Morgen nach dem Schlaganfall stieg ich über den gelähmten Körper der vierundsiebzigjährigen Frau, das weißlackierte Eisenbett stand an der Wand. Ich versuchte sie aufzurichten, sodass meine Mutter ihr aus einem Becher Tee in das dunkle Mundloch tröpfeln konnte. Die unartikulierten Laute, die aus diesem Mund drangen, klangen uns nach der Aufforderung: Meine Tasse! Aber auch damit ging es nicht. Es scheint mir immer noch so, als wenn sie am Schluss selbst irgendwie lachend verlangte, diesen Versuch aufzugeben. Am Abend dieses Tages hörten wir durch das geöffnete Fenster die Mädchen aus dem benachbarten Heim für aufgegriffene junge Prostituierte singen: Morgen früh, wenn Gott will, wirst du wieder geweckt. Ein Arzt kam am nächsten Tag. Der Sohn der alten Frau, ein erfolgreicher und lebenslustiger Geschäftsmann, fragte den Arzt flüsternd, aber für mich unüberhörbar, ob man das Leiden der Mutter nicht abkürzen könne. Ich weiß nur, dass es in der Nacht plötzlich laut wurde in der Wohnung, dass die Lichter angingen, es wurde geweint – sie war gestorben. Am nächsten Tag sahen wir vom Fenster aus zu, wie der Sarg hinausgetragen wurde, und ich hörte meine Mutter neben mir schluchzend sagen: Nun kommt sie nie mehr wieder. Ich erinnere mich, dass ich das Empfinden hatte, dies sei eine irgendwie etwas peinliche und unsinnige Bemerkung.

Heute weiß ich, dass mir in dieser Großmutter nicht etwa das Alter zum ersten Mal begegnet ist, sondern dass es in ihr, die bei uns wohnte, ständig gegenwärtig war. Sie ging sonntags zur Kirche, aber sie las auch aus den Teeblättern in der Tasse die Zukunft und ließ da etwas von ihren heidnisch-friesischen Wurzeln erkennen. Bei Krankheit ging man zum Arzt, aber wenn der nicht half, dann kam jemand zum Besprechen. Der Schäfer Ast aus der Heide wurde in der Familie etwas tuschelnd als Wunderheiler gerühmt, aber bei uns kam zum Besprechen eine Frau in dunklen Gewändern mit Kopftuch, für mich – die ich sie nur schweigend vorbeigehen sah – wirkte sie selbstverständlich wie eine Hexe. Wir Kinder konnten gerade noch wahrnehmen, dass die kranke Mutter – gegenüber der Besprecherin – auf einem Sessel mit hölzernen Lehnen Platz nahm – was irgendwie bedrohlich wirkte. Dann schloss sich die Tür und wir hörten ein monotones Gemurmel.

Sie hatte neun Geschwister, ihr Mann, der früh starb, nicht weniger, und so kam sie auf eine unübersehbare Zahl von Cousinen und Cousins. Familienfeste, bei denen man sich gegenseitig besuchte, reihten sich aneinander, es wurde gebacken und gekocht. Selbstverständlich wurde auch gesungen, später rauchten die Männer, während die Frauen abwuschen. Die Großmutter tat mit, so viel sie konnte, und saß ansonsten in der Sofaecke und strickte. Sie war freundlich und wunschlos. Wenn sie jemals einen Wunsch äußerte, dann handelte es sich eigentlich um etwas, was ihre Anspruchslosigkeit auf den Begriff brachte: Ihr Brillenetui schloss nicht mehr.

Sie brauchte Gummiringe, um es zu verschließen. Von uns Kindern erwartete sie zum Geburtstag solche Gummiringe, die wir – eher widerwillig – aus einem alten Fahrradschlauch zu schneiden beauftragt waren. Ich meine, dass sie im Großen und Ganzen nicht unglücklich war, anspruchslos, aber ohne etwas zu vermissen. Zu ihrer Bescheidenheit gehörte wohl auch, daß sie nichts Außergewöhnliches vom Leben verlangte – wahrscheinlich hat sie das Wort Urlaub in ihrem Leben nie gehört. Der Platz, den sie im Leben beanspruchte, war klein, und sie hatte nicht die Idee, dass er eigentlich hätte größer sein sollen. Sie war's zufrieden, und das hat sie wahrscheinlich glücklich sein lassen: Lebte sie heute, dann würde sie allein sein, sie müsste wahrscheinlich auf Kreuzfahrt gehen, um Erlebnisse einzusacken oder sich auf Seniorenbusfahrten gegen ihr aufgedrängte Heizdecken zur Wehr setzen.

Auf der anderen Seite gab es den Großvater väterlicherseits, der in einem unendlich dunklen und armseligen Altenheim lebte. Er schaute auf glanzvolle Zeiten zurück, als das Personal in seinem Hamburger Kaufmannshaus mit weißen Handschuhen den Gästen servierte, Großvater am Kopf des Tisches mit Brillantknöpfen im Smokinghemd. Er stammte eigentlich aus Rothenburgsort, einem Arbeiterviertel Hamburgs, war durch Fleiß dem allein stehenden Besitzer einer Exportfirma so nahe geworden, dass er ihn zum Erben seiner Firma bestimmte. Beim Börsenkrach 1929 hatte der in spekulativen Geldgeschäften doch eher unerfahrene Firmenerbe fast alles verloren. Nach dem Ende des Zweiten Weltkrieges versetzte er den ihm verbliebenen Schmuck, um – in einer letzten verzweifelten Spekulation – Grundig-Radios zu kaufen. Im Altersheim bewahrte er sie in einer großen Vitrine auf, fest davon überzeugt, dass sie mit jedem Jahr kostbarer werden würden und so sein alter Reichtum zurückkehren würde. Nie mehr Aktien, pflegte er zu sagen. Nun meinte er, weitblickend in stabile Wertgegenstände der neuen Zeit zu investieren. Tatsächlich hatte er aber nichts anderes in der Hand als die ersten Produkte der neuen Konsumgesellschaft. Und die sollte vor allem durch die Geschwindigkeit gekennzeichnet sein, mit der sie ihre Produkte aus der Mode kommen ließ, um sie durch neue zu ersetzen.

Ich hatte den Auftrag, ihm in einem abgeschabten metallenen Wehrmachtsgefäß Essen in das Heim zu bringen. Das Altenheim hatte keine Küche. In seinem Zimmer brannte in einer gelblichen Stehlampe eine schwache Glühbirne. Der Großvater saß mit weißem Schnurrbart und goldener Uhrenkette über der Weste im Sessel und roch nach Zigarren, er sah aus wie der abgedankte Kaiser Wilhelm II. Starrsinnig und verbittert brütete er über seinem Scheitern. Ich floh, kaum hatte ich das Essen abgegeben und den leeren Behälter sowie einen Groschen in Empfang genommen, aus dieser Hölle der Einsamkeit, der Kälte und der Enttäuschung. Wenn er überhaupt irgendetwas sagte, dann gab seine bronchial rasselnde Stimme Prinzipien, in denen Fleiß, Gehorsam und Ordnung beschworen wurden, von sich. Dieses Alter erinnerte mich an ein dunkles feuchtes Kellerloch, in dem man vermoderte.

So unterschiedlich konnte das Alter in den Fünfzigern sein. Und das gilt wohl zu allen Zeiten – kaum kann man über »das Alter« etwas verallgemeinern und sagen: So war es, so war das Alter in der Antike oder im Feudalismus oder in der Moderne.

Als römischer Bürger konnte man im Alter zu den *seniores* oder zu den *pauperes* zählen. War man das Oberhaupt eines Stammes oder einer Adelsfamilie, dann genoss man Respekt und Ansehen und hatte ein gutes Leben. Gehörte man zu den *pauperes*, den Armen, dann wurde man im Alter als unnütz angesehen und musste froh sein, wenn man noch etwas zu essen ergattern konnte.[21] Dass ›früher‹ das Alter grundsätzlich Ansehen genossen habe, das kann man sicher nicht sagen. Und auch wenn wir weit in die Geschichte

zurückgehen und uns die Bewohner steinzeitlicher Verhältnisse ansehen, bleibt der Eindruck zwiespältig: Die alten
Quellen berichten uns von der Tötung alter, lästig gewordener Menschen. Aber das gilt sicher nicht grundsätzlich:
Berichtet wird eben auch von der selbstlosen Hingabe an
paläolithische Pflegefälle.[22] Nur wenn man sich den detail-
lierten Blick erspart, sieht es so aus, als wären die Lebensverhältnisse zu bestimmten Zeiten sehr ähnlich gewesen.
In Wirklichkeit ist Alter zunächst einmal kein kollektives
Schicksal, sondern ein je einzelnes. Es ist ambivalent und
janusköpfig. Die merowingische Königin Brunhilde wurde
über achtzig Jahre alt und das galt als Werk des Teufels.
Deshalb wurde sie hingerichtet.[23] Als dagegen Karl der Große
67 wurde, sah man das als einen Beweis dafür an, dass er
unter dem Schutz Gottes stand. Und von den Philosophen
kann man die Klage über das Alter hören ebenso, wie sie das
Alter rühmen. Einerseits gibt Mimnermos von Kolophon, der
im 6. Jahrhundert vor Christus gelebt hat, dem griechischen
Pessimismus einen ergreifenden Ausdruck:

»Lasst erst das Alter kommen, dann zermürben schwere
Sorgen beständig das Herz. Keine Freude empfindet er mehr
beim Anblick des Sonnenlichtes, der von der Jugend nicht
geehrt wird und verachtet von den Frauen. Den Blättern sind
wir gleich, die der blumenreiche Frühling hervorbringt, die
kräftig wachsen unter den Strahlen der Sonne. Wie sie genießen wir für eine kurze Zeitspanne.«

Der stoische Philosoph Seneca, der Lehrer Neros, beschwört gerade das Gegenteil und preist das Alter als die
schönste Zeit des Lebens: »Nicht empfinde ich in meiner
Seele des Alters Einbuße, obwohl ich sie empfinde am Körper ... Spannkräftig ist die Seele und freut sich, dass sie nicht
mehr viel zu schaffen hat mit dem Körper: eines großen Teils
ihrer Bürde hat sie sich entledigt. Sie frohlockt und beginnt
mit mir ein Streitgespräch über das Alter: Das sei ihre Blütezeit.«[24]

Das törichte Wort vom »erfolgreichen Altern« hetzt in die Konkurrenz um gewonnene Lebensjahre. Die Möglichkeit, das Alter als würdevoll und als eine besondere Blütezeit zu erfahren, ist so verschüttet. Heute morgen begegnete mir solch ein erfolgreicher Power-Senior: Ein nagelneuer, schwerer Vierradantrieb-Wagen – wie ein kleiner Panzer, als warte er darauf, sich gleich Rommels Wüstenfüchsen anschließen zu können. Der Senior steigt aus, um zu tanken, im orange-schwarzen Fahrraddress, der Bauch spannt ein wenig, die Sonnenbrille verstärkt den Eindruck des Energischen. Ein Ausstattungs-Senior eben, ein Lächerlicher. Am Nachmittag schiebt Kate, sechsundachtzig Jahre alt, eine Nachbarin in Italien, krumm wie ein Flitzbogen, ihre Schubkarre an mir vorbei. In der Karre sind etwas Holz, einige frisch geschnittene Dahlien, zwei Eier und Tomaten aus ihrem Garten, die sie zu ihrem Haus bringt. Die Tomaten wird sie aus dem Korb in einen Kessel, der über dem offenen Feuer hängt, werfen, um Sugo für den Winter zu kochen. Die Geste, mit der dies geschieht, ist noch Äonen entfernt von der Gebärde, mit der eine Plastikfolie von der Styroporschachtel abgezogen wird, in der sechs Industrietomaten beerdigt sind. Die altmodische Gartentätigkeit der Frau mit der Schubkarre ragt hinein in jene Welt, in der die Alten Einkaufswagen durch die Supermärkte aller Welt schieben, egal ob in Johannesburg, Sydney, Los Angeles oder Berlin, um die gleichen Waren, in gleicher Verpackung mit dem gleichen Geschmack einzupacken. Die alte Kate würde sich da nicht zurechtfinden, die supermarkt-gewohnten Alten könnte man überall, wo ein Supermarkt ist, aussetzen. Sie sind ja auch als grauhaarige Globetrotter heute überall, aber Globetrotter sind – wie schon Egon Friedell sagt – »sehr häufig gerade die stumpfesten und gewöhnlichsten Menschen; und bleiben es auch«.[25]

Senex oeconomicus

Man könnte sich damit begnügen, mit diesem Einerseits-Andererseits. Glanz und Elend des Alters, Macht und Ohnmacht, Umsorgtsein und Misshandlung sind immer nebeneinander möglich, und das wird auch so bleiben. Aber damit würde etwas grundsätzlich Neues übersehen werden. Die modernen Zeiten haben ein nie gekanntes Wesen hervorgebracht, das am besten mit dem Namen *senex oeconomicus* beschrieben ist, was man vielleicht am besten mit Geld-Greis übersetzen kann. Als ein »raffgieriges ökonomisches Neutrum« bezeichnet Ivan Illich dieses neue Wesen. [26] Denn wir haben es mit einem Wesen zu tun, dem alle sozialen und kulturellen Einbettungen genommen sind. An die Stelle ist eine totalitäre Ökonomisierung des Alters – wie auch aller anderen Lebensabschnitte – getreten. Die ehemals gültigen Rhythmisierungen des Lebens sind so planiert, dass die Unterschiede zwischen den Lebensaltern verschwunden sind, im Grunde – und das ist der zeitgemäße Schrecken – gibt es keinen erkennbaren, erfahrbaren Unterschied mehr zwischen Alt und Jung. Zwar mögen die Wangen eingefallen sein, die Haare grau geworden, die Haut schlaff: Aber dennoch sind Alt und Jung gleich, weil sie alle gedacht sind als konsumierende Wesen und sich selbst nur so ein Existenzrecht zubilligen. Vor dem Regal des Supermarkts sind alle gleich – abgesehen natürlich von der Frage, wie viel in der Brieftasche ist. Die Bewohner des universal gewordenen Marktes sind geschlechtsneutrale, alterslose Kunden. Vor den einarmigen Banditen, die in Spielsalons aufgestellt sind, gehen alle Differenzen verloren, alle führen die gleiche Bewegung aus, ob Mann, ob Frau, ob Greis, ob Twen. Der einzige Unterschied, der bleibt, hängt an der Frage, wie lange ich Münzen habe, um den Automaten zu bedienen. Die zum einarmigen Banditen gewordene Geld-Gesellschaft stellt eine Gleichheit her, die Gleichheit vor dem Geld, und alle

anderen Lebensverhältnisse werden von diesem Element ver-
pilzt.

Die neuen Alten – wie sie gern genannt werden – sind
hungrig nach Reisen, Vergnügungen, nach Luxus und Akti-
vität. Manchmal fragt man sich, ob dieses neue Alter nicht
vor allem darin besteht, einen alten Stress gegen einen neuen
einzutauschen. Erst haben sie einen das Berufsleben umgrei-
fenden Arbeitsstress bewältigt. Dem folgt aber keineswegs ein
»Ruhestand«, sondern mit dem Datum der Pensionierung
setzt neuer Stress ein, der dem Kampf gegen das Alter gilt.
Gehetzt von Fitnessimpulsen, Erlebnissucht und dem Verlangen, irgendwie noch »dabei« zu sein, sind die Areale des
Alters zum Bereich nie gekannter Anstrengung geworden. In
Israel ist im Jahre 2003 eine 58-Jährige nach einer Hor-
monbehandlung Mutter geworden:[27] Die Alten greifen in
ihrer Gier nach allem, auch nach dem Privileg der Jüngeren,
Kinder zu bekommen. Die Rhythmen des Lebens sind ihnen
gleichgültig, Hauptsache sie sind immer und überall dabei.
Dazu gehört auch die Anstrengung, Sterben und Tod auszu-
sperren. Das verhindert systematisch ein würdiges Altwerden. Der Philosoph Michel de Montaigne erinnert an das
Beispiel der Ägypter, die »auf dem Höhepunkt ihrer üppigs-
ten Festgelage das dürre Gerippe eines Toten hereintragen ließen: den Gästen zur Mahnung«. Inmitten aller Feste und
Freuden müsse man stets – so Montaigne – die Erinnerung an
unsere menschliche Bedingtheit wach halten: »Lassen wir
uns nie so hemmungslos vom Vergnügen hinreißen, dass uns
hierbei nicht zuweilen durch den Kopf ginge, von wie vielen
Seiten her der Tod unsre Fröhlichkeit ins Visier nimmt.«[28]

Die Verwüstung der Lebensverhältnisse durch ihre Vergeldlichung kann man vermutlich am deutlichsten in der Ökonomisierung der Passage-Riten ablesen.

Solche Riten wie die Taufe, die Kommunion, der Tag der
Einschulung, die Schulentlassfeier, die Hochzeit, die Beerdigung haben bisher das Leben akzentuiert.[29] Jedes dieser Feste

kannte »bestimmte Kleider- und Farbordnungen, Sitz- und Ranghierarchien, Speise- und Trinkgewohnheiten«.[30] Die Gewohnheiten sind verschwunden, das Geld ist geblieben. Ein frisch Konfirmierter erzählt mir kürzlich stolz, dass die Konfirmanden während des gesamten Konfirmandenunterrichts »nicht einmal die Bibel aufgeschlagen« hätten. Ein Mädchen wird konfirmiert, und ich sehe es auf der Treppe zum Keller sitzen und die Kuverts aufreißen, aus denen das erwartete Geld gezogen wird, um es zu zählen. Meistens kommen Tausende zusammen.

Einige Monate später bin ich zur Beerdigung im gleichen hessischen Dorf. Nachdem Kaffee und Kuchen verzehrt sind, reicht jeder dem trauernden Ehegatten ein Kuvert mit Geld. Wieder liegen Tausende auf dem Tisch. Und selbst bei Hochzeiten wird heute kaum verhohlen das Bare vorgezogen. An den Festen, die heute das Leben ohnehin nur noch dürftig rhythmisieren, tritt die Ökonomisierung der Lebensverhältnisse nackt zutage. Bei der Konfirmation ist die Umkehrung der Verhältnisse vielleicht am deutlichsten: Man ahnt, wie viele Konfirmanden und Konfirmandinnen sich diesem Ritus nur noch unterziehen, weil man damit mehr Geld einheimsen kann als mit dem Austragen von Zeitungen. Und selbstverständlich spiegelt sich in dieser Gier, in diesem Ausbleiben jeder inneren Erschütterung nichts anderes als die Leere und die Geldgier der Erwachsenen.

Es war ein sorgfältiges Geflecht von Festen, Aufgaben, Verhaltensweisen, Gesten und Kleidungsordnungen, an denen die Rhythmisierung des Lebens erkennbar war. Der Rock und die Hose. Die Kleidung für Kinder, Jugendliche, Erwachsene und für Alte. Äußerlichkeiten unfraglich, die aber auf die Rhythmisierung des Lebens zurückwiesen und die ihren praktischen oder erotischen Sinn hatten. Die Frauen der Buschleute im südlichen Afrika sitzen immer noch im Sand, als hätten sie einen Schurz um die Hutten. Sie sitzen so, dass nichts zu sehen ist. Sie sitzen immer noch so, obwohl sie inzwischen Shorts oder Fahrradhosen aus den europäischen Altkleiderlieferungen tragen. Die Körperhaltung, die Geste läuft längst ins Leere. Mit der alters- und geschlechtsspezifischen Kleidung ist auch die Berufskleidung verschwunden.

In meinen Schulbüchern waren Bäcker, Bauer, Koch, Schmied und Schornsteinfeger an ihrer Kleidung erkennbar. Heute trägt der Apotheker dasselbe wie der Maurer. Jeans können heute Mann und Frau, Kind und Greis anziehen. Was als Befreiung empfunden wurde, zieht zugleich das Verschwinden aller Unterschiede nach sich. An der Kleidung war die Differenz der Altersgruppen vorzüglich zu erkennen: Ich erinnere mich an meinen Onkel Hugo, der wie alle anständigen Menschen damals, vor fünfzig Jahren, eine schwarze Binde um den Ärmel des grauen Anzugs trug, ein Jahr lang, weil der Vater gestorben war. »In meiner Jugend verschwanden trauernde Frauen noch förmlich unter ihren schwarzen Tüchern und Schleiern. Im französischen Bürgertum war es noch üblich, kleine Kinder, deren Großmutter gestorben war, in Violett zu kleiden. Meine eigene Mutter hat wegen eines im Kriege gefallenen Sohnes seit 1945, während der ganzen letzten zwanzig Jahre ihres Lebens, Trauerkleidung getragen.«[31] Witwen trugen mindestens ein Jahr Schwarz, wenn nicht überhaupt das ganze restliche Leben.

Na, glücklicherweise – so wird man sagen – ist die Tracht, die Kleiderordnung und der mit ihr einhergehende Zwang verschwunden. Das ist richtig, aber die Frage ist, was an die Stelle getreten ist. Bei Jugendlichen in unseren Breitengraden ganz offensichtlich der Fetischismus der Marke, womit an die Stelle einer bisweilen durchaus drückenden lokalen Sitte die Universalität des Marktes getreten ist, die eine neue Rücksichtslosigkeit befördert. Rücksichtslose Produktionsbedingungen paaren sich da mit der Ignoranz gegenüber denen, die sich die Markenprodukte nicht leisten können. Ganz abgesehen davon, dass die globalisierten Markenprodukte selbstverständlich ohne Bezug auf Alter, Geschlecht, Lokalität, Kultur,

Beruf alle über einen Kamm scheren – Gleichschaltung über das Produkt. Dabei ist die Kleidung nur der äußere Ausdruck für eine innere Entdifferenzierung. Das Verschwinden der Differenzen in der Kleidung signalisiert das Verschwinden von Unterschieden überhaupt, signalisiert eine Egalisierung der Bewegungen, der Gesten, der Empfindungen und signalisiert so die Einebnung des Lebensrhythmus.

Das Glücksrad

Wer sich dem Portal der romanischen Abteikirche von San Zeno in Verona nähert, steht vor einem Säulenbaldachin, der von Löwen getragen wird. Rosa und weißer Marmor. Darüber eine Rosette, ein gewaltiges zwölfstrahliges Radfenster. An den steinernen Speichen des Rades versucht eine menschliche Figur sich festzuklammern und sich aus dem Fallen immer wieder aufzurichten. Solche Glücksräder finden sich an manchen mittelalterlichen Kirchen, zum Beispiel am Basler Münster und an der Kathedrale von Amiens. Oft sind die Aufsteigenden junge Männer, die im Herabtaumeln alt geworden sind. In einer Miniatur des 14. Jahrhunderts wird dieses Geschick der Menschen so kommentiert: *Regnabo, regno, regnavi, sum sine regno* – Ich werde herrschen, ich herrsche, ich habe geherrscht, bin ohne Herrschaft.[32] Auf diesen radförmigen Darstellungen nähert sich der Greis am Ende wieder dem Kind, das gerade aufzusteigen beginnt.

   In der deutschen Sprache ist der gleiche Gedanke – versteckt zwar, aber unzweideutig – aufgehoben: Der Enkel – *eniklīn* – ist eigentlich der »kleine Großvater«, wenn man auf die mittelhochdeutsche Wurzel zurückgeht.[33] Es kann kaum ein Zweifel sein, daß an dem Schicksalsrad – wie es sich in Verona findet – Heidnisches durchschlägt. Christlicher Glaube setzt ja eine heilsgeschichtliche Dynamik voraus, bei der ein Bogen vom Paradies am Anfang der Geschichte bis zum Gottesreich am Ende geschlagen wird. Mit dem Aufkommen der bürgerlich-industriellen Gesellschaft setzt sich dagegen das Bild von der Lebenstreppe durch, das im 19. Jahrhundert in vielen bürgerlichen Häusern gehangen hat. In der Lebenstreppe kann man eine Mischung aus heidnischem Glücksrad und christlicher Geschichtsorientierung sehen: Das neugeborene Kind am Fuß der Treppe, Mann und Frau dann in ihren besten Jahren auf der höchsten Stufe und schließlich der Abstieg bis zum Greisenalter und zum Tod, womit man wieder am Boden anlangt. Jugend und Alter werden in der Lebenstreppe zwar als natürlicher Rhythmus begriffen, aber zugleich verwebt sich dieser Rhythmus der Natur merkwürdig mit dem Pathos einer – gegenüber dem Feudalismus – flexibleren Gesellschaft, die vom erfolgreichen Aufstieg und dem stets drohenden Abstieg des Individuums beherrscht wird. In der Lebenstreppe singt sich die bürgerliche Gesellschaft gewissermaßen ihr eigenes Requiem vor.

An der Front der Kirche von San Zeno wird die Natur mit ihren Kreisläufen abgebildet, in die auch das menschliche Leben eingebettet ist. Die Rosette von San Zeno bindet die Lebensalter an den Kreislauf der Natur, wie ihn auch die Jahreszeiten erzählen. Das Innere der Kirche hingegen ist der Heilsgeschichte, der Erlösung des Menschen aus dem tödlichen Kreislauf vorbehalten. Die Lebenstreppe wiederum, die das labile Auf und Ab der bürgerlichen Gesellschaft spiegelt, die zugleich ein Fortschreiten einschließt, scheint das Altern als eine Art Scheitern zu interpretieren. Das bürgerliche Zeitalter beginnt zu individualisieren – und legt dem Einzelnen die Vermutung nahe, dass Alter und Tod eine unvermeidliche Art des Scheiterns und des Versagens darstellen. Die Brutalität, mit der Einzelne dem Auf und Ab des ökonomischen Geschicks unterworfen sind, wird mystifiziert, indem das ökonomische Auf und Ab als quasi natürlich ausgegeben wird, weil es ›wie das Leben‹ ist. Zum ersten Mal in der Geschichte der Menschheit wird das Alter kollektiv, als Lebensabschnitt, degradiert: In der Urgeschichte der Menschen hat man Alte bisweilen ausgesetzt und umgebracht, aber das war kein kollektives Schicksal und war im Allgemeinen mit kollektiven Zwangslagen verbunden – es drohte der Hungertod. Gerade die aufkommende bürgerliche Gesellschaft, die die Überflussgesellschaft vorbereitet, arbeitet an einer nun die Alten ganz allgemein erfassenden Degradierung. Es bereitet sich jenes Szenario vor, in dem die Alten dann eines Tages gut versorgt sein werden. Dies aber um den Preis, dass ihnen alle sozialen Rollen genommen worden sind, dass sie einer Beschleunigungsgesellschaft ausgeliefert sein werden, die sie zu Defizitären macht und sie dementsprechend immer früher von der zentralen Sinnressource dieser Gesellschaft – der Arbeit – zwangsweise ausschließt. Eine Infantilisierung des Alters greift damit um sich, die umfassende Versorgung bietet, aber die Alten zugleich »pampert«, sie zu Empfängern von staatlicher Daseinsfürsorge macht, zu einer bedrohlichen bevölkerungspolitischen Größe vielleicht, aber als handelnde und mitwirkende Subjekte auslöscht. Auch und gerade wenn diese Auslöschung unter solchen Begriffen wie »erfolgreiches Altern« stattfindet.

Damit sind alle jene Betrachtungsweisen zu Asche verbrannt, die das menschliche Leben einmal mit der Natur abgelauschten Rhythmen in Übereinstimmung zu bringen versuchten. Aristoteles berief sich auf drei – quasibiologische – Altersgruppen: Wachstum, Stillstand und Niedergang. Andere bezogen sich deutlicher auf die vier Jahreszeiten, eine Sichtweise, die sich zumindest bis Augustin durchgehalten hat: »Wenn unsere Natur gut und gerade ist, so folgt sie einem jahreszeitlichen Vorgang in uns ... und deshalb gebühren sich verschiedener Umgang und verschiedenes Verhalten für das eine Alter mehr als für ein anderes, worin die veredelte Seele nach geziemlicher Ordnung fortschreitet und ihre Handlungen je nach Zeit und Alter so ausführt, wie sie zu letzter Reife bestimmt sind.«[34] Das Mittelalter hat aus der griechischen Medizin diese kosmologisch verankerte Sicht

der Altersstufen übernommen: Kindheit, Jugend, Mannes-
alter, Greisenalter lassen sich aus den vier Temperamenten
(Sanguinik, Cholerik, Melancholie, Phlegma), den vier Quali-
täten (warm, feucht, trocken, kalt), und den vier Elementen
(Luft, Feuer, Erde, Wasser) und den vier Jahreszeiten erklären.[35] Neben dem Dreier- und dem Viererschritt gab es auch
die Sieben, die bezogen war auf die sieben Planeten. Pto-
lemäus hat das besonders deutlich ausgearbeitet und sieht
den Menschen von 56 bis 68 in seinem sechsten Alter, er ist
dann unter der Herrschaft Jupiters, der ihm Besonnenheit,
Würde und Anstand verleiht. Das letzte Alter (von 68 bis
zum Tod) ist kalt und wird vom entmutigten und melancho-
lischen Saturn beherrscht.

Antike und Mittelalter haben also auf vielfältige Weise
das Alter kosmologisch verankert. Haben es parallelisiert mit
dem Lauf der Planeten und mit den Jahreszeiten. Die bürgerliche Gesellschaft, die in der Lebenstreppe ihren Ausdruck
findet, teilt in diesem Bild mit, dass sie das Alter – ebenso
wie die Kindheit – als minderwertig ansieht. Es sind die
Lebensabschnitte, in denen der Mensch nicht produktiv,
noch nicht oder nicht mehr Mitglied der Arbeitsgesellschaft
ist. Die sich im Alltag allmählich durchsetzende und für die
Lebensführung zunehmend bestimmend werdende Arbeitsgesellschaft deklassiert das Alter: Es wird zu einem Lebens-
zustand, an dem vor allem das »Nicht-Mehr« abzulesen ist.

Heute also ist das Leben zur Strecke gemacht worden, und
es fragt sich, wieweit es damit zur Strecke gebracht worden
ist. Alles, was an die Rhythmen des Lebens erinnern könnte,
wird zum Gegenstand der Bekämpfung. Cicero hat vier
Phänomene genannt, die zum Alter unweigerlich gehören
und die es beklagenswert machen: den Zwang zur Untätigkeit, die Schwächung der körperlichen Kräfte, den Verlust der
Genussfähigkeit und die Nähe des Todes.[36] Altwerden ist
heute vom Kampf gegen diese Phänomene bestimmt: Fit-
nessimperative, Gesundheitsanstrengung, Erlebnishunger und

Leugnung der Sterblichkeit. Das sind die Themen des Alters. Es ist aber die Frage, ob dieser unablässige Kampf gegen die Beeinträchtigungen nun das Altwerden zu einem Krampf werden lässt. Wer heute alt ist, hat im Regelfall eine lebenslange Arbeitstätigkeit hinter sich – ob Mann oder Frau, ob in der Fabrik oder in der Familie. Es sieht so aus, als wenn dieser zum inneren Zwang gewordene Arbeitsimpuls fortgesetzt wird, indem das Alter als eine Arbeitsaufgabe wahrgenommen wird. Statt Klage über das Alter – Kampf gegen das Alter. Ist das heroisch oder verblendet? Auf jeden Fall heißt es, dass die alten Menschen im Leben heimatlos geworden sind, das Alter ein Schlachtfeld, auf dem es zu überleben gilt. Nietzsche zeigt die Richtung an, in die es stattdessen gehen müsste: »Das wäre« – so sagt er – »der höchste Glanz auf dem Tode, dass er uns weiter führt in die andre Welt, und dass wir Lust haben an allem Werdenden und darum auch an unserem Vergehen«. Da aber Altern heute von dem Wunsch nach der Verbannung des Werdens und des Vergehens aus unserem Leben dominiert ist, wird Alter zu dem scheiternden und schalen Akt einer Jagd nach Unvergänglichkeit. So zum Beispiel: Der 64-jährige R.-D. H., Professor für Biologie und Medizin, treibt in jeder freien Minute fanatisch Sport, ernährt sich gesund und verzichtet auf alles, was seinem Körper schadet: Den Lohn seiner Mühen kann er jeden Morgen im Spiegel betrachten: H. ist schlank, durchtrainiert und sieht wesentlich jünger aus, als er ist. Das Alter ist für ihn ein Feind, den es zu bekämpfen gilt.[37]

Schneller leben

Alter gerät aber nicht nur unter das Diktat des Geldes, sondern im gleichen Maße unter das Diktat der Beschleunigung. Unser Leben wird immer noch länger. Mediziner versprechen uns hundertzwanzig Jahre, vielleicht mehr. Auf der anderen Seite kennt jeder die jungen oder jedenfalls noch nicht alten Leute, die an Krebs sterben. So viele sind es, dass man manchmal das Empfinden hat, der Trend kehre sich gerade wieder um.

Ist es denkbar, dass der Buschmann in Afrika, der mit dreißig starb, verglichen mit dem alten weißen Mann, der von Medizinern, Medikamenten und Maschinen immer noch am Leben gehalten wird, viel länger gelebt hat? Washington Irving beschreibt in seinem Roman Rip Van Winkle einen Mann, der sich nachts zur Ruhe legt und als alter Mann aufwacht.[38] Beschreibt das womöglich uns? Betäubt das äußere Rasen die Möglichkeit, sich als älter werdend zu erfahren? Was macht die Beschleunigung aller Lebensumstände, die so kennzeichnend ist für unsere Zeitgenossenschaft, mit dem *bios*? Der Verdacht wächst, es handle sich bei dem, was wir unser Leben nennen, zunehmend um eine Art Hochgeschwindigkeitsstrecke, die gewaltige Distanzen umweglos überwinden lässt, aber das Gefühl, man reise, zugleich vernichtet. Die Landschaft wird zum grünen Strich, meistens schaut man ohnehin auf eine vorbeihuschende graue Tunnelwand. Leben wir inzwischen, wie wir reisen? Schnell, erfahrungslos, zielorientiert, so dass man am Endbahnhof angekommen ist, bevor man richtig gemerkt hat, dass man unterwegs ist, dass man lebt?

Früher hat sich menschliches Leben in einer relativ unveränderlichen Umwelt abgespielt, die ihrerseits von der Ewigkeit umgeben war. Im Interesse von Produktivität und Fortschritt wurde die Zeit selber allmählich in Aufruhr versetzt.[39] Sie wurde zur Ressource (»Zeit ist Geld«), zu einem Hindernis bei der Erreichung von Zielen, die man darum zu verkürzen trachtete und damit selbst zum Gegenstand von Beschleunigungsversuchen machte. Summa summarum: Je schneller wir leben, desto kürzer leben wir wahrscheinlich, obwohl die Zahl der gelebten Jahre zunehmen mag. Wirklich reisen kann man – wie wir dunkel ahnen oder vielleicht erfahren haben – nur als Fußgänger. Wirklich leben kann man – in Analogie dazu – vermutlich nur als Fußgänger, der die eigene Biographie durchschreitet. Leben statt gelebt werden.

Verlangsamung und Vereinfachung heißen die Zugänge, mit dem man das menschliche Leben, das in der Beschleunigung zu verschwinden droht, seiner Kolonisierung durch die Hochgeschwindigkeitsgesellschaft entreißen kann. ›Handgreiflich‹ muss das Alter werden, erfüllt von einer Sinnlichkeit, die Auge und Ohr wiederbelebt, statt sich betäubt und besinnungslos dem Wahn der Beschleunigung aller Lebensverhältnisse auszusetzen. Den Menschen, die heute alt werden, hat man – wie Friedrich Nietzsche sagt »nie Zeit gelassen, sich selber eine Richtung zu geben, vielmehr sind sie von Kindesbeinen an gewöhnt, eine Richtung zu empfangen. Damals, als sie reif genug waren, ›um in die Wüste geschickt zu werden‹, tat man etwas anderes – man benutzte sie, man erzog sie zu dem *täglichen Abgenutztwerden*, man machte ihnen eine Pflichtenlehre daraus – und jetzt können sie es nicht mehr entbehren und wollen es nicht anders.«[40]

Das Alter der weißen Bewohner Europas beginnt jeden eigenen Geschmack zu verlieren. Das Alter ähnelt sich den Business-Tomaten an: Die Tomaten, es gibt sie immer, es gibt sie immer gleich und es gibt sie immer in unbegrenzter Menge. Und sie sind ohne Geschmack. So wird das Alter bei uns eine Angelegenheit, der der lokale und besondere Geschmack verloren gegangen ist, die Gestalt des Alters (des Alters der Reichen natürlich, der reichen Europäer und Amerikaner) wird überall gleich, eine in der Freizeitgestaltung und im Konsumgenuss gleichgeschaltete Lebensstrecke, die wie die schnelle Fahrt auf einer Autobahn absolviert wird und die deshalb, obwohl die Strecke immer länger wird, doch vorbeirast bis zum Schild: Ende der Ausbaustrecke.

KAPITEL 2

GENERATION FLORIDA

Die Alten und das Geld

»Klapprige Greise betteln mit Gelübden um
wenige Jahre Zugabe ... töricht sei es gewesen,
dass sie nicht gelebt hätten.«

Seneca, römischer Philosoph:
Über die Kürze des Lebens.

Die Alten in der Pole-Position

Im Juli 2003 raste ein 86-jähriger Autofahrer in Santa Monica
im US-Bundesstaat Kalifornien in einen belebten Straßen-
markt und tötete dabei mindestens neun Menschen. 54 Menschen wurden verletzt, 15 von ihnen schwer. Das Auto fuhr
mit hoher Geschwindigkeit und kam erst zum Stillstand, als
ein Opfer auf der Windschutzscheibe landete. »Er fuhr durch
wie ein Panzer und kegelte alles um«, sagte ein Marktbesu-
cher. Der alte Mann stand nicht unter dem Einfluss von Medikamenten oder Alkohol.[41]

Was veranlasst den 86-Jährigen, wie ein Panzer durch den
Markt zu rasen und Menschen niederzumähen? Hat der alte
Mann die Kontrolle über sein Fahrzeug verloren? Eine andere
Möglichkeit ist nicht auszuschließen: Handelt es sich vielleicht um einen greisen Amokläufer?[42] Das Auto würde da
das Schnellfeuergewehr ersetzen, mit dem in anderen Fällen
der Massenmord begangen wird. Hat ihn der Hass auf die
Jüngeren, die sich da auf dem Markt vergnügen und alles
noch vor sich haben, getrieben? Je weniger den alten Menschen einleuchtet, dass Leben eine begrenzte Angelegenheit
ist, desto größer muss die mühsam unterdrückte Aggressivität

auf die werden, die noch jung sind. »Der Augenblick des Über-
lebens ist der Augenblick der Macht. Der Schrecken über den
Anblick des Todes löst sich in Befriedigung auf, denn man ist
nicht selbst der Tote. Dieser liegt, der Überlebende steht.« [43]

Wenn nichts mehr über das radikal individualisierte Leben
hinausweist, dann wird Jugend zum primären Anlass für
Neid. Hat sich der alte Mann zwanghaft und mörderisch diesen Triumph des Überlebenden verschafft, indem er Jüngere
beseitigt? Nur selten bricht sich dieser Neid so gewalttätig
Bahn. Aber lautlose Gewalt ist im Verhältnis der Generationen zueinander allgegenwärtig. Diejenigen, die jetzt alt
sind oder es gerade werden, sind Wachstums-Alte. Ausgebur-
ten der Wachstums-Gesellschaften. In ihrer Lebensspanne ist
alles immer mehr geworden. Das ist die Grundmelodie, die
die alten Bewohner der reichen Länder zu singen gelernt
haben. Und das gilt auch für die Lebensspanne, deren Begrenzung schwer erträglich geworden ist. Ist denn nicht alles
machbar? Ist nicht alles immer mehr geworden? Wieso soll
mein Leben eine Grenze haben? Auf bemerkenswerte Weise
implodiert die Sehnsucht nach Unsterblichkeit: Sie richtet
sich nicht mehr wie in den alten Kulturen auf ein Jenseits,
sondern man möchte sie hier und jetzt: Unsterblichkeit now!

Wer jetzt hierzulande alt ist, zu dessen Grunderfahrung
gehört das kontinuierliche Wachstum: Wachstum der Geld-
menge, der Wohnraumquadratmeter, der Zahl der Urlaubstage
und der Flut der Dinge. Die geradezu religiöse Ur-Überzeu-
gung seit dem Ende des Zweiten Weltkrieges lrug den Namen »Wachstum«. Lange Zeit konnte man die Augen vor den
Konsequenzen verschließen. Während wir uns immer tiefer
in Schlaraffia hineinfraßen, wuchsen die Müllberge drumhe-
rum und versperrten auf angenehme Weise den Blick auf die
Folgen eines rücksichtslos konsumistischen Wohlstandslebens.
Heute stecken noch immer die meisten ihren Kopf in den
Sand und sehen deshalb nichts. Sie dürfen das auch tun, weil
sie die Konsequenzen in den ihnen verbleibenden Lebens-

jahren ja nicht werden auszubaden haben. Was interessieren mich abschmelzende Polkappen und abfließende Gletscher?

Wer indessen bereit ist hinzuschauen, kann sehen, dass das Wohlstandswachstum monströse Verhältnisse hervorgebracht hat – vom Treibhauseffekt bis zu den um sich greifenden Immunschwächen. Diese Bastarde ihres Lebensstils will die Generation der Alten nicht anerkennen. Mit schmatzender Selbstgewissheit verbrauchen sie das, wovon sie meinen, dass es ihnen zusteht. Was kann widerlicher sein als der Anblick dieser Wachstums-Alten im schwarzen Cabrio, die mit flatterndem weißem Haar die Autobahn entlangrasen? Immer mit zuckendem Gasfuß in der Pole-Position. Die Jüngeren starten derweil weiter hinten. Die Alten nehmen mit, was mitzunehmen ist, jagen durch die Lebenskurven und scheren sich einen Dreck um das, was nach ihnen kommt. Während sie das Leben einsaugen und aussaugen, zwingen sie die Nachfolgenden, die Abgase einzuatmen, die sie verursachen. Die schlauen Alten lachen sich tot, weil ihnen gelungen ist, was noch niemandem zuvor gelang: die Risiken eines verantwortungslosen Lebensstils in die kommenden Generationen zu verlagern.

Weltweit sind sie heute anzutreffen, die WOOPIES: Well Off Older People, die gut situierten Alten. Die Friedrich-Ebert-Stiftung resümiert, dass wir es heute in Deutschland mit den reichsten Alten aller Zeiten zu tun haben. Was an vielen Details abzulesen ist:

– Jeder dritte Porschefahrer ist um die 60.
– Fünfzig Prozent aller Reisen werden von Kunden über 55 gebucht.
– Von 1969 bis 1998 ist das reale Haushaltseinkommen der jetzt 65- bis 69-Jährigen um 89 Prozent gestiegen – das der 25- bis 34-Jährigen jedoch nur um 21 Prozent.
– Die über 65-Jährigen verfügen in Deutschland über ein Viertel der Vermögen, obwohl sie nur 13 Prozent der Bevölkerung stellen.

– Nur 1,4 Prozent der mehr als Fünfundsechzigjährigen beansprucht Sozialhilfe.

– Der durchschnittliche Senioren-Haushalt in Nordrhein-Westfalen verfügt über eine Nettoeinkommen von 2550 Euro im Monat. Neben den regelmäßigen Einkünften verfügen nach einer Telefon-Umfrage 87 Prozent der Senioren über Barvermögen und 62 Prozent über Haus und Grund.[44]

Eine der grässlichsten Strafen, die die Antike kannte, bestand darin, einem Mörder die Leiche des Ermordeten auf den Rücken zu binden, mit dem er dann allmählich zugrunde gehen musste. Unsere Lage scheint heute ähnlich: Auf dem Rücken unserer wachstumsbesessenen Lebenswelt tragen wir – noch weitgehend unbemerkt – die verwesenden Leichen derer, die unserem Lebensstil zum Opfer fallen. Die Alten in den reichen Ländern weigern sich, den Zusammenhang herzustellen zwischen dem eigenen ressourcenverschlingenden Leben und den Folgen, die andere auf sich nehmen müssen. Die radikale Individualisierung, die die Gesellschaft ihnen abverlangt, macht die Alten offenbar blind gegen die Verwüstungen, die sie verursachen. *The Global Senior*: Das ist das alt gewordene freie Radikal, das sich die Vorteile der Globalisierung aneignet und deren katastrophisch-gewalttätige Folgen nicht sehen will. Man muss den Kopf drehen, um zu sehen, was sich auf unserem Rücken befindet.

– Jeden Tag werden 50 000 Hektar Tropenwald vernichtet.

– Jedes Jahr werden 60 000 Millionen Tonnen Kohlendioxyd (CO_2) von den Menschen in die Atmosphäre geblasen.

– Jeden Tag nimmt das verfügbare Ackerland um 20 000 Hektar ab.

– Jeden Tag sterben 100 Tier- und Pflanzenarten aus.

Sechs Milliarden Menschen: Vier Milliarden leben von zwei Dollar und weniger am Tag. Ein Rentner in Westeuropa hat im Allgemeinen 50 Dollar pro Tag zur Verfügung. Jeder zweite Rentner fährt bei uns ein Auto. Was wird geschehen, wenn die Chinesen oder Inder das auch machen? Wollten die Bewohner der weniger entwickelten Regionen so essen wie wir, dann brauchten wir die Ernte von drei weiteren Planeten.[45]

Global Senior fragt: Was hab' ich damit zu tun? Was schert mich das? Solange sie auf der Folie des Wachstums-Fanatismus leben, werden sie keine anderen Fragen stellen können. Im Gegenteil: Ein sozial entgrenztes Alter muss sich auf das Mehr konzentrieren, weil es eine Art Treibanker im Strudel der Ereignisse ist. Ein Mehr an Dingen, an Geld, an Medizin, an Erfahrungen und natürlich auch ein Mehr an Lebensjahren. Der durchaus legitime Wunsch nach einer Verlängerung des Lebens ist bisher mit dem Wachstumswahn verbunden, von dem wir wissen könnten, dass er ruinöse Konsequenzen für den Planeten hat. Von denen, die Politik, Ökonomie und Wissenschaft machen, ist Einsicht kaum zu erwarten. Sie stützen den verhängnisvollen Wachstumswahn. Roland Koch, der hessische Ministerpräsident, wurde im Juli 2003 gefragt: »Was ist die Perspektive, mit der Sie für schmerzhafte Reformen werben?« Koch: »Wachstum! Sehr einfach.«

Skeptische Stimmen zur Wachstumsideologie werden abschätzig abgetan: In den achtziger Jahren – so sagt Koch – haben wir uns »eine Debatte über die Grenzen des Wachstums geleistet«[46]: Die leisten wir uns tatsächlich jetzt nicht mehr, sondern fahren mit der Verwüstung des Planeten fort. Die Frage nach den Überlebensbedingungen der kommenden Generation wird mit der Geste spätrömischer Cäsaren abgetan. Wirtschaftsminister Clement äußert gleichzeitig, dass angesichts der ökonomischen Krise nur eines noch zu gelten habe: der Wachstumsimpuls – hinter dem ökologische Bedenken zurückstehen müssen.

Der amerikanische Fotograf James Balog berichtet von einem Besuch in den Naturschutzgebieten Alaskas. Dort will der amerikanische Präsident George W. Bush Öl fördern lassen. »Ich stand genau dort, wo gebohrt werden soll. Man blickt aus einer weiten Ebene auf die riesigen Berge im Süden, die sich so weit das Auge reicht über den Horizont erheben.

Glauben Sie mir: Es war einer der zwei, drei schönsten Orte, die ich je gesehen habe – und ich war an vielen unglaublichen Plätzen. Die Befürworter der Ölförderung wollen den Menschen weismachen, dort oben sei eine Art ›Nichts‹. Die sind total verrückt.« Und er ergänzt – gefragt nach dem Thema Klimaschutz: »Meiner Ansicht nach sind dagegen alle anderen Probleme nachrangig. Ich fürchte, unsere Kinder und Enkel werden auf diese Zeit zurückschauen und sagen: Wie konntet ihr bloß so verdammt dumm sein? Ihr hattet wissenschaftliche Daten, die über die unmittelbare Bedrohung keinen Zweifel ließen.«[47]

Ist es eigentlich undenkbar, dass sich der *Global Senior* besinnt? Dass sich die Alten, die ja ehemals Verantwortung für die Lebensbedingungen kommender Generationen ganz selbstverständlich wahrgenommen haben, gegen die wenden, die sie an den verdummenden und gefährlichen Wachstums-Wahn fesseln wollen? Die traditionelle Weisheit mag die Beschleunigungsgesellschaft den Alten aus der Hand geschlagen haben. Aber sie liegt jetzt auf der Straße und will aufgehoben werden. Sorgt, was an euch ist, dafür, dass eine andere Richtung eingeschlagen wird. Gebt den Verwüstern keine Chance. Ihr habt doch Zeit genug, um euch zu engagieren!

Halbierung der Renten?

Um 1980 Geborene werden für einen eingezahlten Euro im besten Fall 80 Cent Rente erhalten. Wer Jahrgang 1930 ist und regelmäßig eingezahlt hat, erhält für einen Euro zwei.[48] Wenige Kinder und Jugendliche gibt es in Deutschland, dementsprechend zahlen immer weniger in die Rentenkassen ein. Im Jahr 2002 sind 44 Prozent der Bundesausgaben in Zinszahlungen und Renten geflossen.[49] Im deutschen Rentensystem sind nur noch drei Dinge sicher:

- Die Beiträge werden weiter steigen.
- Wer heute arbeitet und einzahlt, wird dennoch eine kleine Rente bekommen, von der er kaum wird leben können.
- Die gegenwärtige Rentnergeneration ist im Vergleich mit diesen Aussichten der Jüngeren sehr gut versorgt.

Das – so wird jeder zugeben müssen – ist eine Verletzung der Generationengerechtigkeit. Auch wenn niemand der Älteren, die diese Vorteile genießen, das beabsichtigt hat, haben wir es hier dennoch mit einem Bruch des Generationenvertrages zu tun. Wer heute zum Beispiel aus einer Tätigkeit in der Versicherungsbranche ausscheidet, steht sich oft besser, als sich ehemals Emeriti standen: Pensionierte Lehrstuhlinhaber bekamen – bis vor kurzem – das volle Gehalt lebenslänglich weitergezahlt. Wer heute eine Betriebsrente und eine Rente von der Bundesversicherungsanstalt für Angestellte bekommt, ist in einer ähnlichen Lage. Der so Verrentete muss mit dem Beginn seines Ruhestandes keinerlei finanzielle Einschränkung hinnehmen.

Welche Konsequenzen sind aus dieser Schieflage zu ziehen? Hans Werner Sinn, der Chef des ifo, forderte im März 2003 kurzerhand die Halbierung der Renten für Kinderlose.[50] Man wird sich in den kommenden Zeiten noch mit so mancher rüden Forderung konfrontiert sehen. Es führt kein Weg daran vorbei – die jeweils Alten werden zurückstecken müssen zugunsten der jeweils Jungen. Und damit würde eine gute Gewohnheit, die zur Geschichte der Menschheit gehört, wiederbelebt: dass die Älteren sich zugunsten der Jüngeren kleiner machen und einschränken. Im ländlichen Bereich zogen sie deshalb früher auf das »Altenteil«. Vielleicht muss man sich heute an diese Praxis als an ein Modell erinnern.

Allerdings helfen Kahlschlagallüren nicht. Wir leben in einer reichen Gesellschaft, und das wird hoffentlich auf absehbare Zeit auch so bleiben. Es gibt darum keinen Grund, die Alten kurzerhand auf Nulldiät zu setzen. »Es muss doch einen humanen Anspruch geben, auf ein Stückchen Sicherheit, ein Stückchen Dauerhaftigkeit von Lebensformen und sozialen Beziehungen«, sagt Elmar Altvater. Für diese berechtigten Ansprüche der Alten (und der Jungen) müssen staatliche Rahmenbedingungen gewährleistet sein, und das ist auch möglich. Im Augenblick besteht angesichts einer bisweilen hysterischen Kürzungsdebatte indessen die Gefahr, dass das Kind mit dem Bade ausgeschüttet wird.

Sicher: Die Überalterung der westlichen Industriegesellschaften kann globale Finanzkrisen auslösen – das hat eine Studie des Center for Strategic and International Studies (CSIS) herausgestellt. Dieses Institut, ein Washingtoner Think Tank, beschäftigte sich bisher mit Frieden und Krieg. Dass nun die Alten in den reichen Ländern zum globalen Krisengrund werden könnten, muss beunruhigen und verlangt Konsequenzen. An der Reform der Sozialsysteme führt insofern kein Weg vorbei. In Italien verschlingen die Rentenzahlungen des Staates jetzt 14 Prozent des Bruttosozialprodukts.[51] In Deutschland werden zwischen 2010 und 2020 ein Drittel mehr Menschen in den Ruhestand treten, als neue Erwerbstätige hinzukommen.

Dass die Alten in Zukunft also weniger Geld bekommen werden, daran ist wohl nicht zu rütteln. Und die Alten werden das in ihrer Mehrheit auch verstehen. Und noch wurde gar nicht begriffen, dass das Nachdenken über einen bescheideneren Lebensstil auch neue Freiheiten bringen kann. Aber die fälligen Einschränkungen werden nicht ohne heftige soziale Konflikte über die Bühne gehen. Mehr als eine Million Menschen protestierten in Frankreich und Österreich im Mai 2003 gegen geplante Rentenreformen. In Frankreich blieben wegen der Rentenstreiks im Mai 2003 Busse, Züge und U-Bahnen in den Depots, Flugzeuge blieben am Boden. In Österreich legten mehr als 100 000 Lehrer die Arbeit nieder, sodass für eine Million Schüler der Unterricht ausfiel. Eine bemerkenswerte Symbolik im Übrigen. Während im Mai 68 der Aufbruch junger Menschen die »Phantasie an die

Macht« bringen sollte, geht es 35 Jahre später um die Sicherung der Rentenansprüche im Alter. So mancher Demonstrant könnte an beiden Protesten teilgenommen haben. Vom Aufbruch in eine menschlichere Gesellschaft ist nicht mehr die Rede, sondern von Konservierung: dass es nicht so gar viel schlechter werden möge. Der Widerstand ist erst einmal verständlich: Die an dieser ›Gegenreformation‹ Beteiligten ahnen, dass sie um der Marktgesetze willen in einen ›verschlankten‹ Sozialstaat versetzt werden sollen, der tatsächlich ihre Lebensbedingungen globalisiert – und das heißt auf lange Sicht: Ihre Lebens- und Arbeitsbedingungen könnten sich mehr und mehr denen von Pakistanern und Brasilianern angleichen. »In Zukunft soll ein Arbeiter in Konstanz unmittelbar mit einem Arbeiter in Kanton konkurrieren. Natürlich kann er den Konkurrenzkampf nur gewinnen, wenn er seine Arbeitskraft billiger verkauft als sein chinesischer Kollege. Die Globalisierung der Wirtschaft, in Verbindung mit der tendenziellen Aufhebung der gesellschaftlichen Kontrolle über die Märkte, eliminiert die Differenz zwischen der ehemaligen Ersten Welt und der so genannten Dritten Welt.«[52]

Wovor man sich fürchten muss ist, dass zukünftig die falschen Prioritäten gesetzt werden. Die Altenkrise gibt eben auch neoliberalen Kräften Auftrieb, die nichts anderes im Visier haben als die Nützlichkeit der Gesellschaftsmitglieder. Sie haben sich von dem Projekt der Humanisierung der Lebensverhältnisse längst verabschiedet und möchten eine Formation, in der sich Nützlichkeit und Leistungsfähigkeit als die gesellschaftlichen Angeln etablieren, um die sich alles dreht. Diese Kräfte werden unnütze Alte und unnütze Jugendliche in gleicher Weise in ihren Lebenschancen beschränken und damit beschädigen wollen. Wenn die Sozialsysteme erst einmal durch kommerzialisierte und privatisierte Angebote ersetzt sind, wird man sich in einer veränderten Lage wiederfinden, die den Erfolgreichen, den Leistungsfähigen und letztlich auch den Rücksichtslosen an die Stelle des Bürgers

setzt. »Das Niveau des ›Sockels‹, also die notwendigen versor-
genden und ›investiven‹ Leistungen, die den Einzelnen wie
die Gesellschaft als Ganzes qualifizieren, auf einem bestimmten Niveau zu produzieren, ist zugleich auch Ausdruck des
Freiheitsgrades einer Gesellschaft. Alle Forderungen, den
Sozialstaat umzubauen, müssen dort ihre Grenze finden, wo
sie den Sockel, auf dem Individualität entsteht – die Freiheit, das eigene Leben zu gestalten – untergraben ... Durch
Privatisierung und Kommerzialisierung werden diese Räume
bedroht und damit die Fähigkeiten der vielen, ihre Frei-
heitsräume zu bestimmen und an der Produktivität, dem
Wissen der Gesellschaft, teilzunehmen«, so hat es Wolfgang
Thierse formuliert.[53] Niemand kann bezweifeln, dass die Verwirklichung von Freiheit, Gerechtigkeit und Solidarität unter
den Bedingungen der Globalisierung schwieriger geworden
ist. Offene Märkte für Kapital und Arbeit bedrohen traditionelle nationale Sicherheiten. Und die Handlungsmöglich-
keiten nationaler Regierungen sind beschränkt. Aber das darf
nicht zum Anlass werden, soziale Sicherungen generell zur
Disposition zu stellen, um der radikalisierten Marktgesellschaft den roten Teppich auszubreiten, auf der diese dann
die Parade der Überlebenden abnimmt. Die Geschichte der
»Sozialisierung« unserer Lebensverhältnisse kann doch nicht
kurzerhand der Kommerzialisierung und Privatisierung ge-
opfert werden, weil sich so Finanzierungsprobleme lösen
lassen. Und die Zivilisierungsanstrengungen der demokratischen Gesellschaften können doch nicht kurzerhand ver-
müllt werden, weil die alten Sozialsysteme sich nicht mehr
rechnen. Wer so tut, als wären Freiheit, Gerechtigkeit und
Solidarität angestaubte Begriffe, die säkularisiert werden
müssen und dann als Flexibilisierung, Deregulierung und
Eigenverantwortung wiederkehren, schneidet seine Wurzeln
ab und stellt seine Erinnerungslosigkeit unter Beweis. Kurz –
die sozialpolitische Zukunftsfrage lautet nicht: Wie schnell
gelingt es uns, die Sozialsysteme zu zerstören und sie in Ver-

sicherungsmärkte umwandeln, die nach dem Prinzip »Eigenverantwortung« funktionieren? Sondern die Frage lautet:
Wie kann es gelingen, die in einem langen historischen Prozess entstandene soziale Sicherung der Individuen vor ihrer
Zertrümmerung unter dem Druck der Globalisierung von
Kapital und Arbeit zu retten? Die einen zerren die Sozialsysteme auf das ökonomische Schlachtfeld, um sie dort zu
ruinieren, die anderen suchen nach einem bombensicheren
Keller, in dem wenigstens Überreste bewahrt werden können.

Aktienlügen

Man darf nicht vergessen, welche Rolle fünf Jahre »Neuer
Markt« in diesem Zusammenhang gespielt haben. Vom
sagenhaften Aufstieg aus der Frittenbude zum Tycoon konnte man in den Gazetten lesen. Wieso bin ich nicht dabei,
fragten sich Junge und Alte. Ruhige Freunde und solide
Bekannte sicherten sich plötzlich ein »Depot«, kauften
Aktien, deren Wert sich innerhalb von Wochen vervielfälti-
gen sollte. Wer irgend konnte, wollte bei dem Börsenspiel der
fröhlichen Risikogesellschaft dabei sein. Wer nicht reich
wurde, durfte hinfort als träge oder phantasielos gelten. Man
fieberte im Internethandel mit und übersah die Risiken – und
übersah auch, woran man sich da eigentlich beteiligte. Der
Absturz folgte schnell und er betraf wiederum Junge wie Alte.
Das Depot wurde zum Ofen, in dem Geld verbrannte. Aber
der Absturz blieb keine Episode, denn er hatte Folgen über
die Vernichtung von Vermögen und Sicherheiten hinaus.
   Am 10. März 1997 stand der Aktien-Index des Neuen
Marktes bei 505,28 Punkten, am 10. März 2000 stand er bei
8559,32 Punkten und am 26. September 2002 war er auf
413,05 abgestürzt. Flops und Bilanzfälschungen, Erfindung
von Umsätzen und Gewinnen garnierten die kurze Blüte.
»Die meisten Jungmillionäre hatten nicht mal Zeit, einen
roten Porsche zu bestellen, da waren sie schon wieder so arm,

wie es ihrer real nicht vorhandenen ökonomischen Potenz entsprach.« [54] Der Kindergarten-Kapitalismus – so formuliert Robert Kurz – litt an Progerie, an der Turbo-Ultra-Schnell-vergreisung. Eine Zeit lang sah ja alles rosig aus. In die Industriebrachen, in die Investitionsruinen, in die Leerräume der verröchelnden Industriegesellschaft sollten die aufblühenden jungen Dienstleistungs-, Internet- und Telekombranchen einziehen. Silicon-Valley überall. Und jeder wollte endlich das Geld zum Arbeiten schicken, statt selber zu gehen. »Junge und verwegene Gestalten, so hieß es, zögen in die verlassenen Hallen ein. Jetzt liegen da überall mickrige und picklige kleine Erfolgsleichen herum. Und dummerweise hat man auf die Zukunft dieser Enkelgeneration astronomisch hohe Wetten abgeschlossen.« [55]

Die kurze Blüte der New Economy war wie ein Steppenbrand: Zwei-Prozent-Sparbücher sahen plötzlich lächerlich aus, und dem eher ruhigen Nachkriegskapitalismus wurden die Frackschöße angesengt – alles geriet in Bewegung. Wie der Phönix aus der Asche stieg aus diesem lodernden Börsenfeuer die »Ich-AG« und die »Selbstverwertung« hervor. Die phantastischen Börsengewinne gingen, aber das börsenorientierte Individuum blieb. Das Individuum soll sich nun als Risikounternehmen in Eigenregie verstehen. Die Rotationsgeschwindigkeit der Wirtschaft wächst kontinuierlich, weil Kapital, das durch lange Umschlagzeiten gebunden ist, Gewinne auffrisst. Und das Individuum wird in diesen Prozess der Beschleunigung unweigerlich hineingerissen. Der Begriff der Ich-AG signalisiert die Angleichung des Subjektes an Wirtschaftsprozesse und die mit dieser Angleichung verbundene innere Beschleunigung. Die Flexibilisierung von Charakterstrukturen gehört dazu ebenso wie die Vision eines Homo modernissimus, dessen einzige Innenausstattung noch die ›Tugend der Orientierungslosigkeit‹ ist.

So kann man einerseits konstatieren, dass die New Economy alles andere als nachhaltig war. Aber ihre Wirkungen für die Menschen – die sind nachhaltig. Heute ist es möglich, eine Sozialpolitik und eine Arbeitsmarktpolitik zu propagieren, bei der der Einzelne sich als Investor in sein eigenes Leben auffasst. Die New Economy hat viel dazu beigetragen, dass Bild vom neuen Marktmenschen durchzusetzen, der den Bürger ablöst. Dass gleichzeitig die Leichen der New Economy von der Bühne getragen werden, spielt da keine Rolle mehr: In Zukunft ist man dennoch aufgerufen, zur Ich-AG zu mutieren. Mit einem Mal gehören Börsenkurse zu jeder Nachrichtensendung. Sie korrespondieren mit dem Homo novus, der da vor dem Bildschirm sitzt und als frische Ich-AG nun begriffen hat, dass ihn das zu interessieren hat.

Was uns blüht, wenn der Sozialstaat durch einen Börsenverein mit angeschlossener Versicherungsbranche abgelöst wird, kann man in den Vereinigten Staaten studieren. Die Babyboom-Generation (Jahrgang 38 bis 56) hat bis vor kurzem mit Gelassenheit auf das Pensionärsdasein geschaut. Man sah sich in einer der großen Altenresidenzen wie Sun City, Youngtown, Sun Village, um dort unter sich zu sein. Golf spielen, Fitness, Unterhaltung. Nach dem Börseneinbruch fehlt vielen Alten jetzt das Geld. Man hatte sich auf zweistellige Wachstumsraten am Kapitalmarkt verlassen, hat sonst nichts zurückgelegt und stattdessen nach Herzenslust konsumiert. Weil die Renten in in den USA überwiegend in Aktien und Anleihen angelegt worden sind, schmelzen nun die Zahlungen. Selbst die Betriebsrenten sind nicht mehr sicher. Der Rücklagenfonds PBGC (Pension Benefit Guarantee Corporation) stellte 2002 fest, dass 111 Milliarden Dollar zuwenig zurückgelegt worden sind. Im Mai 2003 hat HSBC, eine der weltweit dominierenden Großbanken, die fehlende Summe sogar auf 340 Milliarden Dollar geschätzt.[56] Bei Firmen wie Rolls-Royce und British Airways machen die Schulden die Hälfte dessen aus, was ihr Wert auf dem Markt darstellt. In Deutschland liegt die Sache bei manchen Konzernen ähnlich: Siemens weist ein Pensionsdefizit von fünf

Milliarden Euro auf. Immer seltener machen heute Firmen noch Pensionszusagen – angesichts der Jobhopperei, die zum Berufsleben gehört, ist das auch ohnehin ein verlorenes Spiel. Warum sollten Firmen heute noch für ihre sich ständig wandelnde Belegschaft in deren Alter sorgen? So findet eine Reprivatisierung der Risiken statt – und die Menschen müssen die Kursschwankungen selber abfangen.

Eine Anmerkung darf nicht ausgelassen werden: Die Bosse haben es fast überall verstanden, ihre eigenen Pensionen vor dem Strudel des Niedergangs zu sichern. Bei American Airlines zum Beispiel haben die Topmanager ihre Pension auf Firmenkosten gegen Bankrott versichert, den normalen Angestellten dagegen wurden starke Kürzungen im Einkommen und bei den Anteilen zugemutet, um die Firma vor dem Bankrott zu retten.[57]

Es sind Millionen alter Amerikaner, die inzwischen vor dem Ruin stehen. Selbst verschuldet insofern, als sie ihre Zukunft in den Zeiten nicht gesichert haben, da sie es noch gekonnt hätten. Zugleich aber auch Opfer eines Geldmarktes, den sie nicht durchschaut haben. Nun können sie in ihre ehemaligen Jobs nicht zurück, und nicht wenige verdienen sich ihr Geld als Ticketabreißer im Kino, Tütenpacker im Supermarkt, als Tagesmutter, als Straßenfeger.[58]

Noch etwas anderes kann das amerikanische Beispiel lehren. Die Verschiebung der finanziellen Versorgung alter Menschen an die Börse verschärft einen schwer sichtbaren, aber dennoch dramatischen Aspekt des Generationenkonfliktes. Die Privatisierung der Renten reißt die Senioren in eine für sie gar nicht erkennbare Globalisierung, eine Verschleierung der Herkunft ihrer Einnahmen. Was bedeutet es eigentlich, dass Millionen reicher Senioren abhängig sind oder abhängig werden von Spekulationen an den Börsen und von dem, was mit diesem Geld gemacht wird? Ob damit bei Dynamit Nobel Tellerminen gebaut werden[59] oder in Argentinien Rinder gezüchtet, ob in China Autos gebaut werden oder in Südafrika Gold geschürft wird: Die Alten verdienen dran und sie müssen sich nicht fragen, ob Kindern die Beine abgerissen werden, Indios vertrieben werden, die Atmosphäre gefährdet wird oder Schwarze schwitzend in der Erdkruste wühlen müssen. Die Aktie erspart uns den Blick auf die Realitäten, so wie dem russischen Fürsten in Petersburg der Blick auf das Leben seiner Kulaken erspart blieb.

Die alten Menschen lassen über den Aktienbesitz junge Menschen weltweit für sich arbeiten, ohne dass sie die Bedingungen zur Kenntnis nehmen müssten.

Der Normalsenior in den USA ist nicht mehr vom Ertrag seines Ackers abhängig, sondern von der Ernte der Agrarfabriken in Kanada. Die Versorgung durch die Kinder ist abgelöst von der Entwicklung der Börsennotierungen in Frankfurt, New York, London und Tokio. Man weiß inzwischen, dass diese Form des Aktienbesitzes dazu führt, dass der Shareholder-Value in den Vordergrund tritt: Firmen werden unter dem Gesichtspunkt umgestaltet, prioritär Geld für die Aktionäre rauszuholen. Hinter jeder Aktie sitzt – den Eindruck könnte man manchmal bekommen – ein Greis und wartet auf den Ertrag. Ein virtuelles Alter, das von virtuellen Geldströmen abhängig geworden ist. Senioren sorgen dafür, dass Konzerne Geldautomaten werden, die zum Beispiel jeden älteren Arbeitnehmer aussortieren, um effektiver zu sein. Objektiv sind so die Aktien-Senioren für eine Fülle von betrieblichen Schurkereien verantwortlich, die sie aber nicht mit ansehen müssen, von denen sie auch meistens nichts wissen.

Das Alter in den reichen Regionen ist immer mehr eine Arbeitsaufgabe für Individualisten. Senioren sind Monaden, die sich ihre Altersbiographie selbst bauen müssen. Aber im gleichen Maße, wie die Vereinzelung zunimmt, wachsen die Verknüpfungen mit globalen Netzen. Individualistisch und globalisiert ist das Alter – die verbindenden Milieus dazwischen, die es früher gab, fehlen. Der reiche Greis, der in Florida im Liegestuhl hängt, mag sich vor allem mit seinem

Geld, seiner Gesundheit und seiner Versorgung befassen. Darin ist er hochgradig individualisiert und egoman. Aber sein Geld zirkuliert gerade an der Börse in Tokio, seine Medikamente bezieht er von pharmazeutischen Transnationals und seine Versorgung liegt in der Hand weiträumig agierender sozialer Dienstleister. So locker und schütter seine Beziehungen zu Familie und Nachbarschaft dabei geworden sind, so eng sind die unsichtbaren Verknüpfungen mit den globalen Strukturen. Alter ist immer weniger ein Lebensabschnitt, in den man hineinwächst, sondern zunehmend ein geplantes Areal, in dem es vor allem um die Abwendung der Altersfolgen (Krankheit, Armut, Abhängigkeit) und die Sicherung von Lebensqualität geht. Und dieses Alter ist darum folgenreich für andere. Diese Alten sind gebunden an ein Heer von unsichtbaren Arbeitssklaven in den armen Ländern, die billige Produkte herstellen, und von Jungen in den reichen Ländern, die Renten erwirtschaften oder Börsenkurse in die Höhe treiben. Die polnische Pflegerin und die senegalesische Putzfrau kann der deutsche Senior noch sehen. Aber dass die Bananen, die er im Supermarkt kauft, von Latinos geerntet werden, die um das Existenzminimum kämpfen, bleibt verdeckt.

Jeder zweite Bewohner Afrikas ist unter 15 Jahre alt. Im Iran sind die Hälfte aller Menschen jünger als zwanzig, und man brauchte dort jedes Jahr 800 000 Arbeitsplätze, wenn sie beschäftigt sein sollten. Milliarden junger Menschen haben den Lebensstandard der Reichen auf dem Bildschirm zu sehen bekommen, leiden aber selber unter Hunger, Arbeitslosigkeit – ihre Lage ist hoffnungslos. Wen wundert es, dass sie im Kongo und in anderen afrikanischen Staaten zum Maschinengewehr greifen und in die Dienste der Warlords treten, die ihnen Beute versprechen? In islamischen Regionen lassen sie sich für Terrornetzwerke rekrutieren. »Junge Gesellschaften können entweder Produktivkräfte entwickeln oder Sprengkräfte« heißt es aus dem deutschen Außenministerium.[60] Das ist zwar die falsche Alternative, denn wenn die ganze Welt sich in den Produktionswahn der reichen Länder aufmachen würde, müssten wir ersticken. Es muss in eine andere, weltverträgliche Entwicklungsrichtung gehen. Und die heißt nicht mehr Wachstum, sondern Verteilung und Subsistenz. Aber wahr ist, dass wir uns – schreiben wir die gegenwärtigen Verhältnisse fort – in die Richtung eines »neuen Totalitarismus« bewegen, wie der deutsche Außenminister Joschka Fischer sagt.[61] Und dieser neue Totalitarismus wird einer sein, der von jungen Menschen ausgeführt wird. Der 11. September 2001 hat die Richtung einer bedrohlichen neuen weltinnenpolitischen Konstellation gezeigt: Alter Reichtum und junger Terrorismus. Generation Florida gegen die Generation Sprengstoff. Vielleicht ist das die Konfliktlage, die das 21. Jahrhundert prägen wird?

Wenn jetzt in Deutschland der Weg in die Privatisierung der Altersvorsorge vorgeschlagen wird, dann bedeutet das also eine Herauslösung der Alten aus überschaubaren Lebenszusammenhängen und eine Integration in globalisierte Unübersichtlichkeit. Die Renten sind – so heißt es – nach dem alten Modell nicht mehr finanzierbar. »Die Mehrheit der Menschen kann nicht fast genau so lange Rente beziehen, wie sie arbeitet« sagt Axel Börsch-Supan, Mitglied der Rürup-Kommission, die im Auftrag der deutschen Regierung das Rentensystem reformieren sollte.[62] Also werden die Menschen aufgefordert, sich am Kapitalmarkt privat zu versichern. Aber der ist bekanntlich eingebrochen wie ein kleiner Junge auf zu dünnem Eis. Die Risiken der Privatversicherung gehen indessen noch viel weiter: Wer soll eigentlich den jetzt privat Versicherten, wenn sie in Rente gehen, die Aktien abkaufen? Die Angehörigen der Babyboom-Generation (die 1950 bis 1970 Geborenen) »könnten Probleme bekommen, ihre Finanztitel einer immer kleiner werdenden Sparerklientel zu verkaufen« konstatiert im Dezember 2002 die Hypovereinsbank.

Der Finanzindustrie – also den Banken und Versicherungen – ist es gelungen, »eine unglaubliche Illusion in die Welt zu setzen« hat der *Spiegel*-Redakteur Harald Schumann gesagt. Es wird behauptet, »man könne dem Problem der Alterung der Gesellschaft dadurch entgehen, dass man sein Geld in Aktien oder andere Wertpapiere investiert ... Natürlich sind auch die Kapitalmärkte extrem anfällig für die Folgen der Alterung ... Es gibt keine Sicherung gegen die Alterung der Gesellschaft, und wir werden mit der Alterung der Gesellschaft einen Niedergang des Lebensstandards in diesen alternden Gesellschaften erleben, auch in Deutschland, ich glaube, da gibt es kein Entkommen, weder durch Kapitalvorsorge noch durch jede andere Rentenreform.«[63]

Dereguliertes Alter

Hinter der Aufforderung zur »Eigenverantwortung« verbirgt sich, dass der Bürger und dabei besonders der alte Bürger, als Ballast abgeworfen wird. Die neoliberalen Imperative ereilen auch das Alter: Es wird dereguliert, privatisiert und liberalisiert. Die staatlich organisierte Rentenversorgung schmilzt dahin, für die Gesundheitsleistungen muss immer mehr selbst bezahlt werden, und wer im Alter Hilfe braucht, die die Grundversorgung übersteigt, wird sich darauf einrichten müssen, Selbstzahler zu werden, wenn er sie denn haben will.

Gibt es eine Alternative zu der in Gang gesetzten Zerstörung des Sozialstaates, die in absehbarer Zeit auch wieder das Phänomen der Altersarmut massenhaft werden lassen dürfte? Die Alten werden für diesen Abbau verantwortlich gemacht. Manchmal könnte man denken, dass die Sache umgekehrt ist: dass die Alten auch als Statisten benutzt werden, um den Abbau des Sozialstaates zu legitimieren.

Über die Alternativen, die es gibt, wird dagegen kaum geredet. Das verstärkt den Verdacht, dass die Alten vorgeschoben werden, um den erwünschten Abbau des Sozialstaates durch-

führen zu können. Diese Alternativen werden am Rande diskutiert, gehören aber ins Zentrum:

– *Einführung einer Bürgerversicherung:* Was in der Schweiz
durchsetzbar war, sollte sich auch in Deutschland möglich
machen lassen: Alle Bürger und Bürgerinnen, die arbeiten,
zahlen in eine Kasse ein, aus der auch alle eine Rente bekommen. Gerade angesichts der Veränderung der Arbeitsmärkte
(Scheinselbständigkeit etc.) muss dafür gesorgt werden, dass
die Abgaben für Sozialsysteme auf alle Einkommen ausge-
dehnt werden und sich nicht nur auf die Einkommen der
abhängig Beschäftigten beziehen. Die Rürup-Kommission
schlägt eine Bürgerversicherung vor, die auch Beamte und
Selbständige einschließt, oder rät zu einer einkommensunab-
hängigen Kopfpauschale.[64]

– *Zuwanderung:* Deutschland muss sich – angesichts der Alterung – als Einwanderungsland verstehen, und zwar schnell,
denn es wird lange dauern, bis eine solche Einwanderung
wirksam würde. Kanada hat eine Generation gebraucht, um
zu einem Einwanderungsland zu werden.

– *Fluchtkapital zurückholen:* Die Steuerflucht ist eine der größten Gefahren für die europäischen Sozialstaaten.[65] Allein der
deutsche Fiskus verliert durch Steuerflucht pro Jahr mindestens acht Milliarden Euro. Für amerikanische Bürger ist eine
solche Steuerflucht schon heute fast unmöglich. »Wann immer ein Amerikaner ein Konto in der Schweiz oder in Luxem-
burg oder auf Cayman Islands hat, darf die amerikanische
Finanzbehörde, der International Revenue Service, die Unter-
lagen anfordern, und dann kriegt er sie auch.«[66] Wer sich
weigert, bekommt keinen Zugang zum Finanzplatz New York.

Schließlich wird sich die Zukunft unserer Gesellschaft und
die des Alters auch an Fragen der Unternehmermoral entscheiden. Das 19. Jahrhundert hatte da Ansätze zu einer
Balance: Das marktwirtschaftliche Handeln der Unternehmer
wurde peu à peu moralisch eingebunden – vor allem durch
staatliche Maßnahmen, die dem Wirken des Marktes ethi-

sche Grenzen setzten. Im Rahmen nationalstaatlichen Handelns ist das leichter möglich gewesen, die Globalisierung der Märkte macht das immer schwieriger. Kein Manager und kein Unternehmer kann sich der internationalen Konkurrenz entziehen. So besteht die Gefahr, dass Moral systematisch aus der Ökonomie vertrieben wird. Wer überleben will, muss den Konkurrenten niederringen. Das führt gegenwärtig unter anderem dazu, dass ältere Arbeitnehmer um nahezu jeden Preis aussortiert werden – notfalls auch auf Kosten des Sozialstaates. 60 Prozent aller deutschen Betriebe beschäftigen keinen über 50-Jährigen mehr – das ermittelte das Nürnberger Institut für Arbeitsmarkt und Berufsforschung. Und: Deutschland hat im OECD-Vergleich die höchste Quote alter Erwerbsloser.[67] Dabei bedient sich die Wirtschaft auch zweifelhafter Vorgehensweisen. Es ist kein Geheimnis, dass so mancher ältere Arbeitnehmer, der zur Rehabilitation nach Bad Sowieso geschickt wird, dort – in lockerer Absprache mit Ärzten – durch Frühverrentung entsorgt wird.

Die Abwesenheit unternehmerischer Moral kann man auch in der mangelnden Zahlungsbereitschaft erkennen: »Auf der Kundgebung zum 1. Mai in Sindelfingen, einer Niederlassung von Daimler-Chrysler, hat der Gewerkschaftssprecher darauf hingewiesen, dass die Einnahmen der Stadt aus der Hundesteuer höher sind als die aus der Gewerbesteuer.«[68] In den vergangenen zehn Jahren hat sich in Deutschland das private Geldvermögen verdoppelt, von eineinhalb auf drei Billionen Euro. Gleichzeitig hat sich auch die Staatsverschuldung verdoppelt. Gewinne werden privatisiert, Verluste sozialisiert. Auf die vermögendsten zehn Prozent der Haushalte entfallen über 40 Prozent des gesamten Privatvermögens, während sich die untere Hälfte aller Haushalte knapp fünf Prozent der Bestände teilen muss.[69]

Man wird vielleicht zugestehen, dass die Spitzenfiguren der Marktgesellschaft kaum eine andere Möglichkeit haben, als sich in ihrem unternehmerischen Handeln den Gesetzen des Profits zu unterwerfen. Aber es gibt eine private Seite, bei der sich die Freiheit zu ethischem Handeln nicht leugnen lässt. So mancher Topmanager bringt das verdiente Geld in Steueroasen in Sicherheit. Wenn dann der gleiche Manager aber für seine Kinder exzellente Ausbildungsstätten verlangt und auf funktionierende Infrastrukturen zurückgreifen will, für die keine Steuern entrichtet wurden, dann ist das Schurkerei. Eine solche Haltung wird sich auf die Gestaltung des Alters durchschlagen und auf das Leben im Alter zurückschlagen: Wer so im Berufsleben handelt, dem müssen sich die schönen Seiten des Alters entziehen, weil er sich zwar vieles leisten kann, aber unter dem armseligen Zwang steht, das Alter wie eine Unternehmung aufzufassen, die man kaufmännisch organisieren muss, oder wie eine Ware, die man kaufen und verkaufen kann. Planung, Buchhaltung, Gewinnmaximierung sind die Direktiven, unter die das Alter dann gerät. Reich, aber armselig. Voll gepackt bei innerer Leere, gut versorgt, aber im Kern verdorrt. Je gieriger da nach dem Leben gegriffen wird, desto mehr entgleitet es den Händen.

Abzocken und abgezockt werden

Mit dem Ende der Wohlstandsära wird die Situation der Alten prekär. Noch haben sie meistens gute Renten oder Vermögen – und sind dann gern gesehene Gäste der Marktgesellschaft. Was ist aber, wenn es ihnen in Zukunft fehlen wird?

Alan Greenspan, greisenhafter Chef der amerikanischen Notenbank, würde in Deutschland schon heute Schwierigkeiten haben, eine Digitalkamera auf Raten zu kaufen. Das jedenfalls hat der 72-jährige Peter Kubon in Freiburg erfahren müssen. Der Diplomingenieur wollte sich Supermarkt Real eine Digitalkamera kaufen, in zwölf Raten. Mit Personen über 71 werde kein Ratenkaufvertrag mehr abgeschlossen, wurde ihm mitgeteilt. Die Citibank wickelt diese Ratenkäufe ab, und eine Finanzierung wird nur genehmigt bei Kunden mit unbefristetem Arbeitsverhältnis und bei Rentnern bis 71 Jahren. Auch bei der Norisbank in Nürnberg geht mit über 70 Jahren nichts mehr, und die Di-Ba in Frankfurt, Deutschlands älteste Direktbank, dreht schon ab 65 Jahren den Geldhahn zu.[70]

Auch wer im Alter seine finanzielle oder physische Stärke verliert, wird schon jetzt bisweilen zum Opfer der geldbesessenen Gesellschaft. Zum Beispiel: Verwirrte Alte oder solche, die zu schwach sind, um sich um ihre Angelegenheiten zu kümmern, werden seit 1992 nicht mehr »entmündigt«, sondern »betreut«. Damit sollte der Weg eingeschlagen werden vom entmündigten Opa zum betreuten Senior. Das Vormundschaftsrecht wurde durch das Betreuungsgesetz abgelöst. Meistens übernehmen Angehörige oder Sozialarbeiter die Betreuung. Ist Vermögen da, werden häufig Juristen hinzugezogen. Aber hinter der Wortkosmetik verbirgt sich in vielen Fällen eine juristisch verbrämte Piraterie. Zahlreiche Fälle von Missbrauch sind inzwischen publik geworden:
– In Bremen hob ein Rechtsanwalt 50 000 Mark vom Konto eines Betreuten ab und überwies das Geld auf sein Geschäftskonto.
– In Saarbrücken schrieb ein Anwalt die Konten von elf Betreuten auf seinen Namen um und eignete sich die laufenden Einnahmen an.
– In Freiburg ließ ein Anwalt das Aktienpaket eines alten und kranken Universitätslehrers (Wert des Pakets: 1,2 Millionen DM) auf seinen eigenen Namen umschreiben.[71]

Zwar werden die Betreuer kontrolliert, aber im Jahr 2000 war die Zahl der Betreuten schon auf 800 000 Fälle angestiegen – was bedeutet, dass die Einzelkontrolle schwierig ist. Die Zahl der Rechtspfleger, die kontrollieren sollten, ist zu klein, um Missbrauch aufzudecken und zu verhindern.

Man sieht: Die Alten sind Akteure und potenzielle Opfer in einer vom Markt dominierten globalen und lokalen Kultur.

Aber sind sie wirklich Akteure, wenn sie Aktien besitzen? Die Vereinten Nationen schätzen, dass siebzig Prozent des gesamten Geldes, das um den Planeten kreist, in Scheinunternehmen gewaschen wird oder als unproduktiver Reichtum die Spekulation anheizt. Die zirkulierenden ungeheuren Geldmengen fließen überhaupt nicht mehr in die Produktion von Gütern. »Durch Computer vermittelt, wird von Börse zu Börse Kapital transferiert, das vom Standpunkt der Volkswirtschaft aus gesehen eigentlich nicht existiert, weil es überhaupt nicht mehr in irgendeinen Produktionsprozess gelangt.«[72]

Man kann resümieren: Wir stehen als alte oder junge Bürger auf der Erde und schauen diesem wie ein Kometenschwarm um die Erde schwirrenden Geldstrom quasi fassungslos und einflusslos zu. Woher meine Rente oder Pension kommt, kann ich mir noch gerade vorstellen, woher das Geld, das ich aus der jetzt so heftig propagierten privaten Säule beziehe, kommt, kann ich nicht wirklich nachvollziehen. Die Folge ist nicht allein die erwähnte wachsende Unsicherheit, sondern vor allem auch eine zunehmende Entsinnlichung des Alters. Und das zieht natürlich eine Entsinnlichung des Generationenkonfliktes nach sich. Er spielt sich – zugespitzt gesagt – nicht mehr auf dem Hof ab, wo der Junge endlich den Pflug in die Hand bekommen möchte und der Alte nicht ins kleine Haus umziehen möchte. Er spielt sich an der Börse in Tokio oder in der Wallstreet ab: Der Konflikt entzieht sich dem Zugriff der Beteiligten, man greift nach Schemen, die sich nicht packen lassen.

Generationengerechtigkeit – vom Ende einer Illusion

Rentenfragen – das war vor zehn Jahren noch eine Angelegenheit für Spezialisten. Heute wird man fast jeden Tag mit neuen Vorschlägen für die Sanierung des Rentensystems konfrontiert. Und welcher Politiker hätte nicht das Thema Generationengerechtigkeit für sich entdeckt?[73] Nur mühsam verhüllt, flackern hinter dieser Debatte die Lobbyinteressen. Die Frage nach der Gerechtigkeit ist zu einer Verteilungsfrage heruntergekommen. Ulrike Baureithel hat zu Recht von einer Gespensterdebatte gesprochen. Nach einer Umfrage des Meinungsinstituts Emnid sind 61 Prozent der Bundesbürger der Meinung, der Generationenvertrag könne in seiner gegenwärtigen Form nicht mehr aufrechterhalten werden. Gleich viele Befragte sind der Ansicht, es ginge jeweils den Jungen (40 Prozent), beziehungsweise den Alten (38 Prozent) besser. Die Demoskopen lassen uns darüber im Unklaren, aber man geht wohl nicht fehl in der Annahme, dass die Jungen finden, den Alten gehe es zu gut – und umgekehrt. Dahinter stehe – so Baureithel – ein »Glaubensabfall«: Die Behauptung, die sich in den Köpfen lange gehalten hat, dass der Markt ein gerechter Verteiler sei, der die Güter nach Fähigkeit und Leistung zuteile, lässt sich nicht mehr halten. [74] Das Geschrei ist groß, wenn der Markt sich nun »blind« und ungerecht zeigt und der jungen Generation für gleiche Leistung weniger zuteilt als der Generation davor. Die Frage nach der Gleichheit in der Gesellschaft hat eine Zeitdimension bekommen. Im Vordergrund steht nicht mehr die Frage nach reich und arm im Hier und Jetzt, sondern im Heute und Morgen. Gerade die Alten, die immer behauptet haben, dass man kriege, was man verdient habe, stellen nun unter Beweis, dass das nicht stimmt, sondern dass sie Gewinner auf Kosten der Gleichheit sind. Hilflose Gewinner: Denn sie haben es nicht so geplant oder gewollt. Sie sind mit Entwicklungen konfrontiert, die ihnen ihre Vorteile wahrt, aber ihre Ideologie zerstört: die Ideologie, nach der jeder, der sich anstrengt, für diese Anstrengung auch seine Belohnung empfängt. Das stimmt nicht mehr, es hat natürlich ohnehin nicht gestimmt, aber das war in der Epoche des Wohlstands und der Aufschwünge versteckter.

Nun geraten wir in eine Epoche fundamentaler Unsicherheit. Wachsende soziale Unsicherheit dürfte zum Grundelement der Erfahrung in den künftigen Jahrzehnten werden. Unter dem Gesichtspunkt der sozialen Sicherheit war die zweite Hälfte des 20. Jahrhunderts eine goldene Zeit. Fast alle waren mit Sicherheits-Privilegien ausgestattet, die man vorher so noch nie gehabt hatte. Damit ist es jetzt vorbei.

Resümieren wir die Entwicklung, um zu erkennen, wo wir jetzt angekommen sind.

Im 19. Jahrhundert waren Privilegierte diejenigen, die ein gefülltes Bankkonto hatten. Davor war Sicherheit vor allem aus dem Besitz von Land oder Macht erwachsen. Wer so etwas nicht hatte, konnte sich sicher fühlen, weil man immerhin zu einer Familie gehörte, die ein soziales Netz bot. Die Idee, dass es der Lohn sei, der Sicherheit schafft, ist demgegenüber neu. Er hat sich so richtig erst zwischen den beiden Weltkriegen entwickelt. Vorher waren Menschen, die sich ihr Geld mit irgendeiner Lohnarbeit verdienen mussten, verglichen mit den Vermögenden in einer durchaus prekären Lage. Die Entstehung von sozialen Sicherheitssystemen geht einher mit der Entwicklung einer Arbeitsgesellschaft, die erst allmählich die ganze Gesellschaft durchsäuert.

Jetzt beginnt in Deutschland eine Entwicklung, die in den Vereinigten Staaten schon älter ist: Die Versicherungspolice wird zum entscheidenden Maßstab für soziale Sicherheit. Privilegiert ist, wer gut versichert ist. Einen wachsenden Anteil ihrer Einkünfte wenden die Menschen ja für Versicherungen aller Art auf, vor allem aber für die Sicherung des Alters. Gleichzeitig wächst das Wissen über die Unsicherheit dieser neuen Sicherheit. Die Leute arbeiten für Versicherungspolicen, deren Ertrag immer wackeliger und unsicherer wird. Nachdem die alten familialen Netze weitgehend gerissen sind, während das staatlich organisierte Sicherungssystem brüchig wird und der Versuch, Sicherheit durch Investment zu schaffen, riskant ist, wird dem Einzelnen nichts anderes bleiben als die Suche nach Alternativen. Er wird sich auch in Zukunft auf prekäre Familienreste, auf staatliche Grundversorgung und einige Zinsen aus seinen privaten Investitionen verlassen müssen. Die Herausforderung aber wird darin bestehen, dass versucht wird, die Daseinsfürsorge ein Stück weit wieder in die eigenen Hände zu bekommen. Auf Balkonen und in kleinen Gärten, in Lücken zwischen den Häusern und auf ungenutzten Freiflächen werden die Menschen ein Stück Eigenversorgung rekonstruieren. Sie werden entdecken, dass es billiger ist und besser, selber zu kochen, statt die Fertigpizza aus der Tiefkühltruhe zu holen. Sie werden feststellen, dass man sich gegenseitig helfen kann und so aus der Geldökonomie ein Stück weit ausgestiegen werden kann. Alles, was den Geldbedarf verringert, macht unabhängiger und verringert damit die Unsicherheit. Längst sind Flohmärkte und Tauschringe im Begriff, sich zu einer Nebenökonomie zu mausern. Mittellose haben es gelernt, sich des Weggeworfenen als Rohstoff zu bedienen.

Vanessa F. hat – nach dem Ende ihres Studiums – vier Jobs. Außerdem versucht sie noch, nebenbei ihr Zweitstudium Psychologie abzuschließen. Sie arbeitet in einer Unternehmensberatung, schult Arbeitslose für Bewerbungsgespräche und macht Therapie im Gefängnis. Kürzlich steht sie an der Ampel, auf der hektischen Fahrt von einem Job zum anderen. Neben ihr hält eine Mercedes-Limousine, die größte, die es gibt. Eines der schwarz getönten Fenster senkt sich. Vanessa dreht die Kurbel am Fenster ihres bejahrten Polo. Neben ihr sitzt ein ehemaliger Klient aus dem Knast. Er grinst sie an und sagt: »Das nenne ich Resozialisierung, Frau F.«

Wir sind, so scheint's, auf dem Weg in eine höhnische Gesellschaft. Je jünger jemand ist, desto schwieriger wird es, sich eine halbwegs stabile Versorgung zu organisieren. Die Kluft zu den anderen, den Kriminellen, den Erben, den Alten, wächst. 35 Prozent aller deutschen Familien haben nach Abzug aller Kosten noch gerade einhundert Euro zur freien Verfügung. Manager, die ihren Konzern in den Abgrund gewirtschaftet haben, werden hingegen gern mit achtzig

Millionen in den Ruhestand geschickt. Es ist nicht erkennbar, welche gesellschaftlichen Kräfte solche Konstellationen ändern könnten. Bleibt nur ohnmächtiger Zorn? Regulierende Instanzen wie Kirche und Gewerkschaft verlieren zunehmend ihren Einfluss. Oder rettet man sich in den Lotto-Jauch-Traum? Die Hoffnung also, aus dem Nichts Millionär zu werden und plötzlich zur anderen Seite zu gehören? Sonst Abmarsch in die Depression, die Apathie oder das Magengeschwür?

Die Debatte um den Generationenkonflikt öffnet den Blick auf eine völlig neue Szenerie. Die Jüngeren schwimmen in einem Meer von Unsicherheit. Keine bequemen Berufsbiographien, sondern Konkurrenz auf einem sich globalisierenden Arbeitsmarkt, der Siegertypen begünstigt. Fragile Familien- und Beziehungslagen, ein ungesichertes Alter. Von Zeit zu Zeit kann man dann jemanden beobachten, der das Schwimmen aufgegeben hat und untergeht. Wenn es dabei bleibt, vergrößern sich die verwüsteten Areale der Gesellschaft. Die Dritte Welt ist ohnehin jung – vielleicht werden mittelfristig die Jungen bei uns Dritte Welt? Aber die zusammenstürzenden Kulissen der Wachstumsgesellschaft, die Rasenmähermethoden, mit denen das soziale Geflecht kurz geschoren wird: Die wird zugleich zur Aufgabe einer Befreiung aus dem Wachstumswahn: Wie können wir gut leben mit weniger Versorgung und weniger Geld, mit abschmelzender staatlicher Daseinsfürsorge. Wie kann wachsende Unsicherheit produktiv gewendet werden? Wie kann die über die Menschen hinwegfegende Kürzungsunkultur zu einem Aufbruch in eine Freiheit nach dem Wachstum werden? Wenn wir darauf keine – und sei es noch so kleine – Antworten finden, werden wir wie die verlassenen Säuglinge jammern.

Wenn der Blick nicht mehr vernebelt ist, kann ein Neuanfang gesucht werden. Aber die Vernebler werden noch lange ihre Schwaden verbreiten. Ausgerechnet die *tageszeitung* behauptet: »Die Jungen werden im Luxus leben.«[75]

Warum? Weil das Bruttoinlandsprodukt bis 2030 im Jahresdurchschnitt um 1,7 Prozent wachsen wird. Und die Pro-Kopf-Wirtschaftsleistung wird bis 2030 von 24 100 auf 39 400 Euro zunehmen. So das Forschungsinstitut Prognos. »Die Mittel werden mühelos dafür reichen, dass sich jeder mehrmals jährlich auf Teneriffa sonnen kann.« Der Autorin Ulrike Herrmann scheint verborgen zu bleiben, dass die Verteilung der Mittel sich gerade kontinuierlich zuungunsten der sozial Schwachen, die schon lange keine Kleingruppe mehr darstellen, verschlechtert. Solche Äußerungen sind typisch für eine ökonomisch fixierte Linke. Wer Auswege sucht, muss die Gegenrichtung einschlagen.

Überlasst die Reichen ihrem ohnehin scheußlichen Schicksal, und versucht, Lebensverhältnisse zu konstituieren, die human sind und phantasievoll jenseits der Verfallenheit an eine globalisierte Ökonomie. Man blicke auf die Wahrzeichen – meinetwegen auch die skurrilen Heiligen – einer anderen Lebenswelt. In Portland, Oregon, haben junge Leute einen Orden gegründet, der Suppe an Habenichtse verteilt. Jedes Ordensmitglied bekommt 50 Dollar im Monat zur freien Verfügung. Die einzige Ordensregel, die es gibt, heißt: Was ihr diesem, dem geringsten meiner Brüder getan habt, das habt ihr mir getan. Der Orden kann sich des Zulaufs kaum erwehren.

Oder: In Marburg gab es vor zehn Jahren eine studentische Wohngemeinschaft mit zwölf Mitgliedern. Nicht als Projekt, sondern ganz selbstverständlich, wurde da beschlossen, alles Geld in eine gemeinsame Kasse zu tun und jeder sollte sich nehmen, was er/sie brauchte. Es ging. Inzwischen sind die Leute über Deutschland verteilt, sind Ärzte, Computerfachleute und so weiter. Die Regelung haben sie beibehalten. Gehälter werden in eine gemeinsame Kasse gezahlt, jeder hat Zugang zu einem gemeinsamen Konto und holt sich, was gebraucht wird. Es funktioniert, noch heute. Warum machen das eigentlich alte Leute nicht?

KAPITEL 3

FALLPAUSCHALE

Ruinieren die Alten das Gesundheitswesen?

»Der kranke Mensch ist oft an seiner Seele gesünder
als der gesunde Mensch.«

Friedrich Nietzsche

Die weiße Stasi

»Mein Herz-Handy ist immer dabei«, heißt es in einer Anzeige
für ein neues Schweizer Mobiltelefon. Im Notfall kann man
mit einem einfachen Tastendruck ein 24h-Medi-Center erreichen. Dort wird man rund um die Uhr von medizinischen
Fachpersonen betreut. Bei einem Herz-Notfall nimmt das
Mobiltelefon die Herztöne auf, erstellt also ein EKG, und
übermittelt die Ergebnisse direkt an das 24h-Medi-Center. In
das Telefon ist ein GPS (Global Positioning System) integriert,
so dass der genaue Standort des Anrufers jederzeit ermittelbar
ist. Der nächste Rettungsdienst ist darum schnell zur Stelle.
Außerdem wird umgehend der Hausarzt informiert.[76] Das
Mobiltelefon wird – so ein Siemenssprecher – zum persön-
lichen »Gesundheitsmanager«. Es wird künftig als Schnitt-
stelle zu medizinischen Diensten und Informationen, als
Apotheken- und Ärztefuhrer, als Wegweiser zu Bioläden und
Fitnesszentren dienen und kann dann auch den körperlichen
Zustand während des Joggens überwachen. Mit deutschen
Krankenkassen hat Siemens bereits die Eckpunkte einer
Zusammenarbeit vereinbart.

Big Brother trägt heute einen weißen Arztkittel und er
kommt fürsorglich daher. Zu der ganzseitigen Werbung für
das Herz-Handy gehört das Bild von einem Vater, der seinem

kleinen Jungen die Alpenwelt zeigt. Selbst in der Einsamkeit des Hochgebirges wachen also Gesundheitsexperten über uns – man mag sich fragen, ob man es mehr mit modernen Schutzengeln oder mehr mit einer weißen Stasi zu tun hat. Das Problem mit dem Herz-Handy ist ja seine Unausweichlichkeit. Wenn man älter ist und das Herz schon einmal verdächtig gezuckt hat, dann wird man bei der nächsten Wanderung das Herz-Handy nicht mehr weglassen können – vorausgesetzt, man kann es bezahlen. Passiert was, dann muss man sich sonst von nun an ein Versäumnis vorwerfen. Man kann davon ausgehen, dass in zehn oder fünfzehn Jahren nur noch Gesundheitsdeserteure ohne Handy-Meldesystem unterwegs sein werden. Das Herz-Handy erschließt einen neuen Sektor auf dem Angst-Markt. Das Herz-Handy soll Ängste verringern, öffnet aber in Wirklichkeit neue Areale der Bedrohung. Und diese Areale der Bedrohung sind prinzipiell unendlich groß, sind grenzenlos und lassen die Gesundheitstempel (Ärztezentren, Apotheken, Krankenhäuser) zu Oasen für die umherirrenden Gesundheitssucher werden.

Ein kleines Steppenstädtchen im Norden Botswanas, südliches Afrika. Es ist ein sonniger, heißer Nachmittag, an dem ich auf eine ältere schwarze Frau treffe, die – an ein kleines braunes Mäuerchen gelehnt – im roten Sand sitzt. Die Beine sind zur Seite gelegt, sind in einen hellen Baumwollrock gehüllt. Sie hält mir lächelnd zartgliedrige Hände entgegen. Den Händen sieht man die Feldarbeit an. Aus der ungewöhnlichen Art, in der diese Frau am Boden sitzt und sich meinen Händen zustreckt, merke ich allmählich, dass sie gelähmt ist. Jetzt sehe ich, dass links und rechts von ihr eine Schleifspur im Sand eingedrückt ist. Dort zieht sie sich mit den Händen entlang. Nach rechts fünfzehn Meter bis zu ihrer Hütte. Ein Raum, eine Matratze, ein Rollstuhl, den sie aber kaum benutzt, weil sie ihn allein nicht erklimmen kann. Nach links zwanzig Meter bis zu ihrem kleinen Garten. Einige Hirsepflanzen, etwas Gemüse. Auch die Wege zwischen den

Beeten sind Schleifspuren, die die gelähmten Beine im Sand hinterlassen.

Wir sind hier – denkt man an das Herz-Handy – auf einem anderen Planeten. High-Tech-Medizin, auf die man selbst noch auf der Alm zugreifen kann, einerseits. Das nackte Elend auf der anderen Seite. Oder doch nicht? Ist es vielleicht ganz anders? Ist das Elend oder Souveränität? Eine alte Frau, die ihren Körper durch den Sand zieht, um ihr Leben selbst zu bestreiten. Nachbarn und Familie helfen ihr, wie sie erzählt. Aber im Kern bewältigt sie ihr Leben allein. Bei uns würde sie vermutlich im Pflegeheim leben mit Anspruch auf die Pflegestufe III. Alles würde für sie getan werden, sie würde in der Heimkantine essen, sie würde physiotherapeutisch versorgt, um dem Bewegungsmangel vorzubeugen. Sie würde in der Beschäftigungstherapie Adventsschmuck für die Enkel basteln. Sie würde in die Gruppe der alten Menschen integriert sein, die immer weniger selber leben und immer mehr gelebt werden.

Wir können uns hierzulande heute nichts anderes vorstellen als die gesundheitliche Rundumversorgung. Die ältere Generation, meine Generation, durfte in ihrem bisherigen Leben davon ausgehen, dass alles, was die Medizin zu bieten hat, auch jedem zur Verfügung steht. Ein bisschen Zwei-Klassen-Medizin gab es schon, die Privatpatienten, aber im Kern kriegte jeder alles, was es gab. Das wird gerade anders.

Jürgen Wasem, Professor für Medizin-Managment, hat ein neues Medizin-Produkt für einen Hersteller getestet. Es handelt sich um eine teure Therapie, die an vielen ausprobiert werden muss, um die wenigen zu finden, denen die Medizin hilft. Wenn man die Kosten umrechnet, dann braucht man für ein gerettetes Lebensjahr acht Millionen Euro.[77] Man muss nicht viel rechnen, um zu wissen, dass solche Therapien unser Gesundheitssystem in die Knie zwingen. Wir haben eine medizinische Zukunft vor uns, in der immer teurere, exklusive Therapien auf uns warten. Und es wird gleichzeitig immer deutlicher, dass diese Therapien nicht mehr demokratisch an alle Bedürftigen verteilt werden können – sie sind zu teuer. Es gibt nicht mehr alles für jeden. Es bleiben, so scheint es, zwei Möglichkeiten der Wahl:

Entweder wir entscheiden uns für eine Zwei-Klassen-Medizin. Das heißt: Wer bezahlen kann, kriegt alles, was es gibt. Die anderen erhalten eine Grundversorgung. Oder wir entschließen uns, Kriterien für die Rationierung medizinischer Leistungen zu formulieren. Und dabei wird die Altersfrage dann eine entscheidende Rolle spielen.

Aber die Zwangslage fängt gar nicht erst dann an, wenn wir von High-Tech-Medizin reden. Der Generationenkonflikt entbrennt an der Gesundheitsfront. Manche Leute sagen, es sei leichtfertig, vom »Kampf der Generationen« zu sprechen. Inzwischen ist die Situation aber derartig zugespitzt, dass sogar jemand wie Reiner Hagemann, Vorstandsmitglied der Allianz-Versicherung in München, einen Artikel über die Krise im Gesundheitswesen mit der Überschrift »Kampf der Generationen« überschreibt.[78] Er behauptet da: »Das deutsche Gesundheitswesen ist chronisch krank. Medizinischer Fortschritt, gewachsene Ansprüche der Patienten, wenig Wettbewerb und ein großer Verwaltungsaufwand treiben die Kosten in die Höhe.« Den Grund sieht er in der demografischen Entwicklung: Immer weniger Beitragszahler müssen für immer mehr Leistungsempfänger sorgen. Noch bis in die 90er Jahre galt das deutsche Gesundheitssystem als eines der besten der Welt – Krankenversicherung für alle, Wahlfreiheit bei der ärztlichen Behandlung und die hervorragende Ausbildung der deutschen Mediziner.

Inzwischen hat sich das Bild gewandelt. Die Gesundheitsversorgung der Deutschen ist im internationalen Vergleich unverhältnismäßig teuer: 12,5 Prozent des Bruttoinlandsprodukts gehen in den Sektor Gesundheit. Damit ist Deutschland (nach den USA) das zweitteuerste Gesundheitswesen der Welt. »Was der Patient dafür erhält« – so Hagemann –,

»gehört jedoch nicht immer zur Spitzenklasse.« Wenn man sich einen der wichtigen Indikatoren anschaut, die so genannte krankheitsbedingte Lebenserwartung (Disease Adjusted Life Expectancy), dann rangiert Deutschland weit abgeschlagen hinter Frankreich, Schweden, Griechenland und Italien. Künftig müsse das Gesundheitswesen angesichts der demografischen Veränderungen marktgerechter werden, sagt der Mann von der Allianz. »Ein gesetzlich krankenversicherter Ruheständler verursacht um 86 Prozent höhere Gesundheitsausgaben als ein Erwerbstätiger, zahlt jedoch durchschnittlich nur halb so hohe Beiträge.« Hagemann schlägt den rechtzeitigen Aufbau von Altersrückstellungen durch Kapitaldeckung vor – die Versicherungsbranche wittert da natürlich ein großes Geschäft. Der Weg aus den Trümmern des Sozialstaates soll direkt in die Arme der Versicherungsgesellschaften führen.

Man muss nicht lange nachdenken, um zu wissen, dass sich gut nur versichern kann, wer auch das Geld dafür hat. Die Öffnung des Gesundheitswesens für den Markt wird das Gesundheitswesen so umgestalten wie wir es aus den Bereichen kennen, in denen das schon geschehen ist: Luxusrestaurant neben McDonald's; Edelboutique neben Takko; Eliteschule neben Allgemeinschulen, die vor sich hin verwahrlosen. Wenn erst einmal »Marktwirtschaft, Transparenz und Eigenverantwortung« im Gesundheitswesen durchgesetzt sind, dann sind Ärzte Händler geworden, die Gesundheit verkaufen. Und verkauft wird – wie man weiß – nur an Leute, die Geld auf den Tisch legen können. An die Stelle staatlicher Fürsorge tritt dann der Kontoauszug: Wie viel Gesundheit kann ich mir kaufen? In einer marktwirtschaftlich umgestalteten Gesundheitsindustrie soll dann der Patient »die für ihn optimale Behandlung zu einem vernünftigen Preis« erhalten und »die Ärzte ihrer Leistung entsprechend vergütet werden«. Staatliche Fürsorge soll es nur für die wirklich Schutzbedürftigen geben. Am besten – so scheint es –, man sitzt im Rollstuhl oder ist blind, dann sorgt der Staat noch für einen. Hagemann spricht vom »Spielraum zu eigenverantwortlichem Handeln«. Die Größe dieses Spielraums wird schon bald auf unseren Straßen erkennbar sein. Sie wird zum Beispiel Zahnlücke heißen. Die Zahnlücke als Spielraum zwischen den Zähnen, die jene nicht werden schließen können, deren eigenverantwortlicher Blick ins Portemonnaie ihnen mitteilt, dass kein Geld für Zahnersatz da ist. Der Spielraum kann auch so aussehen, dass die Verbindung von der Vene am Arm bis zum Dialysegerät lückenhaft bleibt, weil der Arzt die Lücke nicht mehr schließen möchte, wenn die Behandlung nicht bezahlt werden kann. Schon jetzt sagt der Arzt beim Computer-Tomogramm: Die Kasse bezahlt nur soundsoviele Bildschnitte. Wenn Sie genau wissen wollen, ob sich irgendwo Krebszellen entwickeln, dann müssen Sie – für zusätzliche Schnitte – privat drauflegen.

Man kann sich ausrechnen, wohin das führen wird. Verkaufe ich mein Häuschen, um die Herzoperation für meinen 76-jährigen Partner (oder meine Mutter) zu bezahlen? Man kann sich Gespräche zwischen Eltern und Kindern vorstellen: »Seid Ihr bereit, auf einen Teil Eures Erbes zu verzichten, da der Vater eine neue Hüfte braucht?« Und der Sohn wird vielleicht sagen: »Ich habe einen anstrengenden Job, ich habe mich gerade im Essener Praeventikum[79] angemeldet. Ich brauche einen Rundum-Check, ich bin für meine Familie verantwortlich. Eins von beidem geht nur. Kannst du nicht versuchen, ohne die neue Hüfte auszukommen?«

Wie viel Wut wird sich auf Dauer gegen ein Gesundheitswesen aufstauen, das die Leute an den Rand des Ruins treibt? Dieser Riesenapparat ist noch so ohne Gegengewicht, wie es am Anfang des 19. Jahrhunderts die Welt der Lohnarbeit war. Dann entstanden die Gewerkschaften als Opposition. Es bleibt abzuwarten, ob es zukünftig so etwas wie Patientengewerkschaften geben wird oder Analogien zu attac, zu jenen Gruppen, die den übermächtigen transnationalen Konzernen ins Handwerk zu pfuschen versuchen.[80] Im *Deutschen Ärzteblatt* ist die Maske längst gefallen. Wir haben es nicht mehr mit in der Heilkunst engagierten Medizinern zu tun, sondern mit Geschäftemachern. »Das im Gesundheits-system erbrachte Leistungsspektrum orientiert sich primär – völlig zu Recht – an den wirtschaftlichen Überlebenschancen der Leistungserbringer und nicht an den Bedürfnissen der Leistungsnehmer.« Sprich: Interessant sind in erster Linie die Gewinne der Mediziner, nicht die Leiden der Patienten. Der »Wettbewerb zwingt zur Erschließung neuer Märkte«, heißt es ebenfalls im *Deutschen Ärzteblatt* – und »das Ziel muss die Umwandlung aller Gesunden in Kranke sein«.[81] Fast kann man den Eindruck gewinnen, dass der Riese Gesund-heitsindustrie zu wanken beginnt. Es liegt nun offen zutage, was, als Ivan Illich vor Jahrzehnten seine medizinkritischen Schriften publizierte, noch als wahnhaft abgetan wurde: Die Gesundheitsindustrie wird zur primären Ursache für Krank-heit. Mehr als zwei Millionen ältere Menschen über 60 Jahre müssen jährlich nur deshalb in Kliniken eingewiesen wer-den, weil sie von niedergelassenen Ärzten unsachgemäß be-handelt werden. Wo Geschäftemacherei herrscht, da gesellt sich die Raffgier dazu: »Das allgemeine Handlungsprinzip im deutschen Gesundheitswesen ist Betrug«, sagt der Pharma-kologie-Professor Peter Schönhofer (Mitherausgeber des *Arznei-Telegramms*). Und der Leiter der Sonderkommission »Abrech-nungsbetrug« beim Bundeskriminalamt Raimund Schmidt stellt fest: »Die kriminellen Strukturen im Gesundheitswesen sind nur noch vergleichbar mit der ›organisierten Kriminali-tät‹.«[82]

Die Suche nach Gesundheit, die zu einer Sucht geworden ist, könnte im 21. Jahrhundert das ersetzen, was einmal Religion war. (Ganz abgesehen davon, dass bei alten Men-schen der Arztbesuch oft ein Mittel gegen die Einsamkeit ist). Das Gesundheitswesen entpuppt sich als eine Pseudokirche. Mit ihr wird die Sehnsucht nach Sinn abgelöst durch die Jagd

nach mehr Lebensjahren und mehr Lebensqualität. Diese
»weiße« Kirche saugt schon jetzt mehr Geld an, als es Renais-
sance-Päpste taten. Ihr Ablasshandel tobt sich in Präven-
tionsprogrammen aus, und ihre Priester verwalten die zu
Sakramenten gewordenen Pharmazeutika. Sie halten sich
gern für unfehlbar und versprechen eine Erlösung, die käuf-
lich ist. Allerdings nur, wenn man seine Gesundheitssünden
(in den Sektoren Ernährung, Bewegung, Rauchen etc.) beich-
tet und bereut. So mausert sich die Gesundheitskirche immer
mehr zum Pendant der Marktgesellschaft. Sie gibt vor,
geschlagene Wunden zu heilen, und wird dabei doch in
Wirklichkeit zu einem Teil des tosenden Marktes. »Die eta-
blierte Medizin hat sich zu einer ernsten Gefahr für die
Gesundheit entwickelt.« So beginnt Ivan Illich 1975 sein
Buch über die Medikalisierung des Lebens.[83] Die Gastfreundschaft für den Andersartigen werde mit der modernen
Medizin ersetzt durch therapieorientierte Diagnostik, die Lei-
denskunst werde durch das Versprechen der Schmerzstillung
untergraben, und die Kunst des Sterbens wird durch den
Kampf gegen den Tod überlagert.[84] Heute – fast dreißig Jahre
später – muss man nicht mehr befürchten, dass die moderne
Medizin alle Lebensbereiche der Menschen durchdringt, sondern sie ist da und überwölbt unseren Alltag und beherrscht
unser Bewusstsein wie eine fundamentalistische Religion.
Dieser Religion sind Alte wie Junge verfallen.

Das Gesundheitswesen ist tatsächlich im Begriff, unsere
kulturellen und ökonomischen Verhältnisse gänzlich zu
durchdringen. Der »Regelungsbedarf«, der sich im Blick auf
das Gesundheitswesen jetzt allenthalben zeigt, kündigt eine
Lebenswelt an, in der Gesundheit allgegenwärtig, verwaltet
und rationiert werden wird. Die Alten dürfen sich als Avantgarde oder erste Opfer dieser zuteilenden Gesundheitskul
tur sehen. An ihnen werden die Grenzen des Gesundheits-
molochs ausprobiert, während die Jungen sich zunehmend
mit einer Überwachung ihres Gesundheitsbewusstseins kon-

frontiert sehen. Präventionszwang, Gesundheitszwang. Sonst droht der Verlust des Versicherungsschutzes.

Die Firma Siemens lässt uns in einem Szenario auf das Jahr 2010 blicken. Dann werden bildgebende Verfahren und Biochips schon nach Minuten Auskunft über den Gesundheitszustand geben. Sogar auf Zellebene werden erste Krankheitsanzeichen ausgespürt. Manager Markus erzählt:

»Heute ist es wieder einmal so weit. Ich lasse mich im Gesundheitszentrum von Kopf bis Fuß durchchecken. Ehrlich gesagt ist mir ein wenig mulmig. Schließlich bekam ich beim letzten Check-up vor sechs Jahren einen gehörigen Schreck. Die Bilder von meinem Gehirn zeigten kleine weiße Flecken: Mikroinfarkte. Ich litt damals unter stark erhöhtem Blutdruck und hatte meine Medikamente nicht regelmäßig eingenommen. Seitdem habe ich meine Ernährung umgestellt, mein Gewicht reduziert und mich regelmäßig bewegt. Gar nicht so leicht im stressigen Managerberuf! Wenigstens dauern die Untersuchungen nicht lange. Und das Liegen im MR-Tomographen ist viel angenehmer geworden als früher, wo es immer diese lauten Knackgeräusche gab. Doch dank der neuen Piezoschwingungsdämpfer – die übrigens meine Firma herstellt – ist jetzt kaum noch etwas zu hören. Und auch danach geht's schnell. Die Software markiert automatisch verdächtige Stellen.

›Herr Markus, sehen Sie sich die Ergebnisse mit mir an?‹, fragt die junge Ärztin. Jetzt wird's ernst. Auf einem großen Flachbildschirm sehe ich mich in Lebensgröße, besser gesagt, mein Innenleben. Die Ärztin vergleicht die Bilder aus meinem Gehirn mit denen von 2004. Die sind in meiner elektronischen Patientenakte zentral gespeichert und lassen sich von überallher abrufen, natürlich nur mit Zugangsberechtigung. Gott sei Dank, keine neuen Mikroinfarkte! Meine Lebensweise umzustellen, hat sich also gelohnt.«

Welchem Gott der Manager Markus da dankt, wollen wir dahingestellt sein lassen. Er hat sich jedenfalls von allen

Körperempfindungen abgespalten und lässt sich mit seinem ›Innenleben‹ konfrontieren, das auf einen Flachbildschirm ausgelagert ist. Ist da nicht die Entfremdung des Lohnarbeiters von seinen Produktionsmitteln, die das 19. Jahrhundert zu beklagen wusste, vergleichsweise harmlos? Wenn jetzt der Mensch so vollkommen von allem, was er empfinden und erfahren kann, abgespalten wird und die kleinen weißen Flecken auf dem Flachbildschirm mehr über ihn sagen, als er selber weiß? Eine perfektere Entmündigung kann man sich nicht vorstellen – und diese Entmündigung wird gekrönt von der jungen Ärztin, die dem Manager Markus eine demokratische Illusion anbietet: »Sehen Sie sich die Ergebnisse mit mir an?« Jeder feudale Sklave war freier als Manager Markus.

In Zukunft Selbstselektion?

Rationierung von Gesundheitsleistungen für Alte? Sind das übertriebene Befürchtungen? Kaum. Der Bochumer Theologieprofessor für christliche Sozialwissenschaften Joachim Wiemeyer und der Konstanzer Wirtschaftswissenschaftler Friedrich Breyer treten dafür ein, dass ab 75 keine aufwendigen Eingriffe wie Herz- oder Krebsoperationen mehr von der Krankenkasse bezahlt werden. In der katholischen Herder-Korrespondenz hatte Wiemeyer schon im Dezember 2002 geschrieben: »Es ist gerecht, bestimmte teure medizinische Leistungen ab einer bestimmten Altersgrenze nicht mehr vorzusehen, sondern sich in solchen Fällen etwa auf eine Behandlung akuter Schmerzen zu beschränken.«[85] Sein Kollege Breyer erklärt im Rheinischen Merkur, der von der katholischen Kirche mitfinanziert wird: Man solle »künftig bestimmte Leistungen nach dem Kriterium Lebensalter aus dem GKV« (d. i. der Leistungskatalog der gesetzlichen Krankenversicherungen) entfernen.[86] Heute, so fällt auf, entfernt man also »Leistungen«, wenn man Menschen zu entfernen beabsichtigt. Die *lingua tertii imperii*, die Sprache des Dritten Reiches,[87] findet in der Sprache des globalisierten Marktes ihre Wiederaufnahme und Weiterentwicklung.

Breyer ist übrigens Mitglied im wissenschaftlichen Beirat des Bundeswirtschaftsministeriums. Auf den Vorwurf, sein Vorschlag laufe auf Selektion hinaus, antwortet Beyer: »Das ist höchstens Selbstselektion. Jedem Menschen bleibt die Entscheidung schließlich selbst überlassen.« [88] Wie das? Welche Entscheidung? Die Menschen können ja eine Zusatzversicherung abschließen, sagt der Ökonom Breyer. Er empfiehlt den Alten, so lernen wir, sich gegen Selektion versichern zu lassen. Es gehört nun eben zur Logik der Marktgesellschaft, die Breyer nicht benennt, dass sich die Selektions-Präventions-Police nicht alle leisten können. Schade. Die dürfen dann zu der Tat schreiten, die von Breyer Selbstselektion genannt wird. Um in Breyers Bild zu bleiben: Man springt eigenhändig von der Rampe und begibt sich auf direktem Weg ins Krematorium. »Viel schlimmer ist eine Selektion, wie sie derzeit schon stattfindet: nach Kriterien, die niemand hinterfragt und auch niemand vorhersehen kann. Ich halte die Altersgrenze in einem liberalen Rechtsstaat für wesentlich besser vertretbar als die Auswahl durch Ärzte, wie sie längst Alltag ist.«[89] Gibt es eine schlimme und eine weniger schlimme Selektion? Selektiert wird jedenfalls künftig, wer alt ist und kein Geld hat. Die Marktgesellschaft betreibt ihre Selektionen nicht entlang der Rassenprüfung wie die Nationalsozialisten, sondern entlang der Kontenprüfung. Im August 2003 gibt es einen Nachschlag des 23-Jährigen Vorsitzenden der Jungen Union, Peter Missfelder: »Keine künstlichen Hüftgelenke mehr für 85-Jährige auf Kosten der Kassen.«[90] Auch wenn ihn Parteifreunde sogleich tadeln: Solch Bocksgesang wird anschwellen. Und im strengen Sinne ist das der Vorgeschmack eines neuen Rassismus: Denn immer, wenn bestimmte Merkmale einer Gruppe zum Anlass genommen werden, sie systematisch zu benachteiligen, meldet sich das, was in Rassismus münden will.

Die Heiler und Helfer kommen schnell zur Sache, wenn ihnen die Felle davonschwimmen. Dann schrecken sie auch vor Drohungen nicht zurück. Das von der Bundesregierung geplante Zentrum für Qualität in der Medizin, das Leitlinien für die Behandlung von Kranken ausarbeiten soll, wird »eine Rationierung der Patientenversorgung« zur Folge haben, sagt der Ärztepräsident Jörg-Dietrich Hoppe. Festgelegte Behandlungsprogramme werden dazu führen, dass »nicht mehr bezahlt werden soll, was ärztliche Medizin kann«.[91] Hoppe beschwert sich über einen Prozess, der im Gesundheitswesen selbst in Gang gesetzt worden ist und der nun auf das Gesundheitswesen zurückschlägt: Es kann doch eigentlich niemanden überraschen, dass die Entpersonalisierung der Medizin sich nun am Gesundheitswesen rächt: Erst haben die Mediziner ihre Kompetenz Stück für Stück an Apparate und Messgeräte abgegeben, konfrontieren die Patienten immer ausschließlicher mit (angeblich objektiven) Daten und Werten, zu denen zwangsläufig bestimmte Therapien gehören. Der Arzt wird zur Schnittstelle zwischen Datenmengen und Roter Liste. Sein Privileg ist es, diese beiden Bereiche miteinander verknüpfen zu dürfen und die Zuteilung zu organisieren. Wen kann es wundern, dass diese Schnittstelle jetzt der Standardisierung und der Kontrolle von außen unterworfen wird? Es ist doch nur noch ein kleiner Schritt, der uns von der Internetdiagnose trennt, die in Verbindung mit der Internetapotheke den Hausarzt aus vielen Bereichen hinauskatapultieren könnte. Es sind die Mediziner selbst gewesen, die das Heilen einer Technisierung unterworfen haben, die nach Kontrolle einerseits und Ökonomisierung andererseits schreit. Nun werden sie die Geister, die sie gerufen haben, nicht wieder los. Sie können ja auch gar nicht, weil sie vor allem an gemessene Werte glauben. Die Rückkehr zum Heilen vollziehen und propagieren – sehr zum

Ärger der Schulmedizin – derweil Heilpraktiker, Akupunkteure und natürlich auch Quacksalber. Wer nicht mehr den Patienten sieht, sondern den Bluthochdruck, der muß sich nicht wundern, wenn eine angesichts der Kostenlawine panisch gewordene Regierung auch nur den Pauschalfall »Bluthochdruck« sieht und normierende überwachende Maßstäbe in einer Zentrale hinterlegen möchte, so wie das Urmeter, an dem alle anderen Meter gemessen werden, in Paris (im Bureau International des Poids et Mesures) liegt. Wenn die Ärzteschaft jetzt über drohende Rationierungen zürnt, dann klagt sie über ein Ergebnis, das sie selbst heraufbeschworen hat.

Es gibt sicher gute Gründe, die Frage zu diskutieren, welche medizinischen Leistungen in hohem Alter sinnvoll sind und welche nicht. Viele alte Leute wollen unter bestimmten Bedingungen keine lebensverlängernden Maßnahmen. Aber es ist etwas völlig anderes, wenn Sparkommissare im Gewand des Sozialethikers daherkommen und wertvolles junges von weniger wertvollem alten Leben zu trennen beginnen. Das ist die Wiederkehr nationalsozialistischer Selektionsideen im Gewande der Marktgesellschaft. Und die Advokaten solcher Rationierungsvorschläge genieren sich ja auch gar nicht, den Begriff Selektion in den Mund zu nehmen – als habe dieser Begriff nicht eine deutsche Geschichte gehabt, die es für immer unmöglich machen müsste, ihn zu benutzen.

Die Vermischung zwischen Sparabsichten einerseits und Selbstbegrenzung bei der medizinischen Intervention im hohen Alter andererseits wird diejenigen, die da entscheiden, vor immer größere Probleme stellen. Da helfen auch Qalys nicht. Das ist ein Punktesystem *(quality-adjusted life years)*, mit dem man berechnen kann, wie viele Jahre Patienten nach einem Eingriff durchschnittlich noch leben und welche Lebensqualität dabei zu erwarten ist. Kriegt jemand genügend qalys für seinen Fall zusammen, kann er zur Operation

oder zur Behandlung erscheinen. Das Prinzip von Miles and
More wandert in das Gesundheitswesen ein: Punkte sam-
meln, nicht um weiterfliegen zu können, sondern um weiterleben zu dürfen.

Faktisch jedenfalls wird an den Hochaltrigen schon jetzt
massiv gespart. Gesundheitsökonomen von der University of
North Carolina haben festgestellt, dass in gerontologischen
Abteilungen die Ausgaben umso schneller sinken, je älter
die Patienten sind. Zwar wird in den Wochen und Monaten
vor dem Tod am meisten Geld ausgegeben, aber in der
Sterbephase waren das für 65 bis 74-Jährige durchschnittlich
7580 Dollar, für die über 85-Jährigen nur noch 5254 Dollar.[92]
Auch in deutschen Krankenhäusern sind sehr alte sterbenskranke Patienten billiger: Die geringeren Kosten bei älteren
Patienten dürften auf faktische Rationierungen bei Hochaltrigen hinweisen.[93] Chronisch Kranke sind schon jetzt
alltäglich mit Rationierungen konfrontiert. Kostspieliges
Interferon für Hepatitis- oder MS-Kranke oder nebenwir-
kungsarme Mittel für Schizophrenie-Kranke können niedergelassene Ärzte – angesichts der Deckelung ihres Budgets –
nicht verschreiben, sie sind zu teuer. Ein Parkinson-Kranker
ist in einer niedergelassenen Praxis im Grunde ein Decke-
lungsrisiko. »Noch hat keiner den Mut, bewusste Rationierung zu diskutieren« sagt der Präsident der Bundesärztekammer Jörg-Dietrich Hoppe.[94] Aber man kann absehen, dass
Rationierung alltägliche Praxis werden wird.

Die Marktgesellschaft – so könnte man einen klassischen
Text parodieren – reißt dem Gesundheitswesen seinen rüh-
rend sentimentalen Schleier ab und führt es auf ein reines
Geldverhältnis zurück.[95] Das könnte dann befreiend sein,
wenn es Anlass dazu gäbe, die Heilsversprechen der Medizin
endlich kritischer zu prüfen. Wir müssen lernen zu begreifen, dass dem Gesundheitswesen die Idee der gütigen, selbstlosen Hilfe immer nachdrücklicher ausgetrieben wird und
zugleich die Götter in Weiß auf eine eher primitive Rolle

heruntergestuft werden, die sie nun – ob sie es wollen oder nicht – einnehmen müssen: auf die Rolle des Geschäfte-machers.

Medizinisches Personal ist längst eingebunden in einen medizinisch-industriellen Komplex, der unsere Gesellschaft durchfasert. Die Ökonomisierung aller Lebensverhältnisse macht auch vor der bisher mit Schwaden von Idealismus ver-nebelten Gesundheitsindustrie nicht halt. »In der Krankheits-industrie wurden im Jahr 2002 alles in allem rund 320 Mil-liarden Euro ... umgesetzt – 12,5 Prozent des bundesdeutschen Bruttosozialprodukts.«[96] Verglichen mit 1950 sind heute fünf-mal so viele Ärzte, viermal so viele Apotheken, achtmal so viele Psychologen auf dem Gesundheitsmarkt tätig.[97] In den USA wurden 1997 1000 Milliarden US-Dollar für Gesund-heitsausgaben aufgewendet, 2007 werden es doppelt so viel sein. 1960 betrugen die Ausgaben für den Gesundheits-bereich fünf Prozent des US-Bruttosozialprodukts, für 2007 prognostiziert das Congressional Budget Office 17 Prozent.[98]

Das schließt Banalisierung ein. Der gute alte Chefarzt mit Silberknöpfen verdiente sehr gut, aber während er seines Amtes waltete, konnte der Gedanke an Geld nicht aufkom-men. Jetzt macht mein Zahnarzt schon im Wartezimmer Reklame für alle Dienstleistungen, die man bei ihm zusätz-lich kaufen kann. Es wird nicht lange dauern, bis man am Praxiseingang einen medizinischen Ikea-Katalog ausgehän-digt bekommt, in dem man alle Dienstleistungen und ihre Preise aufblättern kann. Während der Jugendkatalog vor allem glitzernde Zahnspangen und Nasenkorrekturen abbil-det, geht es im Seniorenkatalog zur Sache: Das ist ein Survi-valkatalog, in dem man alles findet, was man zum Überleben braucht. Schauen wir, was es alles gibt.

Das Prothesen-Alter

Früher haben die alten Männer weißhaarig und mit der Pfeife im Mund auf der Bank unter der Linde gesessen, ihre Frauen haben gestrickt oder schauten bebrillt aus dem kleinen Küchenfenster, das mit gerafften Gardinen umrahmt war. Dieses idyllische Bild, das wir aus der Malerei des 19. Jahrhunderts kennen, ist schon in Goethes Faust mit der harten Wirklichkeit konfrontiert worden: Philemon und Baucis werden von Fausts Innovationswahn zerschmettert, ihr Haus geht in Flammen auf und sie selbst sterben, weil sie den raumverschlingenden Weiterungswünschen des Dr. Faustus im Wege sind.[99] Heute wird jede Altersbeschaulichkeit durch die Beteiligung am Gesundheitswettlauf zerstört. Die Alten hat es längst von der Bank unter der Linde heruntergerissen, und sie hetzen nun statt dessen durch den Supermarkt der Gesundheit, um ja nichts zu versäumen. 50 Prozent aller Medikamente werden bei uns von über 65-Jährigen verbraucht. Längst sind die Zeiten vorbei, in denen sich der kosmetische Bedarf alter Damen auf Kölnisch Wasser und ihr medizinischer auf Klosterfrau Melissengeist beschränkte. Der menschliche Körper wird im 21. Jahrhundert immer deutlicher als machbar und gestaltbar wahrgenommen. Vor allem der Anfang und das Ende des Lebens werden zum Projekt: Embryonen und Greise sind das große Exerzierfeld, auf dem die Kolonisierung des menschlichen Körpers geprobt wird. Längst sind die Älteren auf genmedizinische Naherwartungen und nanotechnologische Verheißungen fixiert – auch wenn ihnen die Fachtermini unbekannt sind.[100]

Die Hoffnungen der Alten richten sich auf kein Jenseits mehr, sondern knüpfen sich zunehmend an biomedizinische Fortschrittsversprechen. So ist Alter kein Areal der Ruhe mehr, sondern eines der Beunruhigung geworden: Welche der neuen biomedizinischen Fazilitäten versäume ich gerade?[101] Die Alten müssen sich fragen: Wird es bald möglich sein, den

Prozess des Alterns zu unterbinden? Welche Mikrogeräte können dem verfallenden Körper eingepflanzt werden, um versagende Organe zu steuern? Was ist jetzt schon möglich, was wird in Zukunft möglich sein?

In meiner Schulzeit wurde uns gesagt, dass der Mensch zu 90 % aus Wasser besteht. Das war immer eine Art Memento mori, die Endlichkeit des Körpers wurde uns vor das innere Auge gerufen. Heute kann man – in der Umkehrung dieses Tatbestandes – im Prinzip 90 Prozent des Körpers ersetzen: durch Transplantate von Menschen, Tieren oder durch künstliche Organe.

– 1905 gelang die erste Hornhautverpflanzung,
– 1954 wurde die erste Niere verpflanzt,
– 1963 wurde die erste Leber transplantiert,
– 1967 wurde das erste Herz implantiert.

Jetzt werden auch Bauchspeicheldüsen, Lungen, Lungen und Herz in einem Stück, Nerven, lange Darmabschnitte, Haut und Knochen, ganze Kniegelenke transplantiert. Das Trommelfell und die Gehörschnecke lassen sich ersetzen, ebenso wie der Kehlkopf, die Luftröhre, Blutgefäße, weibliche Brustdrüsen, Bänder, Sehnen, Wirbelkörper, Bandscheiben, praktisch alle Gelenke von der Schulter bis zu den Zehen. Der amerikanische Neurochirurg Robert J. White hat angekündigt, »von einem soeben Verstorbenen den noch gesunden Kopf abzutrennen und ihn auf den Leib eines mit schwersten Kopfverletzungen verunglückten Unfallopfers zu verpflanzen«.[102] Ersatzteile gibt es inzwischen für das Herz (eine Herz-Hilfspumpe, die es erlaubt, auf ein Spenderherz zu warten) und für Herzklappen. Herzschrittmacher werden seit 1958 eingepflanzt, Dialysegeräte ersetzen seit den fünfziger Jahren die Tätigkeit der Nieren. Und die Liste wird immer länger. »Die Welt wartet ... auf die Endfertigung eines Netzhaut-Chips«, der Blinde wieder sehen lässt, schreibt die *Neue Apotheken Illustrierte*.[103]

Ob es wirklich die Welt ist, die da wartet, darf man fragen.

Vermutlich sind es die gut versicherten oder begüterten Bewohner der reichen Länder, die da warten. Muss man also damit rechnen, dass bald alte, weiße Männer (die können es sich leisten) zur Hälfte aus Ersatzteilen bestehen, dass ihre Körperfunktionen chemisch oder elektronisch kontrolliert werden, dass sie mit Hilfe von Viagra an den Sexkonsum angeschlossen werden, ihre Ängste mit Psychopharmaka abdämpfen und sich abends mit Hilfe von Schlaftabletten k. o. schlagen lassen?

Eines jedenfalls ist sicher: Das Ende ist noch lange nicht erreicht. Auch wenn man sich heute zu 90 Prozent bereits chirurgisch erneuern lassen kann, es geht immer weiter: Auf einem Kongress berichtet mir ein Medizinprofessor in der Pause, dass es nicht mehr lange dauern werde, bis ich mir das Auge eines Toten einpflanzen lassen kann. Ich bin bereit, ihm zu glauben. Zugleich bleibt die Gänsehaut nicht aus: Wer guckt da eigentlich, wenn ich mit den Augen eines im Graben gelandeten Motorradfahrers in die Welt schaue? Aber längst blickt die Biomedizin über dieses Altstadium hinaus. Das Transplantieren kann man als das Maschinenzeitalter des Projektes »Lebenskolonisierung« ansehen. So wie bei Autos heute die elektronische Steuerung zentral geworden ist, so schreitet die Biomedizin von der Ersatzteilmedizin zur steuernden Medizin fort. Schon jetzt sind die Alten Tablettenkonsumenten, die jugendliche Drogensucht als ein Randphänomen erscheinen lassen. Zwei Drittel der verordneten Psychopharmaka, Schlaf- und Beruhigungsmittel erhielten nach einer Studie der AOK schon 1990 die über 60 Jahre alten Menschen. Im Durchschnitt bekam jeder der über 65-Jährigen drei Medikamente in Dauertherapie.[104] 1998 nahmen 77 Prozent aller über 70-Jährigen in Westdeutschland (68 Prozent in Ostdeutschland) regelmäßig Tabletten ein.[105] Welcher alte Mensch übersteht seinen Alltag noch ohne Schlaf- oder Beruhigungstabletten? Und was wird damit eigentlich zugedeckt?

Die Pharmakonzerne verdienen an der Zunahme des Anteils der Alten an der Bevölkerung hervorragend. Da die Gesundheitsausgaben bei Menschen über 65 schätzungsweise viermal höher sind als bei Leuten unter 65, wächst die Nachfrage nach Pharmazeutika – obwohl die Bevölkerungszahlen stagnieren.[106]

Aber es geht wie gesagt weiter: »Wenn sie in die Jahre kommen, machen Stimmungsschwankungen, Schlafstörungen und andere klimakterische Beschwerden auch den Männern zu schaffen. Dass ein Testosteron-Defizit hierbei ursächlich sein kann, ist mehrheitlich allerdings unbekannt.« Das Nürnberger Marktforschungsinstitut HealthCare veröffentlicht 2003 diese Feststellung. Auftraggeber ist die pharmazeutische Firma Dr. Kade/Besins. Die nun bringt gerade ein neuartiges, mit dem Hormon Testosteron angereichertes Gel auf den Markt, das exakt jene Krankheit zu heilen verspricht, die gerade vorher »gefunden« wurde. Immer deutlicher wird heute »die Krankheit zum Produkt gleich mit vermarktet«.[107] Mehr als zwölf Millionen Männer zwischen 50 und 80 Jahren leben in Deutschland, die meisten von ihnen sind mit Einkommen oder Renten recht gut ausgestattet. Ein verheißungsvoller Markt.

Die Firma Kade/Besins hielt 2002 in einer Präsentation ihres Hormonpräparates unverfroren fest, dass das »Androtop Gel nur dann erfolgreich sein wird, wenn Nachfrage geweckt wird«.[108] Deswegen wird das Mittel inzwischen als eine Art Gegengift gegen das Altern angepriesen. Werbetext: Gemessenes Alter: 58. Gefühltes Alter: 48. Dienstbare ärztliche Geister beschreiben alsbald das Syndrom »des alternden Mannes« – und kooperieren mit den Testosteron-Firmen. Der alternde deutsche Mann darf sich nun beim nächsten Arztbesuch auf einen neuen »Wert« testen lassen – nachdem wir alle gelernt haben, auf Cholesterin-, Zucker- und Harnsäurewerte präventiv zu lauschen. Der Hormonspiegel soll einen Grenzwert von 10,4 Nanomol Testeron pro Liter Blut nicht unterschreiten. Cholesterin-Senkungsmittel generieren in den USA jährliche Einnahmen von 11 Milliarden Dollar, der Absatz wächst um 20 Prozent pro Jahr.

Die Verwandlung gesunder Menschen in behandlungsbedürftige Defizitwesen ist bei älteren Frauen schon seit geraumer Zeit gelungen: Jede vierte Frau in Deutschland, die über 40 ist, nimmt Östrogen-Präparate. Für die Behandlung bezahlen die Krankenkassen jährlich 500 Millionen Euro, obwohl es nach wie vor keinen Beweis dafür gibt, dass diese Therapie irgendeinen Nutzen hat. Im Gegenteil, man muss ein erhöhtes Risiko für Brustkrebs, Herzinfarkt, Schlaganfall und Embolie vermuten.

Aber die nächste Stufe ist schon erklommen. »In fünf Jahren wird es die Pille für das Gedächtnis geben«, behauptet der Nobelpreisträger Eric Kandel. Auch hier klopft das Geschäftsinteresse der Pharmaindustrie unüberhörbar an: »Ganze Autoflotten werden wir brauchen, die greise Jogger nach Hause fahren, weil diese den Weg nicht mehr finden«, behauptet Vincent Simmon, ehemaliger Chef von Cortex Pharmaceutical und wer die Botschaft hört, weiß, dass die Pharmaindustrie Abhilfe schaffen will.[109] Im März 2003 wird im *New Scientist* über die erste Hirnprothese berichtet.[110] Der Silikonchip stimuliert nicht nur Hirnaktivitäten – das war bisher schon mit Implantaten gelungen –, sondern übernimmt die Funktionen von beschädigten Teilen des Gehirns, in diesem Fall die Tätigkeit des Hippocampus. Patienten nach einem Schlaganfall, mit Epilepsie oder der Alzheimerkrankheit kann mit dieser Hirnprothese geholfen werden. Dieser Teil des Gehirns codiert offenbar Erfahrungen so, dass sie erinnert werden können. Die Entwicklung eines mathematischen Modells, das die Funktionen des Hippocampus imitiert, wurde erfolgreich auf einen Chip übertragen. Bisher ist man noch im Stadium der Tierversuche, aber die Erprobung am Menschen steht bevor.

Bernhard Williams von der Universität Oxford fragt sich angesichts solcher Entwicklungen, ob der Chip die Leute dann nicht auch dazu zwinge, Dinge zu erinnern, die jemand lieber vergessen möchte. Eine grauenvollere Folter – muss man sagen – kann man sich kaum vorstellen. Und er fügt an: Wenn jemand – etwa ein Alzheimer-Patient – keine neuen Erinnerungen in sich bilden kann, wie kann er dann eigentlich einer Implantation zustimmen? Die ersten Herztransplantationen haben noch ein geradezu metaphysisches Entsetzen hervorgerufen. Inzwischen sind Herztransplantationen Routine. Die ersten Hirnprothesen werden heftige Diskussionen entfachen, aber auch an diese medizinisch-technische Innovation wird man sich gewöhnen. Man wird sich daran gewöhnen, dass personale Funktionen durch Silikonchips aufrechterhalten werden: Menschliche Identität kann dann technisch repariert werden. Sie kann geradezu gegen den Willen des Subjektes gestiftet werden. Es wird sich aber auch die Frage stellen: Wer kriegt die Prothese? Sie wird teuer sein. Und kann die Gesellschaft daran interessiert sein, Alzheimer-Kranke hirnprothetisch wiederzubeleben, wenn sich dadurch der gesamtgesellschaftliche Aufwand für diese »überflüssigen« Existenzen erhöht? Reiche, alte, weiße Männer werden ohnehin Wege finden, um an das Implantat zu kommen: Denken mit der Prothese, Sexualität mit der Viagra-Pille, Laufen mit der Hüftprothese, Reisen mit dem Herzschrittmacher ...

Die Seniorenprothetik reicht längst über das Lebensnotwendige hinaus und beginnt im schlimmsten Sinne des Wortes ganzheitlich zu werden. Das nennt sich Anti-Aging. Vielleicht ist es an der Zeit, sich der Worte Albert Einsteins zu entsinnen, der mit 69 Jahren an einem lebensbedrohlichen Aneurysma erkrankte, aber einen medizinischen Eingriff mit den Worten ablehnte, es sei »geschmacklos, das Leben künstlich zu verlängern«.[111]

Anti-Aging: Ist Alter eine Krankheit?

Längst ist das Thema Alter und Gesundheit aus dem Areal der Medizin ausgebrochen und beginnt, den Alltag der Senioren umfassend zu durchsäuern. »Better Aging« verspricht das Victoria-Jungfrau Grand Hotel in der Schweiz.[112] Hier wird »Analyse und Beratung für neue Lebens-Dimensionen« geboten – natürlich in Zusammenarbeit mit renommierten Spezialärzten. Die Hamburger Gynäkologin Barbara Doll formuliert eine anmutige Analogie, wenn sie sagt: Anti-Aging sei »eine Art Ölwechsel für den Körper«.[113] Anti-Aging-Bücher überschwemmen dementsprechend den Markt, und da stößt man auf ein wildes Gemisch aus Esoterik, Ökologie, Scharlatanerie und klassischer Medizin. Alle möchten am Kampf gegen das Altwerden verdienen – sei es mit Kräutern, Elixieren, Kochbüchern, Astronauten-Nahrung oder mit Sport-Plänen: Die Grüne Apotheke propagiert Anti-Aging mit Hilfe von Kräutern, es gibt die Anti-Aging-Bibel, einen Anti-Aging-Plan für »die Verlängerung der gesunden Jahre«, oder man wird aufgefordert, mit Hilfe eines neuen Kochbuchs das Altern zu bekämpfen (»Stop the Clock!«).[114] »Jugendlich und gesund älter werden« kann man in einer Anti-Aging-Klinik im bayerischen Laufen (Markenzeichen: futuremed).

In Kalifornien behandelt der Arzt Edmund Chein, der sein Palm Springs Life Extension Institute in der Rentneroase Palm Springs eröffnet hat, seine Klienten mit Hormonen. Er wagt es auszusprechen, was viele inzwischen hoffen: »Alter ist eine Krankheit.« Wenn nämlich Altern kein Naturereignis mehr ist, sondern eine Krankheit, dann ist Altern heilbar. Cheins Total Hormone Replacement Therapy behauptet, den Alterungsprozess aufhalten zu können. Edmund Chein veröffentlicht eine »persönliche« Mitteilung im Internet, in der er dem Leser klar macht, dass der eigene Körper der wichtigste Privatbesitz ist, eine Art Goldmine, die es auszuschöpfen gelte, solange es geht: Der Kampf gegen das Alter ist die erste

Konsumentenpflicht. »Die Kunden des Instituts werden die ersten sein, die die Fortschritte der Langlebigkeits-Medizin genießen können.« Ihre Telomere, eine Art Enzym, werden – so verspricht Chein – »durch die Hormone, die Sie bei uns bekommen«, jung gehalten. »Menschliche Zellen leben jetzt schon unbegrenzt im Labor, und die klinische Umsetzung ist absehbar.« Der nach Lebensverlängerung lechzende alte Mensch liest daraus, dass seine Zellen in der Petrischale immerhin schon unsterblich sind. Langlebigkeit wird zur patriotischen Pflicht gegenüber dem eigenen Körper. Das lässt Hoffnung aufflackern. »Außerdem haben wir in unserer Klinik neue Krebsmedikamente im Auge, auch Mittel für die Verbesserung sexueller Beziehungen und zur Verhinderung von Herzkrankheiten. Sie schulden es sich, jung und gesund zu bleiben, so dass Sie noch am Leben sind, wenn die neuen wunderbaren Entdeckungen verfügbar sind. Wir vom Palm Springs Life Extension Institute sind sicher, dass wir die beste Wahl sind, wenn es darum geht, Ihnen zu helfen, solche Extra-Jahre aus ihrem Leben herauszuschlagen.«[115]

Anti-Aging reduziert den Menschen auf das Tierische an ihm. Das schiere Überleben in guter Verfassung wird zum letzten und einzigen Lebensziel. Günther Anders hat einmal von der prometheischen Scham des Menschen im Angesicht der Maschinen, die weniger anfällig sind als er, gesprochen. Diese prometheische Scham haben die Menschen abgeschüttelt, indem sie sich nun selbst als Maschine auffassen: Die Maschine ist kein Konkurrent des Körpers mehr, sondern der Körper wird zur Maschine, die man richtig warten muss, um sie am Laufen zu halten. »Ich behandle meine Patienten so, wie ein Mechaniker ein Auto wartet ...Öl, Kühlwasser oder Bremsflüssigkeit müssen regelmäßig geprüft und gewartet werden.«[116]

»Forever Young – das Alter besiegen« oder »Zurück in die Jugend« sind die Buchtitel, die – mit der bekannten Verzögerung gegenüber den USA – jetzt auch in Deutschland Konjunktur haben.[117]

FALLPAUSCHALE

Ganz in diesem Sinne verkauft die englische Kosmetikkette Body Shop den weltweit ersten frei verkäuflichen Erbgut-Check für das allgemeine Wohlbefinden. Das Paket heißt »Du & deine Gene« und verheißt den Kunden ein längeres und gesünderes Leben. Eine vertrackte Irreführung: Während der Glaube an die Gene die Vorbestimmtheit herausstellt, soll doch gleichzeitig die Möglichkeit geboten werden, das Schicksal zu überlisten. Die Fortentwicklung des Produktes kann man sich so vorstellen: Nach dem Test flackert eine Leuchtdiode und teilt mit: In zwei Jahren stirbst du – genetisch programmiert – an Hautkrebs. Wenn du aber unsere Body-Creme kaufst, dann kannst du diesen vorzeitigen Exitus vermeiden.

Eine weniger gute Nachricht von der Anti-Aging-Front kommt aus der Rattenforschung: Seit 1930 weiß man's schon und es lässt sich immer wieder bestätigen: Laborratten leben deutlich länger, wenn sie nur ein Drittel der Kalorien bekommen, die sie von sich aus aufnehmen würden. Die Ratten schätzen diese Experimente nicht – sie sind bekannt dafür, dass sie aggressiv sind und gern beißen. Niedrigere Körpertemperatur und verringerte Libido sind die Konsequenz der lebensverlängernden Hungerkur.[118] Man sieht vor sich die künftigen Zweihundertjährigen: Dünn wie eine hungrige Ratte, aggressiv, frierend und emotional taub. Aber zweihundert. Verlockende Aussichten.

Mein Hormon-Berater

Melatonin fängt die freien Radikale ein. DHEA (Dehydroepiandrosteron) gilt als das Wellness-Hormon, das ewige Jugend beschert. HGH ist das Wachstumshormon, das für mehr Muskelmasse sorgt und Falten glätten soll. Östrogen, das weibliche Hormon, stimuliert die Haut, den Kreislauf, die Knochen und die Psyche. Testosteron ist das männliche Geschlechtshormon, das Muskeln aufbaut und Fett abbaut.

Wann wird es möglich sein, jeden Alten mit einer Babyhaut zu überziehen, unter der sich Muskelpakete wölben, Waschbrettbauch inklusive? Schon knabbern viele Japaner Anti-Alterungs-Kekse. In den USA wurde ein »Brain Gum« auf den Markt geworfen, ein Kaugummi, das durch Sojabohnenfett die Hirnaktivität steigern soll.[119] Die Hormon-Alten hoffen offenbar, dass es ihnen ergehen wird wie dem indischen Wundervogel Phönix, der sich, als er alt geworden war, im eigenen Nest verbrannte und aus den Überresten verjüngt wieder auflebte. Tatsächlich sehen diese Alten aus wie Eunuchen, weil sie keinen Zugang zum Leben haben.

Wie ist es möglich, dass sich Alte diesen Sirenenklängen hingeben, die sie doch nur noch verzweifelter machen müssen gegenüber dem unabwendbaren Geschick der Runzeln und der letzten Stunde? Warum verfallen die Alten diesem Gesundheitswahn? Warum haben sie es vollständig verlernt, loszulassen? Warum sind sie der Meinung, dass ihnen weitere Jahrzehnte zustehen? Vermutlich ist es der Zugzwang einer Gesellschaft, die einerseits immer mehr altert und sich zugleich immer jugendlicher gibt. Anti-Aging – der »Kampf gegen das Alter« – ist eine Seite der Sache, die Leugnung des Alters eine andere. Im Grunde möchte man das Alter abschaffen – so oder so. Folgerichtig beschwört Cora Stephan Freiheit vom Alter: »Die altersfreie Frau ist überall. Sie kleidet sich in kräftige Farben, ist gut geschminkt, lacht mit offenem Mund und zurückgeworfenem Kopf, flirtet schamlos ... Dagegen sehen die meisten jungen Frauen, vor allem die mit Kinderwagen, unausgeschlafen, depressiv, magenkrank und unglücklich aus.«[120] Das richtige Leben fängt – glaubt man Cora Stephan – erst mit 60 an. »Das ist die Wahrheit.«[121] Das kommt als Tabubruch in einer dem Jugendlichkeitswahn verfallenen Gesellschaft daher und lässt doch ahnen, dass da jemand im Keller laut pfeift, um die Gespenster zu vertreiben. Oder soll man sich wirklich Uschi Glas, inzwischen das tiefgefrorene Klischee ihrer selbst, als das heimliche Pilgerziel einer altersfreien Gesellschaft vorstellen? Stars wie Iris Berben (»Älter werde ich später«[122]) haben ihren eigenen Hormon-Berater, der ihnen Östrogentropfen verordnet sowie Biotin, Vitamin E, Kieselerde und (wegen BSE) amerikanische Gelatine allein für die Haare sowie eine spezielle Hautcreme, die man auch auf großflächig verbrannter Haut verwendet, damit sie nicht narbig wird. Das Gegenteil ist auch verdächtig: Jene, die behaupten, auf die Falten in ihrem Gesicht stolz zu sein. Da müsste man auch erst einmal schauen, worauf da jemand stolz ist. Truthahnhals und Hamsterbäckchen lassen – sieht man den Träger – bisweilen eher an eine Geschichte der Gier, der Unterwerfung oder des Egoismus denken als an würdiges Alter. Es reicht vermutlich festzustellen, dass weißes Haar, Krähenfüße und Stirnrunzeln da sind, unweigerlich. Das Instrumentarium zur Fassadenrekonstruktion erweitert sich – wie man weiß – täglich. Mehr als eine halbe Million ästhetischer Operationen in Deutschland sprechen eine deutliche Sprache. »Den Busen durch Implantate aufzurichten oder Fett an Bauch, Po und Oberschenkeln abzusaugen, das Doppelkinn abzunähen ... wird immer selbstverständlicher.«[123] Vom Risiko des Scheiterns einmal abgesehen (Michael Jackson, von *Bild* die Bröckelnase genannt), braucht man – wie Christiane Grefe anmerkt – »Jahre, um so ein Gesicht wieder einzuleben«.

Anti-Aging-Experten stellen heraus, dass Altern eigentlich nur denen zustößt, die dumm sind oder arm. Die German Society of Anti-Aging-Medicine bietet Weiterbildungs-Wochenenden für 493 Euro an – da ahnt man schon, dass Altwerden mehr etwas für Arbeitslose und Sozialhilfeempfänger ist.[124] Der Präsident dieser vielversprechenden Einrichtung, die ihre Geschäftsinteressen so elegant angelsächsisch-wissenschaftlich verpackt, ist der Androloge und Gynäkologe Alexander Römmler. Er treibt es auf die Spitze: Er sagt nicht, dass Altern eine Krankheit ist, er sagt gleich: »Altern ist unnormal.«

Man kann sich des Eindrucks nicht erwehren, dass die Jagd

nach Gesundheit an die Stelle des Sinns und der Würde getreten ist, die beide mit dem Zusammenbruch traditioneller Lebenswelten unmöglich geworden sind. Die Nachttischschublade ist heute voll gestopft mit Medikamenten und hat die Bibel, die eine Zeit lang darin lag, verdrängt. Die Enkel kommen nicht mehr, wenn es überhaupt welche gibt.

Alter und Gesundheit – das ist ein schwer zu entwirrendes Knäuel aus Sicherheitsinteressen und Geldfragen, aus Wohltaten und Zumutungen. Stefan K. baut Hüftprothesen. Bisweilen bekommt er Spezialaufträge: Wenn von der Hüfte bis zum Knie alles schon nekrotisch verfault ist, wird eine außerordentlich kostspielige Edelstahlprothese angefertigt. Die Lebenserwartung solcher Patienten beträgt kaum mehr als sechs Monate, oft handelt es sich nur um Wochen. Ist das eine großartige medizinisch-chirurgische Leistung oder eine moderne Form der Folter? Ist das ein Heilmittel oder eine Variante des spanischen Stiefels, mit dem die Inquisition ihr Opfer quälte? Ist das sinnvoll ausgegebenes Geld oder wird dies Geld verbraucht, weil Chirurgen es nicht lassen können, ihre Kunst an wehrlosen Opfern auszuprobieren? Die Fragen, die sich heute stellen, lauten:

Segen oder Fluch?
Ist das immer weiter sich ausfächernde Gesundheits-Angebot ein Segen oder ist das ein Fluch? Längst sagen die meisten alten Menschen, dass sie keine unsinnigen lebensverlängernden Maßnahmen wollen, und legen das auch in Patienten-Verfügungen fest. Was aber ist mit der Phase davor? Soll man alles machen, was man machen kann? Wo hört der Fortschritt auf und wo fängt die Quälerei an? Wenn die Zeiten des Konsums von Kleidern, Reisen, Fitness, Kultur und Frühkartoffeln vorbei ist, dann konzentriert sich das Alter immer mehr auf den Verbrauch von Gesundheitsangeboten. Der Zugriff auf diese Angebote muss sich mit wachsenden Ängsten verknüpfen, denn die Wahl des falschen Arztes, der fal-

schen Medikamente, des falschen Krankenhauses kann das Leben kosten, verkürzen oder einschränken.

Kostenfragen

Wie soll das immer weiter ausgefächerte Gesundheitsangebot bezahlt werden? 80 Prozent der Gesundheitskosten, die ein Mensch verursacht, fallen im letzten Lebensjahr an. Die Möglichkeiten der Lebensverlängerung und der Verbesserung der Lebensqualität im Alter nehmen zu. Aber immer deutlicher wird, dass nicht jeder alles kriegt. Medizin wird in Zukunft noch mehr als jetzt vom Geldbeutel abhängen. Das ist schon jetzt im Weltmaßstab so: Während im Sudan das Geld für die Blinddarmoperation eines Kindes oft fehlt, nehmen Menschen hier den Gesundheitsapparat in Anspruch, als würde niemand dafür aufkommen müssen, als wäre der Gesundheitsapparat eine sprudelnde Ölquelle, aus der sich jeder bedienen kann.

Exkurs: Abgeschaltet. Ein Zukunftsszenario

Jörg Neumann nimmt den Schnellbus und fährt ins Gesundheitszentrum der Stadt P. Acht Tage Bedenkzeit hatte er sich ausgebeten, um seine Entscheidung zu fällen. Nun hat er sich entschieden, nun macht er seine letzte Busfahrt. Ende mit 78 Jahren. Den Bus hat er in der vergangenen Zeit immer genommen, seit er seinen Führerschein abgegeben hat. Mit 75 war er routinemäßig zu einem Beratungsgespräch mit dem Psychologen im städtischen Büro für Seniorencontrolling eingeladen worden. Dort hat man ihm nahe gelegt, auf öffentliche Verkehrsmittel umzusteigen. Als er sich störrisch zeigte, war der Druck in dem Gespräch sanft verstärkt worden: Der Psychologe hatte ihm eine Tabelle mit den stark erhöhten Versicherungsprämien für Hochaltrige hingeschoben. Er würde sich ein Auto gar nicht mehr erlauben können. Also Bus.

Das aber ist jetzt alles gleichgültig. Jörg Neumann ist auf dem Weg zum Ethik-Counseling, Abteilung für Terminations-fragen, Sprechstunden 24 Stunden, also rund um die Uhr. Sofortaufnahme. Rund um die Uhr: Das ist in der Dienstleis-tungsbranche sonst nur bei Tankstellen und Mediotheken üblich. Mobilität, Unterhaltung und Tod sind eben die *essentials* unseres Lebens, da läuft's immer – denkt Jörg Neumann, während er zum letzten Mal auf das Gesundheits-Gewerbe-gebiet schaut, in das der Bus gerade eingebogen ist.

Die zentrale Bedeutung des Gesundheitswesens für die Menschen ist in dem Gesundheits-Gewerbegebiet, durch das der Bus nun fährt, deutlich erkennbar. Das Streben nach Gesundheit ist zur Klammer des gesellschaftlichen Lebens geworden und hat die alten religiösen, kulturellen, politi-schen Fragen in sich aufgesaugt: Die Sinnfrage ist in der Gesundheitsfrage aufgegangen. Da den Menschen alle ande-ren Hoffnungen abhanden gekommen waren, blieb ihnen nur die Sorge für sich und ihren wichtigsten Besitz, den Körper. Die Gesundheitsbranche ist deshalb jetzt auch der wichtigste Wachstumsbereich in allen ehemaligen Industrie-gesellschaften. Um die Synergieeffekte zu steigern, wurden sämtliche gesundheitsbezogenen Dienstleistungen hier zu-sammengefasst. Einen großen Teil des Areals nehmen die Life-Science-Transnationals ein, die aus den alten Pharma-konzernen hervorgegangen sind. Die ehemaligen medizini-schen, pharmakologischen und biologischen Universitäts-institute findet man – nach dem Ende der staatlichen Uni-versitäten – hier. Auch die Ausbildung für Ärzte, Apotheker und die immer wichtiger gewordenen Experten für Lebens-qualitäts-Kontrolle ist hier angesiedelt. Ein anderes gutes Drittel des Gesundheitsparks steht unter der Devise *best care*. Von Krankenhaus und Kur redet niemand mehr. Stattdessen geht man in Gesundheitscenter, in denen vom Krebs bis zur Immunschwäche, von der Schizophrenie bis zur chronischen Krankheit alles behandelt wird. Niedergelassene Ärzte und

Apotheken gibt es in der Stadt längst nicht mehr, sie sind verschwunden wie Bankschalter, Post oder Lebensmittelhändler.
Denn kein einzelner Arzt kann die Gesundheitsinnovationen
überschauen, und alle Medikamente werden sowieso über
Internet-Apotheken bestellt und geliefert. Die Distribution
von Gesundheit ist deshalb nach dem Prinzip der Supermärkte, die schon lange am Stadtrand den Handel dominieren, organisiert, nun aber ins Gigantische gesteigert. Best
Care umfasst selbstverständlich auch Wellness-Welten, wo
man unter riesigen Glaskuppeln einen Diabetiker-Urlaub
buchen oder sich einem Allergiescreening unterziehen kann.
Alle denkbaren Fitnessaktivitäten vom Skifahren bis zum
Free-climbing werden in diesen Wellness-Landschaften angeboten, in denen man zwischen einer raffiniert kreierten
Alpenwelt oder dem tropischen Paradies wählen kann. Für
fast jeden Geldbeutel etwas.

Der Staat garantiert nur noch eine minimale Grundversorgung: Die Blinddarmoperation zum Beispiel und die Seu-
chenvorsorge. Die exklusive Schönheitsfarm für Männer und
Frauen ist kostspielig, aber auch sie gehört längst hierher in
die Gesundheitsmeile, denn well-being als Lebensdevise hat
die Grenzen zwischen Physiotherapie, Massage, Schönheits-
operation, Ernährungsberatung (health-food!) und klassischer ärztlicher Behandlung verschwimmen lassen. Best Care
versteht sich als holistisches Konzept, ist ganzheitlich, schließt
Ajurweda, Fettabsaugen, Akupunktur, Vitaminkuren ebenso
ein wie Bluthochdruckkontrolle oder die Krampfaderopera-
tion. Teurer ist es nur noch im Innovationscenter: Dort können sich Gutsituierte von der Leber bis zum Herz-Lungen-Set
praktisch alles transplantieren lassen – ohne Altersbegren-
zung.

Nicht nur Arztpraxen, Fitnesszentren, Apotheken, Kurbäder,
Urlaubsclubs, Ausbildungsstätten und Labors hat das Gesundheits-Gewerbegebiet angezogen und integriert. Vom Ver-
gnügungspark bis zur Psychiatrie, vom Esoterikanbieter bis

zur Kirche, die hier als religiöser Dienstleister überlebt, ist alles in diesem Gesundheits-Superzentrum angekommen und hat sich den neuen Gegebenheiten angepasst. Von der Stress-Therapie bis zu den Erlebnislandschaften für die Seele: Esoteriker und Kleriker, Gesundheitsgurus und Meditations-experten arbeiten mit labilen oder überlasteten Menschen am Thema »Glück–Sinnsuche–Partnerschaft–Lebens-Balance«. Selbst das Bedürfnis nach einer Wallfahrt kann befriedigt werden, die nun nicht mehr nach Lourdes führt, sondern zum Beispiel in das »Holistic-Business-Center«, in dem Manager Work-Life-Balance erlernen können. Lifestyle-Medizin, Wellness-Industrie und Body-Techniken sind die Säulen der Gesundheitswissenschaften. Die Behandlung und Verwaltung von Krankheiten ist mit der Medizin, den Medizinern und ihren Patienten in den Hintergrund gerückt; die Gesundheitsorientierung, die jetzt im Vordergrund steht, lebt dagegen nicht von Patienten oder Klienten, sondern von Kunden. Ziele sind Zufriedenheit, Sichwohlfühlen, Glück. Die Realisierung dieser Ziele gilt als Privatsache, die aus dem individuell zugeschnittenen Angebot der Gesundheitsmärkte befriedigt wird – eine kaufbare Leistung, die sich natürlich nur erlauben kann, wer entsprechend viel Geld hat.

Die Devise heißt: Brandnew Body – Brandnew Soul – Brandnew Medicine. Den finanziell Schwachen bleibt der Billigflug nach China oder Kolumbien. Dort gibt es Kliniken, in denen Zahnbehandlungen, Transplantationen oder Schön-heitsoperationen nur einen Bruchteil kosten. Die Risiken sind freilich größer, denn es handelt sich um qualifizierte Friseure, Schneider und Laboranten, die als Gesundheits-discounter tätig sind. Die Herkunft der Transplantate ist im Allgemeinen dubios. Dass die Nieren aus den Elendsvierteln afrikanischer Slums stammen, daran nimmt niemand Anstoß – aber ob es sich um einwandfreie Ware handelt, das ist oft ungewiss. Wer es sich nicht leisten kann, ins Gesundheits-zentrum zu gehen, der deckt seinen täglichen Gesundheitsbedarf bei Billiganbietern in der Stadt, speziell in den Gesundheitsabteilungen der Bau- und Supermärkte. Vom Toiletteneinsatz, der automatisch den Urin analysiert und die Werte über den Hauscomputer ausdruckt, bis zum Blutcontroller, der Auffälligkeiten mit einem Warnton signalisiert – es gibt fast alles für die Do-it-yourself-Medizin. Aufwendig – aber ein Renner auf dem Markt – ist der Diagnose-Server. Sieht aus wie eine Mischung aus Heimtrainer und Tomografie-Röhre und liefert umgehend alle aktuellen Gesundheitsdaten des Nutzers, druckt sie aus und macht Therapievorschläge (Trainingspläne, Diätprogramme, Medikamentierungen). Die automatische Selbsttötungsmaschine, die der amerikanische Mediziner Kervorkian schon 1998 entworfen und angepriesen hatte, war nicht zugelassen worden.

Etwas mehr am Rande des Gesundheits-Gewerbegebietes liegen das Institut für Reproduktionsberatung und der Entsorgungspark. Hier werden Anfang und Ende des Lebens geplant, überwacht und realisiert. Die ehemalige Vorsorgeuntersuchung für Schwangere ist zu einem umfassenden Reproduktionskonzept ausgebaut worden. Präimplantations- und Pränataldiagnostik bei In-vitro-Fertilisationen sind zu einem *must* geworden, weil sonst keine Versicherung für Neugeborene mehr zu bekommen ist. Außerdem hatte 2002 ein behinderter junger Erwachsener in den USA in einem Musterprozess seine Eltern erfolgreich auf Schadensersatz verklagt, weil sie ihn nicht hatten beseitigen lassen. Die Zahl der Retortenbabys wächst angesichts zunehmend verbreiteter Unfruchtbarkeit kontinuierlich. Die Partnerschaftsstrukturen und Lebensverhältnisse sind unübersichtlich geworden, und so tragen Großmütter die ihnen implantierten Enkel aus, Leihmütter werden für Frauen tätig, die sich angesichts ihres beruflichen Erfolgs keine Schwangerschaft erlauben können.

Überhaupt überlässt man im Zeitalter der Lebens-Designer das werdende Leben nicht mehr dem Zufall. Da das Geschlecht und – bis zu einem gewissen Grade auch das Aussehen – beeinflussbar sind, da man Erbkrankheiten, drohende chronische Anfälligkeiten durch DNA-Analysen prognostizieren kann, nimmt man sich für die Wahl des geeigneten Embryos viel Zeit. Angesichts drohender Umweltschädigungen lassen junge Menschen ihre Samen und Eizellen frühzeitig einfrieren und bei Bedarf vitalisieren, weil so genannte natürliche Schwangerschaften mit all ihren Risiken seltener werden. Aus den Zufälligkeiten, die werdendes Leben bisher mit sich gebracht hat, ist man zu planvoller Produktion übergegangen, die allerdings ethische Zwicklagen mit sich bringt. Die Grenzen des Machbaren werden gern an einem Fall aus dem Jahre 2002 diskutiert. Damals hatte sich ein lesbisches amerikanisches Ehepaar ein taubes Kind herstellen lassen, weil beide Eltern selbst gehörlos waren und ein Kind wollten, das »die Welt aus der gleichen Perspektive erlebt wie wir selbst«. Um sicherzugehen, war der Spendersamen von einem jungen Mann zum Einsatz gekommen, der aus einer in der fünften Generation gehörlosen Linie stammte.

Der Bus hat am Institut für Reproduktionsberatung gehalten und erreicht seine Endstation, das Zentrum für Gerontologie, das auch den Entsorgungspark umfasst. Jörg Neumann muss daran denken, dass Gerontologie eigentlich Altengeplapper heißt. Na ja, geplappert wird hier nicht, hier geht's zur Sache. Er nimmt den Lift zum vierzehnten Stockwerk. Dicke Auslegeware, sanfte meditative Musik, leise schließende Glastüren, ernste Druckgraphik in heiter-sommerlichen Farben. Anfänglich hatte auf dem weißen Schild, das jetzt im vierzehnten Stock gegenüber der Lifttür angebracht ist, Ethik-Kommission für Euthanasiewillige gestanden. Aber das hatte das Einrichtungsteam aus Psychologen, Innenarchitekten und Geriatern abgelehnt, weil das – so hieß es – zu bürokratisch, zu negativ und zu abschreckend klinge. Den Vorschlag eines Büros für Trendforschung, das die Bezeichnung Wellness-Hospiz ins Spiel gebracht hatte, war von der Bundesärztekammer mit der Begründung, es handle sich da um Irreführung der öffentlichen Meinung, abgelehnt worden. Darum ist Jörg Neumann jetzt auf dem Weg zum Büro für Ethik-Counseling, Abteilung für Terminationsfragen.

In den Gesundheitszentren werden aussichtslose Fälle nicht mehr behandelt, sondern an Hospize abgegeben. Im Krankenhaus konnte man Sterbende noch ertragen, im Gesundheitszentrum geht das nicht. Im ausgehenden 20. Jahrhundert war es in den Vereinigten Staaten schon nicht unüblich gewesen, dass Beerdigungsinstitute zugleich Hospize betrieben. Unter dem Einfluss der Marktgesellschaft und angesichts der Verkümmerung des Sozialstaates sehen sich jetzt Bürger und Bürgerinnen am Ende des Lebens vor die Wahl gestellt, ob sie sich im Entsorgungspark ein Luxushospiz oder nur eine Schlichtherberge leisten können. Moribunde Sozialfälle landen im Einfachhospiz, in der Stadt sprechen manche Leute sogar vom Sterbeknast. Dort kommen die Pflegekräfte – soweit nicht ohnehin automatische *care ware* eingesetzt wird – mit Rotationsverträgen aus Zentralasien oder aus afrikanischen Ländern, wo es billige Arbeitskräfte gibt. In den Luxus-Hospizen dagegen findet sich gutgeschultes, deutschsprachiges Personal aus Polen und der Türkei, *care ware* wird nur sparsam eingesetzt.

Das ist der normale Verlauf: Menschen, die austherapiert sind, unheilbar krank, die sich weitere teure medizinische Leistungen nicht erlauben können, werden aus den Gesundheitszentren in Hospize verlegt. Jörg Neumann gilt als ambulanter Sterbefall. Seine Diagnose, die er letzte Woche erhalten hat, gibt ihm nur noch wenig Lebenszeit, seine finanziellen Ressourcen sind durch aufwendige Therapien aufgebraucht, er musste sogar sein kleines Apartment verkaufen. Die Hirnprothese, über die zum ersten Mal im März 2003 im *New Scientist* berichtet wurde, ist so weit perfektioniert, dass das Gefühlsleben der Menschen jetzt nach Implantation eines Chips technisch therapierbar und kontrollierbar ist, Depres-

sionen sind praktisch verschwunden. Aber bei über 70-Jähri-
gen wird diese Prothese nicht implantiert, weil dann die
gesellschaftlich gewünschte Bereitschaft zur Selbstabschaltung überdeckt wird. Die Bilanz, die er ziehen muss: Das
bevorstehendes Leiden, die finanzielle und persönliche Lage
verbunden mit einer depressiven Grundstimmung lassen
den Gang, den er jetzt angetreten hat, als unausweichlich
erscheinen.

In den neunziger Jahren des 20. Jahrhunderts war die
Euthanasiepraxis in den Niederlanden zunächst gegen große
Widerstände durchgesetzt worden. 1997 waren in dem kleinen Land bereits 2300 Fälle von Euthanasie auf Wunsch des
Patienten und 1000 Fälle ohne persönliche Zustimmung
registriert worden. In 8100 Fällen starben Patienten an einer
Überdosis eines Medikamentes, bei 7900 Kranken brachen
die Ärzte die lebensverlängernden Maßnahmen ab. Damit
waren schon damals 20 Prozent aller Todesfälle von Medizinern verursacht worden, bei verstorbenen Behinderten lag
der Anteil bei 40 Prozent. Im Laufe der Zeit waren die ökonomischen Vorteile solcher entsorgenden Medizin deutlich
geworden. Dazu griff seit dem Anfang des 21. Jahrhunderts
der so genannte belgische Tod griff rasch um sich. Die Tötung
auch ohne Einwilligung der Betroffenen wurde – dem belgi-
schen Gesetz entsprechend – an komatösen, schwerbehinderten und durch Schmerz an klarer Einsicht gehinderten
Alten durchgeführt.

Während die Wirtschaftskrisen der in dieser Hinsicht zöger-
lichen Gesellschaften Europas sich eher verstärkten, hatte
eine fortschrittlich-zupackende Entsorgungspolitik die öffentlichen Kassen von der sozialen Last, die vor allem durch
Alzheimer-Kranke verursacht wurde, entlastet und sogar für
eine ökonomische Erholung gesorgt, die dann eine mutige
Investitionspolitik erlaubte. Auch vor dem Hintergrund, dass
in den Krankenhäusern unter der Hand die Vergabe termina-
ler Morphiumdosen an Sterbenskranke längst üblich gewor-

den war, wurde rechtlich und medizinisch abgesicherte Euthanasie inzwischen als normal angesehen. Die Dunkelziffer und die Rechtsunsicherheit waren durch eine öffentlich propagierte und überwachte Euthanasiepraxis eingegrenzt worden. Die Gesundheitsministerin der Niederlande Els van Borst hatte schon 1997 die Vergabe von Tötungstabletten an »Lebensmüde« propagiert. Wenige Jahre später war das Recht auf die Selbsttötungstablette für jeden über 70-Jährigen in Europa gesetzlich verankert worden.

Immer mehr lernten die Menschen in den darauf folgenden Jahren, sich als funktionierende oder beschädigte Systeme wahrzunehmen. Ein von den Gesundheitsexperten als irreparabel eingestuftes System, das schien den Menschen inzwischen ganz selbstverständlich, war abzuschalten. Angesichts der extremen Belastung der Sozialsysteme, die der Altenberg für die ehemaligen Industriegesellschaften darstellte, gab es einen stillen Konsens über die »Grenzen des Lebens«. Medizin und Biowissenschaften hatte die Grenzen des Lebens immer weiter hinausgeschoben, nun hatte sich die Umkehrung als unabdingbar erwiesen: Es galt Grenzen des Lebens zu definieren und zu setzen. Die Kosten für fünf Millionen Pflegebedürftige in einem auf 45 Millionen Menschen geschrumpften Deutschland belasteten die ohnehin dauerhaft kränkelnde Ökonomie. Man suchte das Einverständnis der Betroffenen mit der Begrenzung ihrer Existenz, aber angesichts der 1,5 Millionen Alzheimer-Kranken hatten die gesundheitspolitischen Notstandsgesetze eine Lebens-Budgetierung verordnet: War kein Geld mehr da, um die Pflege zu bezahlen, wurde das Ende eingeleitet.

Mehr als achtzig Prozent der Bevölkerung hatten in einer Blitzumfrage diese Regelung begrüßt. Für andere Hochaltrige galt die Devise: Wenn die Balance zwischen Lebensqualität und Kosten eine bestimmte Punktezahl unterschritt, wird die Selbstabschaltung nahe gelegt. Im Regelfall wurde niemand, der bei Verstand war – wie es in alten Science-Fiction-Romanen dargestellt wird – direkt zur Terminalisierung gezwungen. Es war vielmehr gelungen, die systemorientierte Selbsteinschätzung der Menschen in die Betroffenen hineinzuverlegen. Weil der Gesundheits-Imperativ (Handle stets so, dass du deine Gesundheit als dein wichtigstes Gut wahrnimmst!) längst über allen schwebte: Dieser allen Beteiligten selbstverstandlich gewordene Imperativ hat den nur Ärzten auferlegten hippokratischen Eid ersetzt und zeugt so von der globaldemokratischen Durchsetzung der *health-culture*. In diesem Imperativ hatten sich alle sonstigen religiösen und kulturellen Strebungen aufgelöst zugunsten der Suche nach *wellbeing* und *wellness*. Den Menschen schien es nun ganz selbstverständlich, dann den Ausgang aus dem Leben zu wählen, wenn dieses Lebensgefühl nicht mehr herstellbar war. Allein die Idee eines Lebens mit Leidenserfahrungen oder die Vorstellung einer Existenz ohne Betreuung war den Menschen so grauenvoll geworden, dass man sich voller Panik in die fürsorglichen Arme der Terminalexperten flüchtete.

Jörg Neumann wusste, dass es nun zunächst eine ganze Reihe von Formalitäten zu erledigen gab: Das Testament würde er ebenso vorlegen müssen wie die Bescheinigungen über die Kündigung der Wohnung, der Versicherungen, den Nachweis der Schuldenfreiheit, Abschiedsbriefe an die Familienangehörigen, ein Voraus-Scheck über die anfallenden Kosten (Beratung, ärztliche und psychologische Betreuung, Medikamente, Beerdigung etc.) Die GBÄ, die Gebührenordnung für Ärzte, und die ICD 10 – International Statistical Classification of Diseases Related Health Problems, waren den neuen Tätigkeitsfeldern in der aktiven Sterbehilfe entsprechend angepasst worden. Eine Fallpauschale war – nach Güteklassen abgestuft – eingeführt worden. Schließlich würde er die Freiwilligkeit seines Entschlusses beeiden müssen. Der Kunde soll – so schreibt es das Euthanasie-Gesetz vor – im vollen Besitz seiner geistigen Kräfte sein, er muss schuldfähig und einwilligungsfähig sein. Nur wenn die Ethik-Consul-tants-Agency, die aus einem Juristen, einem Facharzt für Thanatologie und einem ehrenamtlichen Mitglied der loka-len Ethik-Kommission besteht, die Voraussetzungen prüft, kann die eigentliche Prozedur eingeleitet werden: Kontroll-untersuchung der Ärzte, Vorbereitung durch ein Beratungs-team aus Psychologen und Medizinern. Die Kosten für die Abwicklung können minimiert werden, wenn sich heraus-stellt, dass Organe für Transplantationszwecke genutzt wer-den können, und der Kunde bereit ist, diese Vitalsubstanzen zur Verfügung zu stellen.

Jörg Neumann hatte es versäumt, rechtzeitig eine Sterbe-versicherung abzuschließen, obwohl ständig dafür geworben wurde. (»Sichern Sie die Zukunft Ihrer Familie mit dem kos-tengünstigen Sterbekonzept der General Assekuranz«). Dann eine vierundzwanzigstündige Bedenkzeit, der eine erneute Befragung folgen würde, währenddessen Aufenthalt in einem Tageshospiz, in dem durch Animateure, Gesprächstherapeu-ten, Sedierungsexperten und Krisenmanager vor allen Dingen eine beruhigende Atmosphäre geschaffen wurde. Anschlie-ßend die Wahl zwischen Pille und Spritze. Und dann das Abschiedszimmer. Manche luden Freunde oder Verwandte ein, es gab die Möglichkeit, Meditationsexperten, Kleriker oder Wellness-Fachleute hinzuzuziehen, die mit Hilfe von Musik, Drogen oder Gesprächen noch einmal eine Erinne-rung an das *well-being* zu stiften versuchten. Manche wagten ein Einzelgespräch mit dem Thema *life-death-balance*, in dem Motive der ägyptischen Seelenwägung auf das eigene ver-gangene Leben übertragen wurden. Die meisten tendierten dazu, den Zusammenbruch der Gesundheit als Ausdruck von Fehlern in der eigenen Lebensführung anzusehen. Zu wenig Bewegung, zu wenig Zeit für *well-being*, zu viel Stress, zu viel Alkohol. Manche verspürten den Wunsch, das aufzuarbeiten und die Schuldgefühle gegenüber dem eigenen Körper noch einmal auszusprechen.

Die Einrichtung der Abschiedsräume hatte anfänglich Probleme aufgeworfen: Gemütlich? Sachlich? Wie ein Krankenzimmer? Wie eine Wohnstube? Schließlich hatte man sich entschieden, einen bebilderten Prospekt mit zwölf geschmacklich variierten Räumen auszulegen, aus denen die Betroffenen auswählen konnten. Die Ausbildung von Sterbetherapeuten hatte in den neunziger Jahren in den Niederlanden begonnen und war inzwischen zu einem durchaus ausgefeilten Berufsbild herangewachsen. Wie überhaupt eine beträchtliche Zahl von Experten am letzten Lebensabschnitt verdienten oder dort ihre Jobs fanden. Angesiedelt in den seit längerem verwissenschaftlichten Ausbildungsstätten für Pflegekräfte hatten sich für die Sterbetherapie differenzierte Ablaufdiagramme entwickeln lassen. Die von Kübler-Ross gefundenen Sterbestufen waren als Grobraster immer noch akzeptiert, waren aber verfeinert worden. Zu jeder Stufe gehörte inzwischen ein Interventionsmuster, das es erlaubte, die Menschen in die terminale Phase überzuleiten und Rückkehrwünsche diskret aber nachdrücklich abzubiegen.[125]

KAPITEL 4

DIE ÜBERFLÜSSIGEN

Fragen nach dem Sinn im Alter

Anmaßlich find' ich, dass zur schlechtsten Frist
Man etwas sein will, wo man nichts mehr ist.
Des Menschen Leben lebt im Blut, und wo
Bewegt das Blut sich wie im Jüngling so?
...
Das Schwache fällt, das Tüchtige tritt heran.
Indessen wir die halbe Welt gewonnen,
Was habt Ihr denn getan? Genickt, gesonnen,
Geträumt, erwogen, Plan und immer Plan.

Johann Wolfgang von Goethe, Faust II,
Baccalaureus zu Mephistopheles

Desperado in Grau

Der Maurer, der im Keller des Nachbarhauses verputzte, zuckte zusammen. Der Schuss hallte in den engen Gassen des Dorfes wie ein Kanonenschlag. Das Gebiss von Francesco S. lag auf der Dorfstraße. Mit einer Leiter stiegen die Nachbarn durch das Fenster, hinter dem der tote Francesco lag. Er hatte zuvor die Läden geöffnet und sich dann am offenen Fenster mit seiner Schrotflinte erschossen. Francesco war 79 Jahre alt geworden. Nach seiner Pensionierung hatte er sich mit seiner Frau, mit der er fünfzig Jahre verheiratet war, in einen kleinen Bergort am Gardasee zurückgezogen. Er lebte sehr bescheiden. Im Keller züchtete er im Dunkeln Vögel, die dann in der Jagdsaison in Käfigen am Baum hingen. Die Vögel verwechselten – in die Helligkeit gebracht – die Jahreszeit und zogen durch ihren unzeitgemäßen Gesang Artgenossen an, die dann den Jägern zum Opfer fielen. Er saß gern am Dorfrand auf einer Mauer, von der man einen Blick über die grünen Terrassen, die grauen Alpenausläufer und den blauen See hatte. Er rauchte dann eine Zigarette und wechselte freundliche Worte mit den Vorübergehenden. Gern trug er ein schwarzes Jackett und ein weißes Hemd, vielleicht ein Nachklang seiner beruflichen Tätigkeit: Er war mit seiner Frau vierzig Jahre Hausmeister und Portier in einem Wohnblock in Mailand gewesen.

Im Laufe der Jahre entwickelte sich an seinem Hals ein großer Kropf. Später versagten seine Nieren, und in den Monaten vor seinem Tod wurde er dreimal in der Woche geholt, um sich in einem entfernten Krankenhaus an den Dialyse-Apparat anschließen zu lassen. Seine Frau, 81 Jahre alt, war in diesem Bergort geboren, und so waren sie zwanzig Jahre zuvor hierher zurückgekehrt: Ihr gehörte das kleine Haus, in dem sie wohnten. Sie nährte den Hass vieler einfacher Leute auf Ausländer und überhaupt auf Leute, denen es noch schlechter ging als ihr. Sie wäre gern vornehm gewesen – anders jedenfalls als die alten Frauen im Dorf, bewohnte aber tatsächlich dieses winzige und dunkle Häuschen. Immerhin hatte sie im Gegensatz zu den anderen Frauen noch einen Mann. Den Unterschied zwischen ihr selbst, der aus der Großstadt zugezogenen Frau, und den alten Frauen, die ihr Leben im Dorf verbracht hatten, machte sie erkennbar, indem sie Hosen trug. Das verlieh ihr zwar ein etwas groteskes Aussehen, für sie selber aber war es wahrscheinlich eine Demonstration ihrer städtischen Fortschrittlichkeit.

Als junges Mädchen war Angela von Francesco schwanger gewesen, sie hatte das Kind zu ihrer Mutter geben müssen. Erst sechs Jahre später hat er sie geheiratet. Damals eine Schande, die ihr sicherlich immer nachgeschlichen ist – und die in der Tochter eine dauerhafte Abneigung gegen den Vater, der die Mutter nicht gleich geheiratet hatte und der

Grund dafür war, dass das Kind weggeben wurde, hinterlassen hatte. Man konnte in den letzten zwei Jahren vor dem Tod Francescos kaum mit Angela sprechen, ohne dass ihr Tränen in die Augen traten, wenn sie über den schlechten Zustand ihres Mannes redete, und sie redete eigentlich nur darüber. Es gab da eine Spannung zwischen der eher resignierten Gelassenheit des Mannes und der pathetisch-depressiven Weise, in der Angela, die Frau, zwei Jahre lang von ihrem Gatten so redete, als stünde der Tod unmittelbar bevor. Genauer: Sie sprach nicht vom Tod, sondern machte mit Geste und Mimik die Aussichtslosigkeit der Lage deutlich. Diese Lage war wohl auch dadurch zugespitzt, dass die Krankenversicherung nur einen Teil der Fahrten zum vierzig Kilometer entfernten Dialysegerät bezahlte, aber eben drei Fahrten in der Woche notwendig waren. Dort hing er dann vier Stunden am Dialysegerät. Es mag sein, dass die ohnehin schmalen Ressourcen der beiden deshalb aufgebraucht waren. Es mag sein, dass ihm klar war oder ihm gesagt worden war, dass die Behandlungsmöglichkeiten bald erschöpft sein würden. Ich muss das bezahlen, sagte Angela und brachte so wohl auch zum Ausdruck, dass sie ihren Mann als abhängig und praktisch handlungsunfähig, um nicht zu sagen: unmündig ansah.

Am Morgen vor dem Beginn des Dramas wartete schon die Ambulanz, die ihn noch einmal zu einem Spezialisten bringen sollte, aber Francesco rief an und sagte den Termin ab. Zu der Zeit hatte Francesco schon die Geranien von der Fensterbank hereingenommen und alle Fensterläden geschlossen. Er hatte auch die Tür von innen verriegelt und den Schlüssel abgebrochen. Dann erstach Francesco seine Frau Angela mit einem Küchenmesser – wohl während sie noch schlief. Er musste mehrfach zustechen, bis sie tot war. Sie wurde auf dem Rücken liegend im Bett gefunden, das Blut an ihrem Nachtgewand war getrocknet. Irgendwann hat er einen Zettel geschrieben, auf dem stand: »Ich schaffe es nicht mehr.

Es ist besser, Schluss zu machen.« Er wartete noch bis zum Nachmittag und muss die Stunden in Gegenwart der toten Frau verbracht haben. Dann öffnete er einen Fensterladen und schoss sich vor dem offenen Fenster mit der Schrotflinte in den Hals. Vorher hatte er offenbar vergeblich versucht, auch sich mit dem Messer umzubringen. Man wird nicht wissen, ob Francesco der Mut verließ, sodass er noch Stunden wartete, bis er den Hahn an seiner Schrotflinte durchzog.

Als die Carabinieri in die Wohnung eingedrungen waren, klingelte das Telefon. Die Tochter wollte sich nach dem Ergebnis des Arztgespräches erkundigen. Die Carabinieri unterrichteten sie über das Geschehen. Als sie wenige Stunden später aus Mailand ankam, hat sie das Haus nicht mehr betreten. Eine Nachbarin goss drei Tage später die in der Hitze schlaff gewordenen Hortensien am Treppenaufgang. Die beiden Alten hatten am Dorfeingang gewohnt, als wären sie die Hausmeister des Dorfes. Alle Fensterläden zur engen Gasse waren nun verschlossen.

Hat Francesco seine Frau ermordet, weil er fürchtete, sie allein zurückzulassen? Weil er sie, die ihn schon zu Lebzeiten in einen Trauerflor hüllte und ihn wie einen Sterbenden behandelte, mit in den von ihr unablässig beschworenen Tod reißen wollte? Wie hat Francesco, der nach Auskunft seiner Frau eigentlich hilflos und nahezu unbeweglich war, es geschafft, einen Mord zu begehen und sich selbst zu töten? Ist der Grund für die Verzweiflungstat in der schleichenden Selbstvergiftung des Dialysepatienten zu suchen, die einen Kontrollverlust verursacht haben könnte? Oder meinte er, wie ein Jäger handeln zu müssen, der kranke Tiere aus der Herde schießt? Hat er seine aussichtslose Lage gewaltsam auf Angela übertragen? Sie war immer *indietro*, sagt eine Nachbarin, sie war immer um ihn – er habe sich gar nicht umbringen können, ohne sie auch zu töten.

Man wird wohl nicht erfahren, ob Francesco seine Angela aus Liebe oder Hass, aus Verzweiflung oder Fürsorge umgebracht hat. Ein vergreister Romeo, der seine Julia mit in den Tod genommen hat? Oder doch mehr Neid: Sollte sie nicht mehr leben, wenn es ihm nicht vergönnt war? Die Dorfbewohner berichteten, Francesco sei sehr eifersüchtig gewesen. Wahrscheinlich ist also beides richtig und in der Eifersucht verschmolzen: Eifersucht, die sich nun nur noch egomanisch darauf verengte, dass Angela nicht ein Leben allein fortführen durfte, das ihm nicht mehr zugestanden war. [126]

Aber das Ganze ist mehr als ein blutiges Alpendrama, angerührt aus Machismo, Eifersucht und individueller Verzweiflung. In Mord und Selbstmord vollstreckt der alte Mann auch ein Urteil, das die Gesellschaft über die beiden verhängt hatte: Sie waren allein. Grauköpfige Desperados in der postmodernen Lebenswelt. In diesem Bergdorf gestrandet, wo sie nach vierzig Jahren Abwesenheit fremd und isoliert geblieben waren. Der Kontakt zu der Tochter in Mailand ausgedünnt, der Enkel weit weg mit einem Restaurant in Deutschland. Die Idee, den Lebensabend wie ein deutscher Tourist am Gardasee zu verbringen, konfrontiert diese greisen Halbnomaden mit ihrer sozialen Entwurzelung. Die Gemeinschaft der Männer und die der Frauen, in die man sich früher in einem Dorf eingebunden hätte, fanden sie nicht mehr vor. Eigentlich gab es überhaupt kein Dorf mehr, als sie ankamen. Denn die modernen Zeiten waren in dieser idyllischen Häuseransammlung längst angekommen: Die jungen Leute weggezogen, alte Frauen und deutsche Touristen bewohnen die Häuser. Zwei Handwerkerfamilien, die dem Modernisierungsorkan noch trotzen, noch nicht weggeweht sind, noch sogar weitgehend aus ihrem Garten leben. Zwei Jugendliche, Brüder, sterben kurz nacheinander auf dem Dorfplatz an Heroin. Mailand ist weit weg, aber die Anomie kriecht in die letzte Dorfgasse. Was dem alten Ehepaar inmitten dieser sozial zertrümmerten Landschaft noch blieb, war eine isolierte, städtisch überformte Zweisamkeit. Das moderne Mailand hatte sich in ihrem Bergort schon vor ihrer Ankunft etabliert. Francesco und Angela teilen – mitten in diesem betörend schönen Ambiente – das allgemeine Geschick der modernen Alten: Auch sie mussten radikale Individuen werden.

Die Alten heute leben länger als ihre Vorfahren. Aber um den Preis der Vereinzelung. Wenn sie sterben, geht die soziale Insel, auf der sie leben, unter. Ihr Atlantis verschwindet mit ihnen. Lara F. hat – wie viele alte Leute – mit Mitte siebzig begonnen, ihre persönlichen Sachen wegzuwerfen. Die Kinder interessieren sich nicht dafür, sagt sie. Und sie sollen – »wenn ich mal sterbe« – damit keine Arbeit haben. So beginnen wir uns – zeitgemäß – als ein Entsorgungsproblem zu begreifen – Francesco hat das in radikaler Konsequenz getan. Es weist nichts über das Leben der Alten hinaus, die Kinder und Enkelkinder – selbst wenn es sie gibt – sind existent, aber nicht real. Sie ändern nichts an der Isolierstation, in der sich die Alten mittlerweile befinden, ob sie nun auf der Kreuzfahrt sind oder im Altenheim, ob sie in der Großstadt leben oder in einem idyllischen Dorf. Als soziale Vagabunden irren sie durch zerbombte Lebenswelten, als Flüchtlinge der Modernisierung kommen sie in Seniorenresidenzen unter oder geben sich als Touristen aus, obwohl sie in Wirklichkeit ein Asyl in unwirtlichen Zeiten suchen. Hunderttausende von Rentnern ziehen in den Vereinigten Staaten in den kalten Jahreszeiten an südliche Straßenkreuzungen, um dort mit ihren Wohnwagen zu überwintern. Halbnomaden auch sie, aber – anders als Nomaden – ohne ›Stammesbindung‹. Sie sind so isoliert, so mobil und so sterilisiert wie ein Plastik-Yoghurt-Becher. Vom Becher Yoghurt weiß man ja auch, dass er Tausende von Kilometern gereist ist, bevor er in der Kühltheke Aufstellung nimmt.

Es drängt sich die Vorstellung auf, dass diese Riesenschar von alten Menschen zu einer Art Alten-Granulat gepresst werden. Massenhaft vorhandene kleine Rentnerkügelchen, die über die Welt verschüttet sind, dort herumkullern, aber keinen Zusammenhang mit irgendwas oder irgendwem bilden. Diesen granulierten Alten sind die sozialen Bezüge abhanden gekommen, und so wird es schwer, über die Grenzen der eigenen kleinen kugeligen Existenz hinauszuschauen. Das einzige starke Thema dieser individualisierten Alten muss die Selbsterhaltung sein. Lebensgier tritt an die Stelle der Verantwortung, die man einmal für die Familie, die Gruppe oder die Nachbarschaft getragen hat. Wenn sich das Motiv der Lebensgier erledigt – wie bei dem tödlich kranken Francesco –, dann ist der goldene Schuss in Francescos Variation im Grunde die logische Konsequenz. Die moderne Welt schenkt den Alten immer mehr Jahre, aber offenbar um den Preis, dass sie eben diese Alten sozial isoliert – und so die geliebte, gehasste, bevormundende oder bevormundete Großmutter in einen egoistischen Single verwandelt.

Es gibt keinen Brei mehr!

Die Alten sind überflüssig, denn sie leisten nichts mehr, und konsequent wäre es, sie wegzuwerfen. In der Mülltonne hocken dementsprechend die Alten – die Eltern – in Samuel Becketts Drama »Endspiel«. Selbst das Sägemehl, das ihnen von Zeit zu Zeit wie Tieren in die Tonne geworfen wird, ist irgendwann Mangelware und wird ihnen entzogen. »Das Endspiel schult für einen Zustand, wo alle Beteiligten, wenn sie von der nächsten der großen Mülltonnen den Deckel abheben, erwarten, die eigenen Eltern darin zu finden.«[127] Nagg, der Vater in der Mülltonne, Hamm der blinde und gelähmte Sohn, Clov, der Diener, treten auf mit diesem Dialog:
Nagg: Meinen Brei!
Hamm: Verfluchter Erzeuger!
Nagg: Meinen Brei!
Hamm: Ah! Keine Haltung mehr, die Alten! Fressen, fressen, sie denken nur ans Fressen ...

Nagg: Meinen Brei!
Hamm: Gib ihm seinen Brei.
Clov: Es gibt keinen Brei mehr.
Hamm: Es gibt keinen Brei mehr. Du wirst nie wieder Brei
         bekommen.[128]

Entrüstung über die Alten: »Keine Haltung mehr!« – darin ist
das verdrehte Echo zu hören, mit dem auch heute noch Alte
gern die zuchtlose, arbeitsunwillige, faule Jugend anklagen.
Nun fällt diese Anklage auf sie zurück. Überlebensgier als
letzte Lebensäußerung. »Meinen Brei!« Am Schluss gibt der
Sohn den Eltern einen Zwieback, den die zahnlosen Alten
nicht mehr kauen können und so ersticken. »Das Endspiel«
ist, so Theodor W. Adorno, »die wahre Gerontologie«. Die
Alten werden in die Mülltonne geworfen, wo sie die radikale
Logik des Marktes schon seit langem haben möchte. Die
glänzenden, teuren Pflegeheime und Seniorenresidenzen, die
in ganz Europa verteilt sind, sind im Grunde nichts anderes
als Mülltonnen, in denen organischer Abfall bis zum Ab-
transport aufbewahrt wird. Das wissenschaftliche Brimbo-
rium, mit dem sich Pflege neuerdings umgibt, kann doch
nicht darüber hinwegtäuschen, dass da ein neuer Zweig
der Entsorgungsindustrie aufblühen will. Je weiter wir uns
von der Diakonisse entfernen, die sich von Nächstenliebe
zur Tätigkeit veranlasst sah, und stattdessen in die Hände
einer qualitätskontrollierten, wissenschaftlich untermauer-
ten Pflege geraten, desto eher droht eine Industrie, die sich
mit der Entsorgung von veraltetem ›Humankapital‹ befasst.
Den guten Willen derer, die Pflege ›machen‹, und ihre Überlastung muss man damit nicht in Frage stellen. Aber die
Pflegenden geraten mehr und mehr in eine Maschinerie, die
den Blick darauf verstellt, dass organisierte und bezahlte
Pflege eben auch Ausdruck einer Lebenswelt ist, in der die
Alten entheimatet sind. Musterhaft dafür ist der Wandel bei
marktorientierten, dynamischen Beerdigungsunternehmen,

die neuerdings Sterbebegleitung, Beerdigung und Trauerbegleitung für die Hinterbliebenen im Paket anbieten. Zukunftsträchtig ist auch die Geschichte, die in der Feriensaison des Jahres 2003 berichtet wird: Eine 81-jährige Italienerin wurde von ihrer Familie ausgesetzt, weil die Kinder ungestört Ferien machen wollten. Polizisten fanden die hilflose Frau bei sengender Hitze auf der Straße im süditalienischen Caltanissetta. Ihre zwölf Kinder hatten sich nicht einigen können, wer für sie sorgt.[129]

Während hinter dem Rücken der Subjekte die Vermüllung des Alters längst auf die Tagesordnung gesetzt ist, leugnet eine laue und gedanklich unscharfe Geronto-Szene diese drohende Verwüstung des Alters. Da ist von erfolgreichem Altern die Rede – womit das Altwerden auf die Ebene des Prämiensparens oder der Börsenspekulation heruntergebracht ist. Unverfroren oder gedankenlos wird so das Altwerden mit dem Marktgeschehen und der Geschäftemacherei gleichgesetzt. Diese Gleichschaltung wird überzuckert mit schmusigen Reklamesprüchen, deren wirkliche Schreckens-Botschaft sich wie nebenbei enthüllt: »Es gilt, nicht nur dem Leben Jahre, sondern den Jahren Leben zu geben«, zitiert die ehemalige Familienministerin Ursula Lehr sich selbst.[130] Ein Spruch für das Poesiealbum, der wortspielerisch einen Tiefsinn vorgaukelt, der gar nicht da ist. Das, was der Satz versteckt sagt, ist doch, dass dem Leben, das eigentlich schon abgestorben ist, etwas eingehaucht werden soll, was die Illusion der Lebendigkeit hervorruft. Die Betriebsamkeit vieler Alter täuscht darüber hinweg, dass es immer schwerer wird, im Alter nicht wie erstarrte Lava zu werden. Und das liegt eben daran, dass die Lebenswelten, in denen Alte sich beheimaten konnten, absterben. Das legt sie fest auf die Rolle chronifizierter Alter: gut ausgestattete Vereinzelte, denen gar nichts anderes bleibt, als triumphierend ihre Zeit zu zählen, die sie eingeheimst haben: tot oder lebendig!

»In einer Gesellschaft, in der alles sich kaufen und verkaufen lässt, wo alles einen Preis hat, kann auch das Alter zu einer Ware wie jede andere werden. Wer sich nur einmal umschaut, das eigene Blickfeld ausdehnt bis in die Altersheime und Krankenhäuser oder bis in die kleinen Wohnungen der armen Leute, die einen alten Menschen zu Hause sitzen haben, der ständig überwacht und gepflegt werden muss, weil er keinen Augenblick allein gelassen werden darf, wird sofort erkennen, wie verlogen diese keineswegs uneigennützige, sondern aus Eigennutz schmeichelhafte Darstellung des Mottos ›Das Alter genießen‹ ist. Ein banaler Slogan, passend zur Gesellschaft der totalen Vermarktung, der an die Stelle des Lobliedes auf den ehrbaren und weisen Alten getreten ist.«[131]

Die Tschuktschen in Nordasien erwiesen den Alten große Ehrerbietung. Wenn sich aber die alten Leute den Schmerzen und Entbehrungen, die mit dem Alter verbunden sind, entziehen wollten, baten sie die Angehörigen, ihrem Leben durch einen Lanzenstich ein Ende zu machen. Das Opfer legt sich in ein Zelt, der Todesvollstrecker durchbohrt die Wand mit einer Lanze, deren Spitze der Todeskandidat mit der Hand an sein Herz führt. Ist dies getan, dann ruft er mit lauter Stimme: »akalpikalschel-magdle« (»töte schnell«). Der draußen stehende Mann schlägt daraufhin mit Kraft auf das Ende des hölzernen Lanzenschafts.[132] Wenn so der Sohn oder ein anderer Angehöriger seinem Vater die Speerspitze durch die Zeltwand ins Herz sticht, dann ist das keine bevölkerungspolitische Maßnahme. Es wird die Grenze sichtbar, die sich Menschen selbst oder gegenseitig setzen, Menschen, die sich in einer Lebenswelt befinden, deren Überlebensbedingungen hart sind. So hart und unerbittlich sind dann auch bisweilen die Konsequenzen. Es gibt keinen Anlass, diese Lebenswelt zu idyllisieren. Aber wir haben auch keinen Grund, uns an die Brust zu klopfen und uns unserer zivilisatorischen Überwindung solcher Zustände zu rühmen. Heute stößt der Sohn dem Vater nicht mehr die Speersitze ins Herz, sondern der Arzt verabreicht (in den Niederlanden, in Belgien) dem Hinfälligen den Medikamentenmix, und heute werden Pläne entworfen, den Alten die medizinisch möglichen Behandlungen versagen. Aus der Tötung »im Familienkreis« (oder in der Gruppe) wird ein Managementthema: Das Management von Bevölkerungsgruppen, die überflüssig, zu teuer oder »erlösungsbedürftig« werden. Da, wo aus Menschen Populationen werden, die in Graphiken gesichtslos zusammengefasst sind, taucht geradezu zwangsläufig die Idee auf, man müsse diese Populationen regulieren.[133]

Im Mai 2002 sollte die Wohnung eines 80-Jährigen Rentners in Wetzlar geräumt werden. Der Mann lebte seit einigen Jahren in dem Haus, das dem Spar- und Bauverein gehört. Es kam zu Problemen mit der Hausverwaltung, weil der alte Mann angeblich seine Wohnung verkommen ließ. Schließlich bekam er die Kündigung. Für die Zwangsräumung rückte ein Möbelwagen mit drei Packern an. Ein Gerichtsvollzieher und eine Mitarbeiterin der Wohnungsgesellschaft kamen dazu. In der Wohnung fanden die Packer Müllberge. Der 80-Jährige verhielt sich zunächst ruhig. Gegen 14 Uhr hatte der alte Mieter plötzlich zwei Faustfeuerwaffen in der Hand und richtete sie auf den Gerichtsvollzieher. Er schoss zweimal, traf aber niemanden. Zwei Möbelpacker und der Gerichtsvollzieher flohen, einer blieb in der Wohnung. Der 80-Jährige stand mit zwei Waffen vor seiner Wohnungstür. Kurz darauf waren fünfzig Polizeibeamte vor Ort. Acht schwer bewaffnete und vermummte Polizisten des Sonder-Einsatz-Kommandos bezogen Stellung rund um das Haus. Aufgrund der Sperrungen brach der innerstädtische Verkehr in Wetzlar zusammen. Man wolle eine Geiselnahme und eine Flucht verhindern. Um 16.50 Uhr ging der Rentner in seine Wohnung zurück. Der 80-Jährige betrat die Toilette und erschoss sich.[134] Der alte Mann habe – so ein Rechtsanwalt – keineswegs den Eindruck gemacht, betreuungsbedürftig zu sein. Er sei stark sehbehindert gewesen, aber durchaus sorgfältig

gekleidet. Angesichts der drohenden Zwangsräumung sagte
er: »Ich habe dadurch mein Gesicht verloren.«

Die Zahl der Selbsttötungen ist in keiner Gruppe in
Deutschland so groß wie bei den Alten. Einsamkeit, Krankheit, aber wohl vor allem das Empfinden, überflüssig zu
sein, muss man als Ursachen annehmen. Eine alte Frau in
Italien, eine Strickerin, die ihre einzige Freundin durch
Selbstmord verloren hat, sagt: »Ich schlafe, und wenn ich
nicht schlafe, weine ich. Ich möchte mir den Kopf an der
Wand einrennen. Ich bin 83 Jahre alt. Zu alt. Ich müsste
schon tot sein: Es hat sowieso niemand Interesse an mir,
kein Mensch auf der Welt weiß, dass ich existiere.« Eine
85-jährige Frau, die nach dem Tod ihres Mannes »zu leben
aufgehört hat«, erzählt: »Ich darf nicht anfangen zu weinen,
es ist alles so schrecklich ... Keiner kann sich vorstellen, wie
das ist, dieses Warten auf nichts. Es ist unvorstellbar. Ich
kann es nicht beschreiben. Ich muss immer gleich weinen ...
Unser Leben ist so, als ob es niemals stattgefunden hätte,
und ich bin dabei, langsam alles zu vergessen, und wenn ich
wirklich alles vergessen habe, werde ich sterben, und damit
ist dann Schluss.«[135]

Die Klagen über das Alter gehören zur Menschheitsge-
schichte dazu. Aber da ist etwas Neues, und darauf gilt es den
Blick zu lenken. An die Stelle des Einzelschicksals tritt eine
erst mit der Industriegesellschaft entstehende Gruppe, die
der Alten, eine soziale Menge, die durch bestimmte zählbare
Eigenschaften gekennzeichnet ist. Sie provoziert »Behandlung«, sie wird zum Gegenstand sozialer, ökonomischer, sta-
tistischer Überlegungen, sie wird zum »Problem«.

Am 1. Februar 1881 schreibt Friedrich Engels aus London
an Karl Kautsky: »Die abstrakte Möglichkeit, dass die Men-
schenzahl so groß wird, dass ihrer Vermehrung Schranken
gesetzt werden müssen, ist ja da. Sollte aber einmal die kom-
munistische Gesellschaft sich genötigt sehn, die Produktion
von Menschen ebenso zu regeln, wie sie die Produktion von

Dingen schon geregelt hat, so wird gerade sie und allein [sie] es sein, die dies ohne Schwierigkeiten ausführt.«[136]

Der reale Sozialismus hat unter Beweis gestellt, dass er die Regelung der Produktion von Dingen und die Regelung der Produktion von Menschen in Angriff genommen hat. Die stalinistische Ära hat in diese »Regelung« auch die massenhafte Vernichtung von Menschen einbezogen. Der Nationalsozialismus – das ist ein immer noch zu wenig beachtetes Phänomen – hat mit der systematischen Ausmerzung von Alten begonnen, die einfach deshalb, weil sie hinfällig waren, den Euthanasiegesetzen zum Opfer fielen.

Weichlicher Kult der Alten?

»Von vornherein muss das klar sein, dass es im Dritten Reich auch in der Fürsorge für die Alten keine Sentimentalitäten geben wird. Nicht jeder alte Mensch ist ein wertvoller Mensch. Gerade auch das Alter hat seine Sünden. Ein weichlicher, aus der Vergreisungsatmosphäre kommender Kult der Alten ist widernational.« So hat es der bayerische Ministerialrat und Gesundheitsdezernent Walther Schultze 1940 in einer Diskussion zum Euthanasiegesetz der Nationalsozialisten formuliert.[137]

Der herausragende Spezialist für Altenheimbau und Altenheimplanung war von dem Beginn der Weimarer Republik bis in die fünfziger Jahre der Bundesrepublik Deutschland ein gewisser Dr. Karl Mailänder. Auf einer großen nationalen Konferenz am 9. Juni 1939 in Stuttgart, die von Mailänder organisiert wurde, sollten die Grundprinzipien des Umgangs mit dem Alter im nationalsozialistischen Deutschland thematisiert werden. In seiner Begrüßungsansprache formulierte Mailänder: »In der nationalsozialistischen Gedankenwelt stehen das Starke und das Gesunde, das Jugendliche und das Fortschrittliche, der werdende Mensch im Vordergrund.«[138] Man müsse zwischen alten gesunden und alten kranken Personen unterscheiden.

Was das heißen sollte, wurde bald deutlich: In der Behin-
dertenanstalt Schloss Grafeneck wurden im Rahmen der T-4-
Aktion (Deckname für die beschlossene Euthanasie) 9 839
Menschen vergast. Friedrich von Bodelschwingh, Leiter der
Anstalten in Bethel, weigerte sich, die Meldebögen auszufül-
len, und schrieb zurück: »Es handelt sich um die planmäßige
Ausmerzung von geistig minderwertigen, geisteskranken und
altersschwachen Leuten.«[139] In einer »Denkschrift an Hitler«
vom 9. Juli 1940 formulierte der Leiter der Lobetaler Anstalten bei Berlin, Pastor Braune: »Wenn man bedenkt, dass in
dem offiziellen Merkblatt zur Ausfüllung der Meldebogen
auch die senilen Erkrankungen einbezogen sind, so ergibt
sich unzweideutig, dass auch jeder altgewordene Mensch,
der im Alter an irgendwelchen geistigen, vielleicht auch nur
körperlichen Leiden hoffnungslos erkrankt, dem gleichen
Schicksal (der Vernichtung R. G.) verfallen kann.«[140]
Der Kult des Starken führt im Nationalsozialismus dazu,
dass zunehmend zwischen würdigen und unwürdigen Alten
unterschieden wird. Noch einmal der bayerische Gesundheitsdezernent Walther Schultze: »Nur von gesunden Alten
können erzieherisch wertvolle Wirkungen ausgehen. Vom
alten Menschen, der in Siechtum und Verbitterung sich quält,
strahlt auf seelisch Haltlose Unfriede und Lähmung aus. Die
Bemühungen um Reinhaltung der Erbmasse körperlicher
und seelischer Kräfte schaffen ein Kapital, das wahrlich in
seinen späten Früchten nicht die magersten Zinsen trägt.«[141]
Der Kult des Starken mischt sich hier auf bemerkenswerte
Weise mit der Wahrnehmung des Menschen, der als Kapital
betrachtet wird, ein Kapital, das Zinsen trägt. Und wenn es
keine Zinsen trägt, dann sind die Konsequenzen zu ziehen.
Damit ist der Übergang in eine Marktgesellschaft vorbereitet,
die ihrerseits unverhohlen von Humankapital und Human-
ressource redet. Die Nationalsozialisten haben das Tabu des
Alters gebrochen. Auf den ersten Blick könnte es so aussehen,
als hätten sie an die Praxis einfacher (»primitiver«) Gesell-

schaften angeknüpft, in denen die Alten manchmal in den Tod geschickt wurden. Tatsächlich entsteht hier eine völlig neue Betrachtungsweise. Der Mensch wird verrohstofflicht: Guter Rohstoff wird von der gesellschaftlichen Schlacke getrennt. Es ist die Nahtstelle, an der aus »dem Alten« die Kohorte »der Alten« wird. Hier bricht eine Betrachtungsweise auf, die aus dem einzelnen Geschick eine soziale Gruppe werden lässt, die bestimmte Merkmale aufweist und die verwaltendes Handeln auf sich zieht. So wie »die Alten« zum Adressaten von Fürsorge werden, können sie eben auch zum Adressaten von Vernichtung werden.

Huaping heißen die jungen Chinesinnen in roten Mänteln, die entlang der neuen Transrapidstrecke stehen, die am 31. Mai 2002 vom deutschen Bundeskanzler Gerhard Schröder und Chinas Premier Zhu Rongji eingeweiht wird. Huaping heißt ›Blumenvasen‹, weil die Mädchen nur anwesend sein müssen und hübsch aussehen sollen. Sie sind ideale Repräsentanten der Bevölkerung, die so den Zug mit seinen 420 Stundenkilometern vorbeirasen sieht. Huaping – das kann als Symbol für den zum Statisten gewordenen modernen Bürger gelten, der sich auf seine Rolle als Bevölkerung reduziert sieht.[142] Er wird zusammengefasst, um antlitzlos im Nirwana der Dateien, Zahlenkolonnen und Statistiken zu verschwinden. Als gleichgeschaltetes Partikel – als Informations-Huaping – kann er dann in Enquêten, Regierungserklärungen und Statistischen Jahrbüchern wiederauferstehen, um stumm einem Argument zu dienen und zuzuwinken – wie die rot bemantelten Huaping in Schanghai.

P. – die Abkürzung für *population* – ist für Statistiken und Statistiker ein immer wichtiger gewordener Faktor. Es ist ein ziemlich neuer Einfall, Menschen in Linien-, Säulen- und Kurvendiagrammen zusammenzufassen. Aber heute haben wir uns daran gewöhnt und verstehen sogleich, was gemeint ist, wenn von Alterspopulation oder Jugendkohorten die Rede ist. P. tritt uns meistens in Drohszenarien entgegen, die uns P. als so gefährlich erscheinen lassen wie das Ozonloch oder die globale Erwärmung. Wenn von P. die Rede ist, dann denken wir an die Bevölkerungsexplosion in der Dritten Welt oder an die Überalterung reicher Gesellschaften, die unsere Sozialsysteme erschüttert. Daraus wird dann die nächste Drohung abgeleitet: »Im Jahre 2050 werden zwei Erwerbstätige eine Rente finanzieren müssen.« Oder: »Die Zahl der Pflegebedürftigen wird von jetzt 1,5 Millionen bis 2040 auf 2,9 Millionen anwachsen.« Es wurde schon darauf hingewiesen, dass die Drohungen, die einen Zusammenbruch beschwören, in einem der reichsten Länder der Welt merkwürdig anmuten. Manchmal denkt man, es handelt sich um den Kater nach einem jahrzehntelangen Versorgungsrausch. Der IG-Bau Vorsitzende Klaus Wiesehügel hat im Dezember 2002 vorgeschlagen, die Höchstrenten künftig bei 2250,– Euro im Monat zu deckeln.[143] Wer wagt es, bei der von Wiesehügel vorgeschlagenen Deckelung aufzuschreien? Was uns erschrecken muss, ist, dass die Alten erst gleichgeschaltet und in eine – bedrohliche – Population gepackt werden und ihnen dann qua Deckelung ein Korsett verpasst wird. Das ist die Entmündigung, die mit der Integration der Alten in eine »Teilpopulation« einhergeht und die Betroffenen zu hilflosen Objekten macht. Sie werden zu einer sozialpolitischen Managementgröße. Diese Betrachtungsweise ist es, die uns zu denken geben muss und die nach einer Befreiung aus den Banden einer erstickenden staatlichen Daseinsfürsorge verlangt.

»Deutschland hat eine jährliche Bevölkerungszunahme von nahezu neunhunderttausend Seelen. Die Schwierigkeit der Ernährung dieser Armee von neuen Staatsbürgern muss von Jahr zu Jahr größer werden und einmal mit einer Katastrophe enden, falls eben nicht Mittel und Wege gefunden werden, noch rechtzeitig der Gefahr dieser Hungerverelendung vorzubeugen.« Hier wird nicht mit der Altenlawine, sondern mit der Armee von Kindern gedroht. Das

Szenario ist Adolf Hitlers »Mein Kampf« entnommen und diese Argumente dienten bekanntlich der Rechtfertigung einer gewalttätigen Expansion des Deutschen Reiches ebenso wie dem Vorhaben, »Volksschädlinge« und »nutzlose Esser« auszurotten.[144] Wer »Bevölkerung« sagt, bereitet die Ordnung der so gepferchten Menschen vor – und diese Ordnungsabsicht kann von Management bis Mord reichen. Die Menschen, die zur Bevölkerung – zu P. – werden, mutieren zu einer Menge, die ihre Verwaltung herausfordert. P. kann zu groß sein (Überbevölkerung), P. kann zu klein sein (Entvölkerung). P. kann entwickelt werden, begrenzt oder kontrolliert. Heute – so wird uns gesagt – schließt P./Deutschland zu viele Alte und zu wenig Junge ein. Und deswegen muss man eben »deckeln«. Was für ein Wort! Der Begriff der Deckelung ist deswegen so aufschlussreich, weil er den Verzicht auf inhaltliche Orientierungen anzeigt. Ein schlichtes, von Panik getriebenes »Deckel drauf!« ersetzt eine humanitäre Programmatik. »Inflationäre Erwartungen« werden gekappt, »notwendige Schnitte ins soziale Netz« werden angekündigt – als wäre die Republik ein Metzgerladen, in dem es dazugehört, dass das Blut spritzt (so hat es der ehemalige CDU-Generalsekretär Heiner Geißler schön formuliert). »Hohe Lohnnebenkosten müssen gedrückt werden«, damit der Wirtschaftsstandort Deutschland attraktiv bleibt. Die alten inhaltlichen Akzentuierungen der Parteien – sozialistisch, christlich, ökologisch, liberal – verblassen. Man schämt sich geradezu dieser peinlichen Erinnerungen und trifft sich stattdessen zum gemeinsamen Deckeldrücken. Was unter dem Deckel passiert, ist eigentlich egal, Hauptsache es gelingt, den Deckel draufzuhalten. Im Innern des Topfes wird heute eher abgekocht, und das kraftvolle Gesetz des Stärkeren bringt – so wird triumphierend festgestellt – das Sozialstaatsgewäsch zum Verschwinden.

Die Arbeitsgesellschaft geht – aber ihre Imperative bleiben

Heute befinden wir uns in einer Situation, in der die alt gewordene Industriegesellschaft von einer globalisierten Marktgesellschaft abgelöst wird. Das ändert den Blick auf die Alten. In der Industriegesellschaft waren sie abgearbeitete Wesen, denen gesellschaftlich eine Art Gnadenbrot zugestanden wurde. In den Kohlegruben, Hunderte Meter tief – so erzählt Elias Canetti –, zogen die Pferde von Koplowitz die Kippwagen mit Kohle gefüllt zu den Förderkörben. In diesen Förderkörben wurden die jungen Pferde unter die Erde hinuntergelassen und kamen ans Tageslicht, wenn sie alt oder arbeitsunfähig waren. Von der plötzlichen Helligkeit erschreckt, schrien sie, manche erblindeten.[145] Wie Canettis Pferde erblindeten auch manche Arbeiter nach dem Ende ihrer Tätigkeit – will sagen, sie starben am Pensionierungsschock. Oder wenn sie Glück hatten, führten sie ein bescheidenes Leben in einer Arbeitersiedlung, wie es sie im Ruhrgebiet gibt, in der ein eigenes Milieu herausgebildet werden konnte. Zu Recht konnte da von wohlverdientem Ruhestand die Rede sein.

Das Ende der Arbeitsgesellschaft indessen wirft heute seine Schatten auch auf die Älteren. Die alten Männer haben in ihrer Mehrzahl eine kontinuierliche Berufsbiographie hinter sich. Die jüngeren Alten sind vielfach vorzeitig aus dem Berufsleben geschoben worden, und die Jüngeren ahnen, dass sie werden arbeiten müssen bis zum Umfallen, weil ihre Renten eher den Charakter einer Grundversorgung bekommen. Was passiert da?

»Wenn das Beste runter ist, muss das Beste drauf«, lautet die Devise manch alter Dame, die daraufhin durch Edelboutiquen streift. Wenn sie es sich leisten kann. Alternde Industriegesellschaften sind da nicht anders. Auch sie suchen nach neuen Kleidern, in die sie sich gewanden können, um noch attraktiv zu wirken. Mal probieren sie es mit dem Modell »Informationsgesellschaft«, oder sie greifen nach dem vielversprechenden Markenfabrikat ›High-Tech-Society‹. Auch die ›Dienstleistungsgesellschaft‹ und die ›Wissensgesellschaft‹ werden gern mit in die Umkleidekabine genommen. Nichts aber lässt sich daran ändern, dass die alternde Industriegesellschaft ein faltiges Gesicht bekommen hat, dass sie mit Cellulitis kämpft und das faule Fett an den Hüften hängt.

Leben mit der Lüge: So wie alternde Filmstars gern ein falsches Geburtsjahr angeben, so behaupten alternde Industriegesellschaften gern, dass sie über kurz oder lang wieder in der Blüte der Vollbeschäftigung stehen werden. Das hängt natürlich damit zusammen, dass die Idee der Arbeit die Sprungfeder der Industriegesellschaft ist. Ihren Erfolg verdankt sie der massenhaften Verbreitung der Lohnarbeit. Die Verpflichtung auf Arbeit hat diese Gesellschaft zum bestimmenden Charakterzug derer gemacht, die in ihr leben. Dem mittelalterlichen Menschen war der Imperativ, der zur Lohnarbeit zwingt, fremd. Symbolisch für das, was dann kommen sollte, war die Tretmühle im Amsterdamer Arbeitshaus an der Schwelle zur Neuzeit. Wer nicht arbeiten wollte, wurde in diese Tretmühle, die im Keller stand, gesperrt, dann wurde der Keller geflutet, und überleben konnte nur, wer das Wasser durch ständiges Antreiben der Tretmühle aus dem Keller zu pumpen imstande war. So wird die Arbeitsidee in die Charakterstrukturen der Menschen eingedrückt, und die Menschen lernen, regelmäßig Arbeitskraft abzusondern.

Heute geht – wie erwähnt – der Industriegesellschaft die Arbeit aus. Jene Betriebe, die einmal Vollbeschäftigung garantiert haben, sind verschwunden oder minimiert: Textil-, Stahl-, Bergbauindustrie. Andere traditionelle Bereiche der Massenbeschäftigung befinden sich in einem Prozess der Automatisierung und Rationalisierung, sodass auch dort lebendige Arbeit immer weniger nachgefragt wird. Der Mensch verschwindet aus der Arbeitswelt wie das Pferd aus der Landwirtschaft, hat der Nobelpreisträger für Ökonomie Wassily

Leontief gesagt. Trotzig besteht aber die alternde Industriegesellschaft auf ihrer Lebenslüge. Sie behauptet immer noch,
Massenarbeitslosigkeit sei ein vorübergehendes Phänomen,
der nächste Aufschwung komme bestimmt, oder es würden
bald massenhaft Dienstleistungen nachgefragt. Tatsächlich
rechnen Experten damit, dass Produktion und Dienstleis-
tung, die beide auf immer weniger lebendige Arbeitskraft
angewiesen sind, höchstens zwanzig Prozent der Arbeitsfähigen – weltweit, aber auch in Deutschland – benötigen
wird.[146] Der Rest ist überflüssig. »Wohl noch nie fühlten sich
so viele Menschen gleichzeitig so überflüssig wie heute«, sagt
Carl Amery.[147] Die Produktivität pro Arbeitsplatz steigt, ein
einziger Arbeitsplatz kostet jetzt schon oft Millionen Euro.
Ein Schweizer Manager hat bekräftigt, dass achtzig Prozent
der Menschen keine Chance auf einen solchen Millionenjob
haben, und hat diese überflüssige Mehrheit als »Wohlstands-
müll« bezeichnet.[148]

Massenarbeitslosigkeit ist kein vorübergehendes Phänomen, wir stolpern stattdessen in eine Vierviertelgesellschaft:
Darin hat dann ein Viertel der jungen Menschen noch eine
den Tag ausfüllende Beschäftigung, ein Viertel wird eine
Teilzeitbeschäftigung ergattern, ein Viertel wird sich mit
Gelegenheitsjobs über Wasser halten und ein Viertel wird
ohne Aussicht auf einen Arbeitsplatz leben. Und das ist eine
optimistische Prognose. Wenn jetzt die Industriegesellschaft
von der Bühne abtritt, dann reißt sie die Idee der Arbeitsgesellschaft mit sich ins Vergessen.

Statt dass sich die Bewohner der greisen Arbeitsgesellschaft
aber fragen, wie es nun weitergehen soll, wenn ihr zentraler
Mythos verdorrt, halten sie an der Arbeitsidee krampfhaft
fest. Versprochen wird immer noch Arbeit für alle, obwohl
immer weniger Arbeit da ist. Notfalls ist eben die Ich-AG selber schuld. Die Schulen sind das Zentrum dieser Lebenslüge
geworden, weil dort angeblich auf die Berufswelt vorbereitet
wird. Anstatt einzugestehen, dass sehr viele diese Arbeitswelt

gar nicht betreten werden – vielleicht ist dies die übelste Lüge im Generationenkonflikt. Mag sein, dass viele Ältere noch glauben, dass die Arbeitsgesellschaft wiederkehrt, aber die politischen, ökonomischen und wissenschaftlichen Eliten könnten es besser wissen und müssen sich fragen lassen, warum sie Illusionen streuen, statt nach Auswegen zu suchen. Warum setzt sich die Schule heute nicht endlich andere Ziele? Warum macht sie das Leben in einer Welt nach der Arbeitsgesellschaft nicht zum Thema? Warum existiert sie nur für die, denen ein Eintritt in die Berufswelt gelingt, während die anderen im Unterrichtsplan nicht vorkommen?

Ähnlich ergeht es den älteren Arbeitnehmern. Sie werden nicht mehr gebraucht, und dennoch wird so getan, als müsse man sich nur ein paar gute Strategien einfallen lassen und schon würden sich die älteren Arbeitnehmer wieder in die Arbeitswelt einfügen lassen. Arbeitgeberverbände, Gewerkschaften und Bildungseinrichtungen richten Kurse zur Wiedereingliederung ein, und doch sind das nur Verschiebebahnhöfe, auf denen als Fahrtziel Illusionen ausgerufen werden.

Warum diese Lügen und Illusionen? Wahrscheinlich fürchtet man vor allem die Leere. Dreihundert Jahre sind die Menschen daran gewöhnt worden, die Idee der Arbeit als zentralen Sinnstifter zu akzeptieren. Im Augenblick fällt aber nicht nur die Familie auseinander, sondern die biographische Orientierung der Menschen – die wesentlich aus der Arbeit bezogen wurde – droht zu zerbröckeln. Familie und Arbeit waren die Gehäuse , in denen die Menschen gelernt hatten, sich sicher zu fühlen. Nun droht der Sturm der neuen Zeiten, das Dach von diesem Gehäuse abzureißen. Gefürchtet wird so etwas wie eine metaphysische Obdachlosigkeit. Deswegen wird krampfhaft an der Idee der Arbeit festgehalten. Sie schafft die Illusion eines Lebenssinns, der aber längst von Leichenstarre überzogen ist. Tatsächlich sind es immer weniger Menschen, die wirklich in die Lohnarbeit eingebunden sind. Nur noch 40 Prozent der Einkommen in Deutschland entstammen der Lohnarbeit. Erbe, Renten, Sozialhilfe, Bafög, Arbeits-Beschaffungs-Maßnahmen, Umschulungen sind an die Stelle getreten. Die (Lohn-)Arbeitenden sind in der Minderheit, die Arbeitslosen (Rentner, Pensionäre, Aktienbesitzer, Schüler und Studierende, Sozialhilfeempfänger) bilden längst die Mehrheit.[149]

Das ist ein Skandal: Arbeitslosen Jugendlichen und entlassenen Älteren wird auferlegt, sich als defizitär zu erleben. Sie führen eine fröstelnde Schattenexistenz als Loser, während die Sonne der Arbeitsgesellschaft die Winner erwärmt. Sie müssen nicht nur mit bescheidenen Mitteln auskommen, sondern sie werden obendrein noch bemitleidet oder verachtet. Es fehlt ihnen angeblich etwas, obwohl dieses Etwas gar nicht zur Verfügung steht. Mit Schaum vor dem Mund wird von den Neoliberalen aller Couleur verkündet, dass der Sozialstaat abgebaut werden müsse, dass Sozialhilfe zu kürzen sei, damit die Faulenzer endlich Arbeit annehmen und die Lohnnebenkosten sinken. Notfalls sollen sie Laub kehren in öffentlichen Grünanlagen. Das wird das Problem nicht lösen, irgendwann sind bei Millionen von Arbeitslosen alle öffentlichen Grünanlagen pieksauber. Und dann? Im Grunde hilft da nur die Wiedereinführung der Tretmühle: Die Wiedererfindung sinnloser Tätigkeiten, damit das Prinzip der Arbeit – längst morsch geworden – aufrechterhalten wird. Also her mit der Tretmühle. Die Scheinfirmen, die es zunehmend gibt, in denen Arbeitlose für einen Arbeitsplatz trainiert werden, den sie dann doch nicht bekommen – das ist nichts anderes als die Amsterdamer Tretmühle in Papierform. Nun geht es allerdings heute nicht mehr – wie seinerzeit in Amsterdam – darum, die Arbeitsimperative in die Menschen einzupflanzen, sondern jetzt geht es darum, sie in ihnen aufrechtzuerhalten. Im Grunde ist das schlimmer als die Tretmühle. Die diente immerhin der aufkommenden Industriegesellschaft, die ja zumindest Wohlstand für viele gebracht hat. Jetzt wird eigentlich nur noch eine Fiktion gestützt.

Die jungen und die älteren Menschen, die von der Arbeit ausgeschlossen sind, stehen vor zwei Problemen. Einerseits sind sie von der zentralen Sinnressource der Gesellschaft ausgeschlossen, andererseits haben sie kein oder wenig Geld. Statt dass wir weiterhin mit der Lebenslüge der alt gewordenen Industriegesellschaft herumfuchteln (»... bald werdet ihr wieder in die Arbeitswelt eingegliedert sein«), gälte es, die zwei Probleme anders zu sehen. Einerseits müsste ein Denkprozess beginnen, der nach einer sinnvollen Gestaltung des Lebens für alle sucht, die aus der Arbeitsgesellschaft ausgeschlossen sind. Andererseits müsste darüber nachgedacht werden, wie alle diejenigen, die keinen Zugang zum Arbeitsmarkt finden, leben können. Wovon sollen sie Kleidung, Essen, Wohnen etc. bezahlen?

Diese Gesellschaft ist reich genug, um eine Grundversorgung für alle von der Arbeit Ausgeschlossenen zu bezahlen. Wahrscheinlich würde das sogar billiger als die aufwendige Verwaltung der Arbeitslosen und Sozialhilfeempfänger. Es ist aber fraglich, ob die Grundversorgung durchsetzbar wäre, ob es vernünftig wäre, sie durchzusetzen, und ob sie von den Betroffenen akzeptiert würde. Was bedeutet es, wenn man mehr als die Hälfte der arbeitsfähigen Bevölkerung zwischen achtzehn und achtzig quasi pensioniert – auf finanziell niedrigem Niveau zwar, aber immerhin? Werden die Arbeitenden wüten, während die Jungpensionäre in Depressionen verfallen? Statt in Scheinfirmen, Arbeitsbeschaffungsmaßnahmen oder Umschulungen die Fiktion der Arbeitsgesellschaft aufrechtzuerhalten, könnten sie einen Neuanfang wagen. Ist das paradiesisch oder höllisch? Millionen, die endlich – wenn auch auf niedrigem Niveau – sorgenfrei machen können, was sie wollen? Oder: Millionen, die auf eine konsumtive Existenz zurückgeschnitten sind und die zwischen Junk-Food und Vorabendserien verstumpfen oder infantilisieren? Sind sie endlich befreit von der Lohnsklaverei oder würde sich die High-Gesellschaft da eine Helotenklasse halten, der Tag für Tag durch die Grundversorgung mitgeteilt würde, dass sie überflüssig ist, dass sie nicht gebraucht wird? Dass es egal ist, ob sie lebt oder nicht, ob sie verkümmert oder nicht? Schafft die moderne Gesellschaft mit der Grundversorgung ihre Opiumhöhlen, in denen die nicht gebrauchten Versorgungsempfänger dahindämmern können, ohne zu stören?

Die Grundversorgung wird aber ohnehin an neoliberalen Stimmen scheitern, die das Heer der Überflüssigen und Loser als Warnung an die präsent haben möchte, die einen Arbeitsplatz ergattert haben und die man züchtigen und disziplinieren kann mit dem Hinweis auf das Schicksal derer, die nicht im Boot sind. Die Lebenslüge der Arbeitsgesellschaft wird insofern offenbar aus geradezu pädagogischen Gründen aufrechterhalten. Die Zahl derer, die im bisherigen Sinne des Wortes »arbeiten«, wird sich weiter verringern – aber sie werden die Definitionsmacht (noch) behalten. Sie werden sich im Boot sehen und alle anderen als Ertrinkende betrachten, die man retten muss. Es sei denn, das Boot ist voll. Wird sich das umkehren? Wann wird sichtbar, dass die, die da im Boot sind, tatsächlich Galeerensklaven sind, während die Ausgebooteten die Möglichkeit haben, sich an den Strand zu retten, dort zu liegen und ihr Leben zu genießen? Wann wird aus der Kränkung, die heute Arbeitslosigkeit darstellt, eine Ahnung von Befreiung? Wenn der Götze »Arbeit« zu wanken beginnt, dann kann ein neues Nachdenken einsetzen.

Es ist wie in der bekannten Geschichte vom Fischer, der in der Sonne am Strand liegt. Gerade hat er einen großen Fisch gefangen, mit dem er seine Familie ernähren kann. Da kommt der Entwicklungsexperte und bietet ihm ein Motorboot an. Und dann?, fragt der Fischer. Dann kannst du weiter hinausfahren und mehr Fische fangen. Und dann? Dann kannst du die Fische auf dem Markt verkaufen. Und dann? Dann hast du Geld und kannst dir ein größeres Boot kaufen und noch mehr Fische fangen. Und dann? Hast du noch mehr Geld.

Und dann? Dann kannst du Leute anstellen, die für dich auf das Meer fahren und fischen. Und dann? Dann kannst du dich am Strand in die Sonne legen. Ja, antwortet der Fischer: Aber das tue ich doch jetzt schon.

Das Ende der Arbeitsgesellschaft zwingt zum Nachdenken über unsere Lebensentwürfe. Solange Penthouse-Apartment, Designerklamotten, Fernreisen und Cabriolets die Positionsleuchten des Lebens sind, so lange wird es schmerzlich sein, wenn junge und ältere Arbeitnehmer aus dem Berufsleben ausgeschlossen sind. Wenn das Ende des Arbeitslebens aber begriffen werden kann als das Ende der Lohnsklaverei, dann könnte die neue Freiheit auch anders gestaltet werden. Schluss mit dem Gejammer darüber, dass man sein Leben nicht in einem Betonkästchen mit Gummibaum, Akten und Teepause verbringen darf. Anfang des Eigenlebens. Warum nicht Eigenarbeit, mit der man sich bis zu einem gewissen Grad aus der konsumistischen Abhängigkeit befreien kann? Was spricht gegen den Spaten für den Garten, die Nähmaschine für Kleidung, das Fahrrad für den Transport? Unendlich viel von dem, was wir zu brauchen meinen, hindert den Zugang zum richtigen Leben, wie alle ahnen. Für die Zeit nach der Arbeits- und Konsumgesellschaft brauchen wir freilich erst einmal eine Entziehungskur. Weniger Wachstum, weniger Verbrauch – dafür mehr Leben.

Heute wirkt das Wort von der Eigenarbeit noch vorwiegend lächerlich, romantisierend, nostalgisch, kulturpessimistisch. Wer von Eigenarbeit oder Subsistenz redet, wird mit allerlei verbalem Dreck beworfen. Es ist in der Tat ein David, der einem Goliath gegenübersteht, der mit seinen rationalisierten und menschenleeren Produktionsstätten alles überragt. Aber die aus den automatisierten Fabrikhallen als überflüssig Vertriebenen stehen vor der Wahl: Ich unterwerfe mich der Verwerfung oder ich fange etwas an, was außerhalb der Produktions-Konsumtions-Maschine stattfindet. Es gibt ein Leben neben der Lohnarbeit.

Das könnte dann auf lange Sicht ein großes Gelächter geben: Wenn die allgemeine Verpflichtung auf den Gott der Arbeit nicht mehr gelingt, weil an den Gott nicht mehr geglaubt wird. Es würde Arbeitgeber und Gewerkschaftler irgendwie alt aussehen lassen. Wenn die Überflüssigen sich auf die Socken gemacht hätten, um ein Leben außerhalb der Lohnarbeit und außerhalb der Geldökonomie zu versuchen.

Altersmilieu

Traditionelle Altersmilieus sind dem Sturm der Modernisierung weitgehend zum Opfer gefallen. Mit dem Verschwinden der Arbeitsgesellschaft bricht auch der Boden weg, der über die Generationen hinweg in den letzten dreihundert Jahren eine Gemeinsamkeit geschaffen hatte, die Gemeinsamkeit der Verpflichtung auf die Idee der Arbeit. Wenn man – wie grob auch immer – die Generationen, die jetzt für unseren Blick unterscheidbar sind, anschaut, sieht man wie diese Gemeinsamkeit der Welt- und Sinnerfahrung allmählich bröckelt. Das ist ein Umbruch, den man mit dem der Französischen Revolution von 1789 wohl in seiner Bedeutung gleichsetzen darf.

Grob, wie gesagt, aber doch erkennbar, sind jetzt drei Generationsgruppen innerhalb der Älteren zu unterscheiden: die Aufbaugeneration, jetzt über 75, die einen wichtigen Teil ihres Lebens vor 1945 gelebt hat und sich als diejenige Generation sieht, die Deutschland wieder aufgebaut hat – sei es im Osten, sei es im Westen; die Wohlstandsgeneration, deren Grunderfahrung das Wachstum von allem und jedem ist. Und die Generation Einbruch, der mit Vehemenz deutlich wird, dass erzwungener Vorruhestand, Arbeitslosigkeit, zerbrechende Familien und Patchwork-Biographien zum Normalzustand geworden sind.

– *Die Aufbaugeneration* (Jahrgänge vor 1930). Die Hochaltrigen setzen ja in Erstaunen. Sie haben den Hunger des

Ersten Weltkriegs und die Wirren danach erlebt, die Wirtschaftskrise der Weimarer Zeit und den Faschismus, viele hatten nach 1945 alles verloren, haben gehungert. Man sollte gebrochene und kränkliche Existenzen erwarten. Es ist merkwürdig anders. Manchmal könnte man, wenn man in eins der verhärteten Männergesichter schaut, denken, dass sie nicht sterben können, weil sie sich vor der Hölle fürchten. Viele von ihnen leben ohne Zweifel, sie sind in ihren Anschauungen selbstgewiss zu Hause. Über den Faschismus und ihren eigenen Anteil daran wollten die meisten niemals reden. »Wir haben mit einer Tasse angefangen, wir haben es richtig gemacht, wir haben alles für euch getan.« Das Letzte stimmt ja in vielen Fällen. Sie haben in ihrer Gesamtheit für ihre Kinder gelebt. Sie haben sich nichts gegönnt, damit die Kinder es einmal besser haben. Sie konnten davon ausgehen, dass sie für diese Opfer entschädigt werden würden – im Alter würden sie von ihren Kindern versorgt werden. In den meisten Fällen hat sich das als eine Illusion herausgestellt. An die Stelle der persönlichen Versorgung durch die Kinder ist eine staatliche Daseinsfürsorge getreten, mit guten Renten und sicherer Gesundheitsversorgung. Vor den Augen dieser Generation ist das Goldene Zeitalter der Kleinfamilie zu Ende gegangen und eine Flicken-Familie entstanden, in der sie im Zweifelsfall keine Zuflucht finden. So ist der Aufbaugeneration die soziale Basis weggebrochen, die Hütte, in der sie im Alter Zuflucht suchen wollten, weggeweht.

– *Die Wohlstandsgeneration* (Jahrgänge 1930–60). Die Anzeichen für eine grundlegende Veränderung waren früh erkennbar, sind aber lange ignoriert worden. Bereits 1950 schreibt Walther von Hollander in einem Buch, das mehr als hunderttausendmal verkauft wurde: »Im Jahre 1910 waren von hundert Leuten sechzig unter dreißig. 1933 waren es nur noch neunundvierzig. 1950 war jeder zehnte über sechzig. Der Bevölkerungsstatistiker, der diese Zahlen vorlegt, hat das Recht, seine Sorgen mit vorzulegen ... Er kann zu dem

Ergebnis kommen, dass wir einem sehr schnellen Vergrei-
sungsprozess ausgesetzt sind ... Wenn nämlich die Menschen genauso schnell altern, wie sie bisher alterten, dann
könnte bei immer zunehmendem Lebensalter sehr bald eine
Überzahl von Greisen hilfsbedürftig und hilfeheischend auf
einer Minderzahl von kräftigen jungen Menschen lasten.«[150]
Hollander meint, dass die Menschen später »alt« werden und
dass sich damit innergesellschaftlich die Gewichte von den
Unreifen zu den Reifen verschieben würden. Mit Renten
und Pensionen, mit wieder und wieder verlängerten Ausbil-
dungszeiten für die Jungen werde das Problem nicht zu lösen
sein – so konnte schon 1957 gesagt werden. Die Probleme
seien nur durch eine neue Wirtschaftsanschauung zu lösen,
»durch eine Entthronung des Geldes und durch eine Verschiebung des Gewichts wirtschaftlicher Fragen vom Zentrum des Lebens an die Peripherie«.[151] Aber die Generationen,
die um das Ende des Zweiten Weltkrieges herum geboren
worden sind, sind die Bürger und Bürgerinnen einer Wohl-
stands- und Wachstumsgesellschaft geworden. Der Staat
wurde für sie zugleich Beschäftigungsmaschine und Versiche-
rungsagentur. Die 68er sind – wie es der Sozialwissenschaftler
Bude gesagt hat – die letzte heiße Kriegsgeneration und die
erste coole Sozialstaatsgeneration.
– *Die Generation Einbruch* (Jahrgänge, die nach 1960 geboren
sind). Nichts scheint für diese Generation mehr so zu sein,
wie es war. Familienzusammenhänge werden als brüchig
erfahren, Arbeitsbiographien verlieren ihre Selbstverständ-
lichkeit, und die soziale Sicherheit bekommt Risse. Sie können im Durchschnitt nicht mehr mit hohen Renten rechnen,
nicht mit dem Zugang zu allen medizinischen Möglichkeiten, ihre Familien sind geschrumpft oder wie ein Flicken-
teppich zusammengesetzt. Der Imperativ der Flexibilisierung, der die globalisierte Welt durchherrscht, wirkt sich in
ihrem Alltag aus. Sie können sich rühmen, kaum noch durch
Traditionen irgendeiner Art eingezwängt zu sein, aber sie

genießen eine Freiheit inmitten einer Trümmerlandschaft. Der Wind kalter gesellschaftlicher Verhältnisse pfeift durch die Ritzen. Sie leben in einer Gesellschaft, die durch ihre Beschleunigungssucht charakterisiert ist, die den Individuen unablässig mitteilt, dass sie zu langsam sind. Geht es nicht schneller? »Von dem Menschenrecht, im Alter immer dümmer und fauler zu werden, dürften wohl auch wir Gebrauch machen«, hat Albert Einstein gesagt. Die Generation Einbruch ist von dieser Betrachtungsweise Lichtjahre entfernt. Auf sie überträgt sich die unablässige Forderung, so fit und so jugendlich wie möglich zu bleiben, um mit schnell sich wandelnden und unübersichtlichen Verhältnissen zurechtzukommen.

Für alle diese Menschen beantwortet sich die Frage nach Sinn auf unterschiedliche Weise. Für die sehr Alten ist »Sinn« am ehesten noch etwas gewesen, was man vorgefunden hat und was unbefragt blieb. Ein biographisches Gehäuse, in das sich jeder Ordentliche fügte. Die Pfeiler dieses Milieus waren – wie gesagt – Arbeit und Familie. Wenn man sagen kann, dass an die Stelle dieser fest gemauerten Pfeiler heute die Aufforderung zur Beschleunigung, zur Modernisierung und zur Flexibilität getreten ist, dann ist schon klar, dass »Sinn« selbst den Charakter des Festen und Greifbaren verloren hat und sich verflüssigt, wenn er nicht überhaupt verschwindet. Aber man muss sich auch fragen, ob diese den Menschen bestimmenden neuen Anforderungen (Beschleunigung, Modernisierung, Flexibilität) noch mit dem Begriff »Sinn« begabt werden können. Sie bezeichnen ja Prozesse, die keinerlei inhaltliche Prägung haben. Flexibel kann man die Praktiken eines ausbeuterischen Welthandels betreiben, modernisieren kann man Folter und Krieg, beschleunigen kann man auch die Zerstörung der Umwelt. Die Frage nach dem Sinn im Alter beantwortet sich – so scheint es – entweder blasphemisch oder gar nicht: Geht es darum, sich dem Altwerden erfolgreich zu entziehen, sich in die Konkurrenz um Jugend-

lichkeit zu stürzen, Erlebnisse einzuheimsen? Dann wäre
»Sinn« zu einem toten Briefkasten verkommen: In Wirklich-
keit werden da Pirouetten um das Ego gedreht – Wahn der
Selbstverwirklichung.

Vielleicht liegt Sinn zunächst einmal darin, dass die Alten
zur Kenntnis nehmen, dass sie mehr oder weniger offen zu
Überflüssigen erklärt werden. »Das Unfassbarste waren für
mich Leute, die niemand braucht. Es gibt sie, es hat sie
immer gegeben und ich bin nie darüber hinweggekommen«,
hat Elias Canetti gesagt.[152] Vielleicht muss man das umdre-
hen. Man muss sich loskoppeln vom Beschleunigungs-,
Modernisierungs- und Flexibilitätswahn. Eine Stunde Null
bricht an, in der die Suche nach der Weisheit anfängt, die
den Alten jetzt abgesprochen wird. Es muss daran erinnert
werden, dass »Sinn« etwas mit den »Sinnen« zu tun hat, also
mit dem, was ich schmecken, fühlen, riechen, ertasten kann.
Das heißt: Man müsste eine anstrengende und zugleich
befreiende Gegen-Stellung zur schlicht-schlechten Wirklichkeit einnehmen.

Zum Beispiel: In einer Welt des Konsums Genügsamkeit
ausprobieren. In einer Welt des Versicherungswahns sorglos
in die Zukunft vertrauen. In einer Welt des Medienbom-
bardements Erzählungen anbieten. In einer Welt des elektronischen Lärms sich als Zuhörer für Menschen querstellen,
denen niemand zuhören will. Verlorene Fähigkeiten und
Kenntnisse ausgraben, die verschüttet sind, und so vor dem
Verschwinden bewahren, was die Menschen sich in Jahr-
hunderten ausgedacht haben. Vielleicht lehren, was verloren
ging. Dem Geschwindigkeitswahn auf allen denkbaren Ebenen Langsamkeit und Ruhe entgegensetzen. Sich dem Ver-
netzungsgeschrei gegenüber taub stellen. Den Wettbewerb
auf persönlichen und öffentlichen Ebenen verlachen. Ein
ganzer Kosmos ist wiederzuentdecken. Der reicht vom Widerstand gegen den Fraß (gerade alte Leute haben einen zunehmenden Hang zur Fertignahrung) bis zum Widerstand gegen

das Altersklischee, das uns zwingt, ewig die Rolle des Jugendlichen zu spielen.

Die amerikanische Schriftstellerin Andrea Dworkin schreibt dazu: »Ich habe keine Geduld mit denen, die nie gebrochen wurden, sondern nur mit jenen, die im rauen Klima verwitterten, auseinander fielen, in Stücke gerissen wurden und sich selbst wieder zusammenstückelten – breite Stiche, ausgefranste Narben, gar nicht schön. Aus ihnen strahlt etwas hervor. Aber jene, die von außen strahlen und mit dem Arsch wackeln – ich bin ehrlich: Ich kann sie nicht leiden. Kein bisschen.«[153]

KAPITEL 5

SOZIALE STARRE

Familie, Freundschaft, Fürsorge in Zeiten der Kälte

Ströme von Blut im Generationenkrieg?

Bei der Implantation einer Hüfte werden eineinhalb Liter Blut verbraucht, eine Bypassoperation verlangt einen Liter Blut, eine Schlagader-Montage einen Viertelliter. Das *British Medical Journal* weist im Jahr 2002 darauf hin, dass ein 85-Jähriger doppelt so viel Blutkonserven verbraucht wie jemand, der Mitte sechzig ist. Die schnelle Alterung der europäischen Gesellschaften wird dazu führen, dass in sechs Jahren fünf Prozent mehr Blut gebraucht wird. Gleichzeitig sinkt die Bereitschaft, Blut zu spenden. Zehn Prozent der Deutschen müssten Spender werden, um den Bedarf zu decken, nur die Hälfte ist gegenwärtig bereit zum Aderlaß. Muss man sich heute schon die Alten als Blutsauger vorstellen, die ohne das Blut der Jungen keine Operation überleben könnten?

Aus Südafrika kommt die frohe Botschaft, dass dort gerade Hemopure als Ersatzstoff auf den Markt kommt. Das ist eine Art Kunstblut und wird aus veredeltem Rinderblut hergestellt. Für die Alten stellt sich also gegenwärtig die Frage, ob sie sich mit dem Blut Jüngerer auffüllen lassen werden oder ob künftig Ochsenblut durch ihre Adern rinnt.[154] Im Mai 2003 findet in Berlin ein Kongress über Xenotransplantation statt: Es geht um die Übertragung von Tierorganen auf den Menschen. Der Mensch muss einerseits unempfindlich gegenüber dem tierischen Fremdorgan werden, das Tier muss durch gentechnische Eingriffe dazu gebracht werden, sich dem Menschen anzupassen. Ein Kongressteilnehmer spricht von der »Vermenschlichung des Schweins«. Was wird es für ein Gefühl sein und wird da überhaupt etwas gefühlt, wenn die ersten Rentner mit Schweineherzen auf dem Surfbrett stehen?

Der Handel mit Nieren ist inzwischen wie Alfred Rosenfeld (von der Krankenversicherung in Israel) sagt, »Big Business«. An einer Niere kann man circa 50–70 000 Dollar verdienen. In den ärmeren Regionen der Welt finden sich Menschen, die bereit sind, eine Niere zu spenden, um sich so aus ihrer finanziellen Misere zu befreien. Die Spender sind medizinisch meist gut geprüft und geben sich im Zweifelsfall als Verwandte aus, um die Einwände von Ethikkommissionen zu umgehen. Die Organhändler – die Nierenbroker – sind an guten Resultaten interessiert, sonst kriegen sie keine Patienten mehr. Am 16. und 17. Januar 1998 wurden zum Beispiel in Estland sechs israelischen Patienten Nieren transplantiert. Die Spender stammten aus Moldawien und Rumänien. Die moldawische Journalistin Alina Radu hat 31 Fälle von Organhandel in Mingir, Susleny und Chisinau aufgedeckt. Man darf davon ausgehen, dass in Zukunft reiche, vor allem weiße alte Männer Organe, die sie brauchen, auf dem globalisierten Fleischmarkt kaufen können. Empfänger 70, reich; Spender 30, arm.[155]

In vielen Kulturen Europas und Afrikas sind die Alten einmal die Hüter der Heilung gewesen. Sie wussten etwas über die Ursachen von Krankheiten und welche Mittel es gegen Krankheit gibt. In vielen Bereichen Afrikas ist man der Meinung, dass Krankheit immer ein Ausdruck einer Störung in der Gemeinschaft ist. Der traditionelle Heiler wird stets versuchen, diese Störung zu finden und zu heilen. Wir sind heute am anderen Ende angekommen, und das sagt viel über die Rolle alter Menschen in unserer Kultur: Sie sind nicht mehr die Diagnostiker und Therapeuten, sondern sie sind die Adressaten und Klienten des Gesundheitswesens. Keiner kann heute sagen, wie hoch die Umsätze sind, die mit den

Gesundheitsbedürfnissen der Alten gemacht werden. Ein Beispiel, bei dem unverhohlen auf die Geschäftemacherei mit älteren Männern gezielt wird, kommt aus Marquartstein am Chiemsee. Dort ist die »Studiengruppe für Sozialforschung e.V.« angesiedelt. Sie wirbt dafür, Innere Abteilungen zu »Profitcenters« umzuwandeln. »Vor allem die älteren erwerbstätigen Männer werden in den kommenden Jahrzehnten aus demographischen Gründen über eine besonders hohe Kaufkraft für Gesundheitsleistungen verfügen.« Es gibt – wie man sieht – nichts mehr zu enthüllen. Die Heilkunst verwandelt sich ganz offen in ein Profitcenter.

Für alle Beteiligten, nachdenkliche Mediziner ebenso wie sensible Alte, wird sich in Zukunft die Frage stellen: Desertieren wir gemeinsam aus den Gesundheitskonzernen? Je deutlicher sich die Gesundheitsindustrie als ein krank machender Moloch decouvriert, der den Alten zudem durch seine Selektionszumutungen systematisch die Würde zu nehmen beginnt, desto dringlicher ist die Suche nach Auswegen. Beginnen wir über die Möglichkeiten der Barfußmedizin nachzudenken und über die Notwendigkeit des Verzichtes. Erinnern wir uns an die *conditio humana*: Die Bedingungen des menschlichen Lebens, zu denen auch das Leiden und die Krankheit gehören. Nicht in apathischer Unterwerfung, aber in skeptischer Distanz gegenüber einem Gesundheitswahn, der die Illusion ewiger Jugend ausstreut und Altwerden als krankhaft diskreditiert. Der Tag, an dem die Alten massenhaft Apotheken links liegen lassen und aufhören, die Wartezimmer der Mediziner zu bevölkern, das wird ein Tag der Befreiung sein. Das würde der Tag sein, an dem das große Gelächter über Herrn Missfelder und andere, die sich im Selektionsrausch befinden, ausbrechen kann.

Oder kommt doch alles ganz anders?

Blue Calls: Von der Familie zum Alarmsystem

Weil immer mehr alte Menschen allein leben, gibt es seit den
achtziger Jahren in Deutschland Alarmsysteme. Der Senior-
Single drückt einen Alarmknopf, den er am Arm trägt oder
als elektronisches Amulett um den Hals gebunden hat. In der
Zentrale einer pflegenden Wohlfahrtseinrichtung schrillen
dann die Glocken: Die Adresse, die Krankheiten, die Schlüs-
selfrage können umgehend auf einem Bildschirm sichtbar
gemacht werden. Ein Notfall-Team kann auf den Weg geschickt werden. Neuerdings wird mit Systemen experimentiert, die den aktiven Alarm durch einen passiven ablösen.
Sofia G. hat zwar an ihrem Handgelenk einen solchen Alarmknopf, aber nach einem Sturz lag sie lange halb bewusstlos
auf dem Boden und konnte den Alarm nicht mehr auslösen.
Darum Passivsysteme. Wenn ein Senior das Bad betritt, wird
das künftig elektronisch registriert und der Alarm wird dann
automatisch ausgelöst, wenn er nicht in regelmäßigen Ab-
ständen einen Knopf drückt. Auch mit der Installation von
Video-Kameras in der Wohnung wird experimentiert. Viele
Hochaltrige oder Pflegebedürftige wünschen sich eine solche
Rundumkontrolle: Die Angst, nach einem Sturz oder einer
Ohnmacht hilflos in der Wohnung zu liegen, ist eine dauernde
Sorge.

»Heute bevölkern die Leute zunehmend einen dimensions-
losen kybernetischen Raum, und es gibt zu diesem Raum
keine Kontinuität mit der Vergangenheit, keine Verbindung
zu den Sicherheiten, von denen die Menschen zuvor lebten.«[156]

An die Stelle nachbarschaftlicher oder familialer Bezie-
hungen tritt ein Netz elektronischer Versicherungen und
Kontrollen. Auch das Alter wird eben verknüpft mit der
Information Society Technology: Wir sind auf dem Wege,
IST-Senioren zu werden Die persönliche Verbindung ver-
schwindet, die Verortung in elektronischen Netzen tritt an

die Stelle. Leider wollen sich die Senioren nicht ganz so schnell an ihren Status als IST-Senioren gewöhnen.

180 Alarmzentren gibt es gegenwärtig in Deutschland, aber es überwiegen die Blue Calls: »Das Alarmsystem wird missbraucht, um soziale Bedürfnisse zu befriedigen, statt dass es für Notfallsituationen benutzt wird«, schreibt ein Beobachter der Szenerie.[157] Vor allem über 80-Jährige schlagen auf den Notfallknopf, weil ihre Not in der Einsamkeit besteht. Es ist niemand mehr da, und so wirft man eine elektronische Flaschenpost in das Meer, das die Insel der Isolation umgibt, auf der man lebt, in der Hoffnung auf eine menschliche Stimme zu treffen. Inzwischen gibt es Überlegungen, die Alarmzentren auszubauen: Wie sieht es aus mit der Einrichtung von Video-Telefonen? Könnte man nicht zugleich einen Senioren-Shop und die Vermittlung von Transporten (Taxi, Krankenfahrten etc.) in den Alarmzentren verankern? Die Wohlfahrtsverbände in Deutschland haben da ein paar Schwierigkeiten, weil sie sich nicht kommerzialisieren dürfen. Aber in diese Richtung wird man gehen.

Die Johanniter Unfallhilfe rüstet ihre Pflegeteams neuerdings in Nordrhein-Westfalen probeweise mit Digitalkameras, Kleincomputern und Mobiltelefonen aus. So wird Online-Kommunikation von jedem Punkt im Arbeitsfeld aus möglich. Ist man beim Pflegefall angekommen, wird es zum Beispiel möglich, Bilder von Wunden über Digitalkamera und Laptop sofort an Spezialisten weiterzuleiten. Außerdem – so heißt es im Bericht über dieses elektronische Experiment – »konnten einige Patienten auf diese Weise zum ersten Mal auf ihre Wunden schauen«.[158] Schnell und problemlos sind auch jederzeit Update-Informationen über weitere Angebote der Organisation abzurufen: Essen auf Rädern oder Transportdienste können angeboten und umgehend organisiert werden. Anders gesagt: Das elektronische Equipment erlaubt es, mehr Dienstleistungen vor Ort und sofort zu verkaufen und Konkurrenten zu überflügeln. Überhaupt kommt

die Informationstechnologie als optimierte Hilfe daher und
kann ihr Geschäftsinteresse doch kaum verbergen. Die mit
der Digitalkamera geschossenen Bilder von Wunden sind –
so wird gesagt – für die Verhandlungen mit Krankenkasse
und Versicherungen prächtig zu nutzen. Das elektronische
Equipment ist bestens geeignet, um alle Beteiligten besser zu
kontrollieren (die Pflegenden und die Gepflegten). Schon
jetzt wird ja auch von ambulanten Pflegern die Einzelleis-
tung elektronisch eingescannt. Da wird es schwer, eine nicht
genehmigte Pause zu machen, ein nicht berechnetes Gespräch mit den Klienten anzufangen oder Leistungen ab-
zurechnen, die nicht erbracht worden sind. »Weder das
Mitarbeiter-Team noch die Klienten ließen irgendeinen
Widerstand gegen die Anwendung von Information Society
Technology erkennen.«[159]

Es folgt alles dem Zug der Zeit: Man steht nicht mehr am
Bankschalter, sondern zieht das Geld aus dem Automaten.
Man kauft keine Fahrkarte mehr beim Bahnbeamten, sondern erdrückt sie sich am Fahrkartenautomaten. Man wird
nicht mehr von der Tochter oder der Schwester ins Alter
begleitet, sondern bekommt einen Knopf, der elektronisch
Hilfe herbeizitiert. Perfekter und professioneller ist das alles,
daran kann kein Zweifel sein. Aber es signalisiert auch den
Übergang vom durch Menschen bestimmten Lebensmilieu in
jene neuen elektronischen Netze, in denen man Menschen
nur dann noch begegnet, wenn man sie für Dienstleistungen
bezahlt.

Das Verschwinden familialer und nachbarschaftlicher Beziehungen wird auf längere Sicht dazu führen, dass die Alten zu
Knotenpunkten in elektronischen Netzen werden, in denen
sie von Experten, die von Automaten und elektronischen
Netzen unterstützt sind, lückenlos gepflegt, überwacht und
gewartet werden. Gleichzeitig wird ihr »fleischlicher« Kontakt mit der Außenwelt immer mehr verschwinden.

Ein weiteres Beispiel: 50 Prozent aller Medikamente werden

von alten Menschen (über 65 Jahre) eingenommen. Viele dieser Patienten – das beklagen die Mediziner – nehmen die verschriebenen Medikamente aber gar nicht ein. Demenz oder Vergesslichkeit sieht man als die Ursache. Gründe für die Vergesslichkeit – so wird beklagt – liegen in Diabetes, einem Mangel an Vitaminen, im Gebrauch von Medikamenten (!), in stillen Schlaganfällen etc. Viele Patienten – so wurde in einer Untersuchung festgestellt – würden es begrüßen, wenn sie durch ein kleines Alarmsignal daran erinnert würden, dass sie ihre Medizin nehmen müssen. Darum gibt es jetzt das Produkt mit dem Namen Ex Libris. Es sieht aus wie eine kleine Brieftasche, die man aufklappen kann, darin befindet sich eine Smart Card. In der Apotheke wird die Karte in ein Lesegerät gesteckt, das mit einem PC verbunden ist. Die Einnahmevorschriften für das Medikament werden nun eingelesen und künftig gibt Ex Libris ein akustisches, visuelles oder ein rüttelndes Signal. Nur der Patient und der Apotheker haben durch ihren Fingerabdruck Zugang zu Ex Libris. Die Versicherungsfirma Zorg & Zekerheit (Z&Z) in Leiden hat das Produkt an Parkinson-Kranken mit Erfolg getestet. Die »Parkinson-Karte« hat in den Niederlanden sogar einen Preis gewonnen, die »Goldene Chip Karte«. Man ist im Begriff, die Idee auf den Krankenhaus-Bereich zu übertragen. »Nicht nur alle Patienten mit chronischen Krankheiten werden künftig ihre smart card in einem Ex Libris mit sich tragen, sondern das System wird sich weiter ausweiten, weil der Austausch von Informationen und die Nutzung des Internets sich weiter entwickeln werden. Das auch, weil der globale Trend zu biometrischen Sicherheits-Systemen (Fingerabdruck, Iriserkennung) sich ausweiten wird.«[160]

Alle chronisch Kranken, ob allein lebend oder im Heim oder im Krankenhaus, brauchen künftig keinen Ehepartner mehr und keine Krankenschwester, die an die Tabletteneinnahme erinnert. Elektronischer Fortschritt – die Sicherheit wächst, aber eben auch die neue Abhängigkeit, die

Unterwerfung unter eine elektronische Kontrolle, die unter dem Begriff »Vernetzung« daherkommt. Die perfekte automatisierte Versorgung korrespondiert mit der Verödung der sozialen Verhältnisse. Die werden immer mehr nur noch in ihrer Anfälligkeit wahrgenommen und in dem, was sie lästig macht. Warum soll ich mich noch mit einer stöhnenden Pflegerin auseinander setzen, wenn ich einen Automaten haben kann, der mich ins Bad hebt? Warum soll ich einen gehetzten Pfleger ertragen, wenn ich einen Automaten haben kann, der mich, auf meinen Befehl gehorchend, füttert? Warum soll ich mir von einer überarbeiteten Krankenschwester die Tabletten hinknallen lassen, wenn ich mich auf mein Ex Libris verlassen kann? Die Konflikte, die Inkompetenzen, die Unzuverlässigkeit, die Unsicherheit, die mit menschlichen Kontakten verbunden sind, sie können in eine Stufe automatisierter Neutralität emporgehoben werden, in der die Menschen endlich die radikalen Individuen sein können, die sie sein wollten: Überhaupt auf niemanden mehr angewiesen als auf den Talkmeister im Kabelkanal, den ich herbeirufen kann, wann ich will, dem ich den Mund stopfen kann, wann ich will. Ein bisschen einsam? Aber eben auch sehr viel weniger anstrengend.

»Wer sich schon immer eine zuverlässige und kostengünstige Haushaltshilfe gewünscht hat, kann sich freuen. Denn in einigen Jahren wird es Serviceroboter für die unterschiedlichsten Aufgaben geben. Sie werden Fenster putzen, Getränke holen oder die Spülmaschine ausräumen. Und ältere Menschen können mit Unterstützung der hilfsbereiten Maschinen länger in ihren Wohnungen bleiben.« [161]

Den intelligenten Assistenten aus Stahl soll die Zukunft gehören, wenn man dem Siemens-Szenario folgt: Als Gepäckträger, Küchenhilfe, Pflegekraft oder Tankroboter können sie eingesetzt werden. Sie werden auch als High-Tech-Hündchen (»Robo-Doggy«) einsame Alte erfreuen. Als künstliche Lehrer wiesen sie unschätzbare Vorteile auf: Sie sind immer freundlich, kompetent und nie ungeduldig. Der intelligente Rollstuhl fährt den Patienten »achtsam« ins Wohnzimmer. »Den Weg dorthin hat er sich bei der ersten Erkundungsfahrt gemerkt.«

Siromob schenkt auch Kaffee ein und verteilt Kuchenstücke, wenn zwei ihm den Teller hinstrecken, »entscheidet« er sich, wen er bedient. Der »verdammte Kerl« gewinnt im Tennis gegen die Tochter des Hauses und teilt mit einem »traurigen Gesichtsausdruck« mit, dass der Orangensaft aufgebraucht ist. »Du Oma, hat der eigentlich echte Gefühle?« fragen die Enkel. »Nein, hat er nicht. Aber wer weiß, in einigen Jahren vielleicht schon.«

Diese Entwicklung hin zu einer »Automatisierung« des Alters verläuft schneller, als man dachte. Das Fraunhofer-Institut für Produktionstechnik in Stuttgart arbeitet an der Entwicklung eines Pflegeroboters, der in etwa zehn Jahren serienreif sein soll. »Der Car-O-Bot kann dem Patienten Bücher und Essen bringen und ihn führen.« Der Blech-Pfleger soll zwischen 7000 und 10 000 Euro kosten.[162]

Je deutlicher Informations-Systeme an die Stelle persönlicher Beziehungen treten, desto nachdrücklicher müssen den Automaten aller Art offenbar menschliche Eigenschaften zugeschrieben werden: deshalb ist der Rollstuhl »intelligent« und »achtsam«.

Im Gesundheitswesen ist seit langem ein Prozess zu beobachten, bei dem der Klient von seinen Körperwahrnehmungen abgetrennt wird. Er hat gelernt, einen Körper zu verinnerlichen, den er nicht fühlen kann: Er lernt es, sich mit seinen Messwerten wie seinem Blutdruck oder seinem Cholesterinspiegel zu identifizieren, mit der Verkartung seines Inneren, die durch Röntgen, Ultraschall- oder Kernspinaufnahmen möglich gemacht wird. Es werden ihm zunehmend Mitteilungen gemacht über seine gesundheitlichen Risiken, für die er genetisch prädisponiert ist, wie zum Beispiel für Krebs oder Herzinfarkt. Nichts davon kann er an sich wahrnehmen oder fühlen.[163] Etwas Ähnliches gilt für die sozialen Milieus. Auch hier werden die Menschen zunehmend veranlasst, an Daten und Informationen zu glauben, die ihnen geliefert werden. Wie sie wählen wollen, das erfahren sie aus dem Politbarometer. Wie sie ihre Kinder erziehen möchten, das teilt ihnen Petra Gerster mit. Wie sie sich in Konflikten mit ihrem Partner verhalten sollen, das lernen sie beim Psychotherapeuten.

Rationalisierte Pflege

Pflegebedürftige Menschen werden heute als behinderte Menschen kategorisiert. Sie sind zur Selbstversorgung und Selbstkontrolle nicht mehr hinreichend in der Lage und – so definiert es das Gesetz – auf Dauer auf fremde Hilfe angewiesen. Ihre Versorgung erfolgt nach Vorgaben eines eigens für diese Menschen erlassenen Gesetzes und einer eigens für sie geschaffenen Institution: der Pflegeversicherung.[164] Die Pflegeversicherung antwortete auf die bekannten Schwierigkeiten: Wachstum der Zahl der Pflegebedürftigen auf der einen Seite und Verringerung der Bereitschaft und Fähigkeit der Familie, Pflege zu gewährleisten.

Zum Beispiel Hamburg. 2002 lebten in Hamburg 299 114 Menschen über 65 Jahre. 2005 werden es etwa 17 500 mehr sein. Die Zahl der über 80-Jährigen steigt von jetzt (2003) 79 884 auf etwa 82 000. Die Ausgaben der Sozialbehörde für die Altenpflege stiegen seit 1999 um 20 Prozent auf jetzt 83,4 Millionen Euro pro Jahr. Im Altenheim »Hospital zum Heiligen Geist« in Poppenbüttel kommen auf eine Kraft sieben bis acht Pflegefälle. 6 456 Altenpfleger betreuen in Hamburg rund 41 052 Pflegebedürftige. 15 035 davon leben in Heimen. Pro Einrichtung fehlen 16 Pflegekräfte.[165]

Zwar wird nach wie vor vorwiegend in der Familie gepflegt (zu etwa 80 Prozent), oft mit ambulanter und professioneller Unterstützung. Und die Pflegenden sind fast ausschließlich

Frauen.[166] Allerdings schrumpft die Gruppe der »Pflege-töchter« (die 45–59-Jährigen) in Relation zu den über 65-Jäh-rigen. Sollte die Erwerbsorientierung der Frauen zunehmen – was allerdings angesichts des schrumpfenden Arbeitsmarktes nicht unbedingt realistisch ist – , geht die Zahl der pflegen-den Familienangehörigen weiter zurück. Steigt die Zahl der Scheidungen weiterhin, sinkt die Zahl der Eheschließungen und wächst die Gruppe der Alleinlebenden, dann wird man von der Familie in Zukunft noch weniger Pflege erwarten dürfen.

Am Rande sei erwähnt, was eigentlich ins Zentrum gehört: In den alten Bundesländern hat man es gegenwärtig mit einem Double-Aging-Prozess zu tun: Abnahme der Geburten-rate, Zunahme der Lebenserwartung. In den neuen Bundes-ländern wird sich bald die Folge eines Triple-Aging-Prozesses zeigen: Dort sank von 1990 bis 1997 der Anteil der 25- bis unter 30-Jährigen an der gesamten ostdeutschen Bevölke-rung um 23,2 Prozent. Dort wird in Zukunft die Gruppe der-jenigen fehlen, aus denen in 15 bis 30 Jahren die Pflege-potenziale erwachsen müssten.[167]

Wie viele Pflegebedürftige wird es in Deutschland im Jahre 2050 geben? Die Prognosen schwanken, ist doch zum Bei-spiel die Frage nach einer zukünftigen Zuwanderung oder nach der Entwicklung in der Medizin schwer zu kalkulieren. Im Jahre 2000 jedenfalls wurden 1 822 104 Pflegefälle ge-zählt. Daraus werden bis 2050 nach zurückhaltenden Schät-zungen 3 200 000 geworden sein, nach skeptischen Schät-zungen 5 800 000[168] in häuslicher Pflege.

Schon jetzt kann man monatlich von Pflegeskandalen hören. Überlastetes Personal, der Zwang zur qualitätskontrol-lierten Abwicklung der Arbeit, die für das Persönliche keinen Raum lässt.[169] Wie viele Menschen sind unter diesen Um-ständen in Pflegeheimen schon vor ihrer Zeit gestorben? Wie viele haben keinen Sonnenstrahl mehr gesehen, weil das Pflegepersonal mangelte? Die Auswege? Pflegesklaven aus

Polen und wenn von da keine mehr kommen, aus Rumänien oder Indonesien? Massenquartiere für die wachsende Zahl ärmerer Pflegefälle? Automatisierte Abwicklung? Heimliche Euthanasie, die zunehmend auf das Einverständnis der Betroffenen stößt, weil sie sich sowieso nichts mehr erwarten?

Stillleben mit Stammzellen

Ein zweijähriges Kind lehnt sich gegen ein weißes Lederpolster, die Hände aufgestützt. Es schaut auf Mutanten: Mischwesen aus Ratten und Menschen. Behaarter Schwanz, sechs Zitzen, dünnes Haar hängt am Kopf. Uralte menschliche Gesichter. Das Kind schaut neugierig auf die neuen Spielgefährten. Oder sind es Haustiere? Oder sind es die künftigen neuen Mitbewohner der menschlichen Gesellschaft? Kind und Mutanten sind aus PVC-Schaum wie lebendig gemacht. Patricia Piccinini hat für den australischen Pavillon auf der Biennale in Venedig 2003 diese grässlichen Figuren geschaffen. In einiger Entfernung sitzt ein Plastik-Mädchen in geblümtem Kleid auf dem Boden und spielt mit blau geäderten Fleisch-Klumpen: ›Stillleben mit Stammzellen‹ hat die Künstlerin dieses Werk genannt. »Junge Familie« heißt ein drittes Ensemble. Ein menschengroßes Mutterschwein liegt auf der Seite und säugt Kinder – Ferkel mit menschlichem Baby-Antlitz. Der Kopf des Tiermenschen mischt schweinische mit menschlichen Zügen, das traurige Gesicht eines Wesens, das seine merkwürdige Nachkommenschaft versorgt.

Eine Horrorvision. So etwas wird es nicht geben. Aber sah man nicht kürzlich schon Bilder von einer Maus, der ein menschliches Ohr aus dem Rücken wuchs? Wurde nicht berichtet von dem Kongress, bei dem es (wörtlich!) um die »Vermenschlichung des Schweins« ging, damit man transplantierbare Organe gewinne? Welche Mischwesen wird die Stammzellenforschung bald produzieren können? Welche gentechnologischen Manipulationen werden gelingen und welche nicht? Werden nicht schon Embryonen verbraucht, um Parkinsonkranke zu heilen? Kinder sind schon gezeugt worden, um als Organspender für erkrankte Geschwister genutzt zu werden. Keiner kann glauben, dass es gelingen wird, dem moralisch entfesselten Forscherdrang Grenzen zu setzen. Irgendein Land, irgendein Labor wird sich immer finden. Als was werden wir Alt-Menschen dann die neuen Wesen, die es unfraglich geben wird, begrüßen? An die Gegenwart von künstlich gezeugten Menschen – Retortenkinder – haben wir uns ja schon gewöhnt. Dass Klone hinzukommen werden, ist nur noch eine Frage der Zeit. Forscher warnen vor genetisch veränderten Menschen, die mit dem bekannten Homo sapiens sapiens nicht mehr »kreuzbar« sind. Sind dann neue Rassenideologien vermeidbar? Sollen sich zum Beispiel dann die Alt-Menschen als höherwertig oder als defizitär verstehen? Werden die neuen Wesen »genutzt« als Bio-Roboter, als Organbänke, als Dummies oder werden sie uns übertreffen, weil man sie schneller machen kann oder resistenter gegen Umweltschäden? Und wie wird man diesen genetischen Sondermüll entsorgen, wenn das Leben aus den Mutanten entweicht oder sie wegen Unbrauchbarkeit abgeschaltet werden müssen? Wird man sie kaufen können wie in der Zoohandlung oder werden sie im Kreißsaal nebenan zur Welt gebracht? Werden wir sie bemitleiden oder beneiden? Der Generationenbegriff jedenfalls wird noch einmal neue schillernde Dimensionen annehemen. Wir reden ja jetzt schon von einer neuen Generation von Laptops und Limousinen. Man muss erwägen, ob in absehbarer Zukunft von neuen Generationen von Mutanten geredet werden könnte. Von menschlichen Wesen, die zunächst nur unmerklich gentechnologisch, biochemisch oder sonst wie verändert worden sind: eine Generation optimierter Menschen zum Beispiel, die dann den veralteten Menschenmodellen gegenüberstehen. Das dürfte dann den Konflikt zwischen Generationen in eine völlig neue Dimension verschieben. Die Frage nach der

Nützlichkeit von Lebewesen wird sich dann unweigerlich in den Vordergrund schieben.

Der Blindenhund, der Schlittenhund und der Jagdhund sind uns als Helfer des Menschen gewohnt. In Frankreich wurden in den neunziger Jahren Kapuzineraffen zu Pflegern von Schwerbehinderten ausgebildet.[170] Das Forschungsinstitut Kir Pape im bretonischen Lorient hat 1989 mit diesem Experiment begonnen. Auf Anruf schleppt das Tier Gegenstände herbei, die mit einer Laserstableuchte angestrahlt werden, knipst das Licht an und aus, bringt Radio und Fernseher zum Laufen, legt eine Videokassette ein. Wenn der Affe füttert, wischt er Essensreste von den Mundwinkeln ab. Es bedarf keiner wilden Prognosen, um zu vermuten, dass sich in dieser Richtung manches denken lässt, was die Entlastung der Jüngeren von der Pflege der Alten ermöglicht.

Angesichts wachsender Zahlen von Pflegebedürftigen wird man die Automatisierung und Rationalisierung der Pflege mit Macht vorantreiben. Dabei dürften verschiedene Prozesse konvergieren: Die Informationstechnologie, zusammen mit der Weiterentwicklung von Robotertechnik und die Kombination dieser Ansätze mit biochemischen Innovationen wird mehr möglich machen, als wir uns heute vorstellen können.

Thomas D. George hat als Präsident von Motorola Inc. darauf hingewiesen, dass Bürger der westlichen Welt schon heute durchschnittlich 200 Chips benutzen, die in Haushaltsgeräten, Büromaschinen oder Automobilen eingebaut sind. 1981 konnten Speicherchips etwa 4 Schreibmaschinenseiten aufnehmen, die in Entwicklung befindlichen 1-Gigabit-Chips bringen es auf ein Fassungsvermögen von 160 000 Seiten. Die Möglichkeiten der Automatisierung im Pflegebereich dürften in vergleichbaren Dimensionen zunehmen. Das japanische Unternehmen Mitsui will in Verbindungen mit anderen Firmen einen elektronischen Anzug auf den Markt bringen. Er wird alten oder behinderten Menschen künftig beim Laufen oder Treppensteigen helfen. Der elektro nische Anzug mit dem Codenamen HAL-3 (Hybrid Assistive Leg) besteht aus einem Computer in einem Rucksack sowie elektronischen Impulsgebern an Knien und Hüftgelenken. Das Gerät steuert durch Impulse die Bewegungen der Beine.[171] Wenn das »Hormonbrot« gegen Alterungsprozesse nicht mehr hilft, hilft eben HAL-3. Auch auf einfachen Ebenen. Kleine knopfartige Chips werden verwirrten Alten bereits mancherorts ins Nachthemd genäht, der Alarm auslöst, wenn der alte Mensch das Heim unbemerkt verlässt. Das Personenortungssystem erlaubt es, die Heimtüren offen zu lassen, die Zahl der Überwachungspersonen zu verringern. Natürlich erinnert das etwas an die elektronische Fußfessel für Strafgefangene, die nicht mehr nur in den USA, sondern auch in Europa Anwendung findet.

Das automatisierte Wohnen ist es, das uns in Zukunft blüht. Je teurer die Pflege in Heimen wird, desto eher wird die Rückverlagerung in die eigene Wohnung erzwungen werden. Darum nun ein Blick auf unser Wohnen und das Wohnen der Alten im Besonderen. In den USA wächst die Zahl der nomadischen Alten: Quartzside ist ein staubiges Geisterdorf an der Kreuzung zweier Fernstraßen zwischen Los Angeles und Phoenix, Arizona. Aus dem kalten Norden kommen im Sommer die »snowbirds« und machen das 2 400 Seelen umfassende Städtchen zu einer Millionenstadt, zur zweitgrößten Stadt Arizonas. Sie werden von fahrenden Friseuren und fliegenden Händlern versorgt. Sie eröffnen den Blick auf »freigesetzte« Alte. Ein Blick auf eine Gesellschaft, in der familiale Strukturen sich verflüchtigt haben und den Alten gar nichts anderes mehr bleibt, als der Sonne nachzuvagabundieren. Solche luxuriösen oder ärmlichen Massenquartiere für alte Menschen haben in den Vereinigten Staaten ja eine ganz andere Verbreitung als bei uns. Je schneller die familialen Bindungen zerfallen, desto eher werden sich bei uns ähnliche Entwicklungen abzeichnen.

Entsinnlichung des Wohnens

Der Abschiedsraum im Kaiserswerther Krankenhaus, Düsseldorf, grenzt an die Leichenkammer. Im September des letzten Jahres stieg eine ältere Aussiedlerfrau die Treppen in diese unterirdischen Bereiche hinab, da ihr Mann im Krankenhaus gestorben war. Die Frau in Kopftuch und Mantel stürzte sich plötzlich, überraschend und entschlossen durch die Glasscheibe, die den Toten – wohl aus hygienischen Gründen – von ihr trennte, um ihn ein letztes Mal zu berühren und zu küssen.

In manchen Landstrichen Deutschlands war es üblich, den Verstorbenen im Hause aufzubahren. Familie und Freunde versammelten sich um das Bett, um Abschied zu nehmen. Jetzt sterben hierzulande achtzig Prozent der Menschen in Krankenhäusern, Pflegeheimen und Hospizen. Der Abschiedsraum, wenn es denn einen gibt, ist meistens die Leichenkammer. In einem sächsischen Krankenhaus wurden kürzlich 25 Euro Gebühren verlangt, als jemand den toten Ehemann noch einmal sehen wollte. Hospizbetreiber bemühen sich heute, für den Abschied einen eigenen Raum herzurichten. Die Frage ist natürlich: Wie soll es darin aussehen? Wie in einer Kirche? Wie in einem Wohnzimmer? Wie in einem Wartesaal? Designerstühle oder Ikeabänke? Es muss für den Katholiken und für den Mohammedaner, für den Uralten und für das Kind, für den Bauarbeiter und für den Studienrat passen. So wird ein Innenarchitekt beauftragt, der gar nichts anderes tun kann, als eine Stätte zu konstruieren, die kulturell so neutral wie möglich ist. Kein Ort für Klageweiber, kein Ort für laut hinausgeschrienes Leid, sondern ein Ort, an dem allenfalls eine narkotisierte, architektonisch gebändigte Trauer ihren gepressten Ausdruck finden kann. So wie diese Abschiedsräume sind, so wohnen wir, ob es sich nun um die Flucht in die eisige Kälte eines Lofts oder um das Verkriechen in einem Plattenbau handelt.[172]

Theodor W. Adorno hatte bereits in den fünfziger Jahren diagnostiziert: Wir leben heute in Etuis, die Sachverständige für Banausen angefertigt haben, oder in Fabrikstätten, die sich in die Konsumsphäre verirrt haben. Und: Wer sich in echte, aber zusammengekaufte Stilwohnungen flüchtet, balsamiert sich bei lebendigem Leib ein. Das Konzentrationslager sei in diesem Sinne die Fortsetzung dessen, was die immanente Entwicklung über das Wohnen längst entschieden hat. Darum – so Adorno – gehört es zur Moral, nicht bei sich zu Hause zu sein.[173] Die Sinnlichkeit des Bauens und Wohnens, die es erlaubte, »Gewohnheiten« auszubilden, ist dem vorfabrizierten und käuflichen Wohnraum gewichen. Es macht aus dem *dweller*, der seine Lebens- und Wohnwelt gestaltet, den *consumer of residence*.[174]

Blicken wir zurück: Vitruv ist vermutlich 84 vor Christus geboren, sein Werk »De Architectura Libri Decem« (Zehn Bücher über Architektur) ist das einzige aus dem Altertum erhaltene Werk über Architektur. Er schreibt im Zweiten Buch auch über die *arbores praegnantes*, die schwangeren Bäume. »Das Bauholz muss vom Beginn des Herbstes an bis zu der Zeit, da der Westwind zu wehen beginnt, geschlagen werden. Im Frühling nämlich werden alle Bäume schwanger, und alle geben die ihnen eigentümlichen guten Eigenschaften an das Laub und die jährlich wiederkehrenden Früchte ab. Da sie also durch die unabänderliche Folge dieser Jahreszeiten leer werden und feucht sind, werden sie hohl und wegen ihrer Porosität weich.« Im Winter – so sagt Vitruv – werden die Bäume wieder fest, deswegen müssen sie im Winter gefällt werden.[175]

Gehe ich heute zu einem Baumarkt, zu Obi zum Beispiel, dann sehe ich lebloses Holz, das in Plastik eingepresst und eingeschweißt ist. Aus dem lebendigen Fleisch des Holzes ist tote, quasi plastikförmige, man könnte auch sagen entsinnlichte Materie geworden. Das Holz, mit dem wir bauen, kann nicht mehr schwanger werden, sondern ist Material, das sich nach Kubikmetern berechnet.

Darin wird die Geschichte der Entsinnlichung des Wohnens fassbar. Die Geschichte des Wohnens könnte man in zwei Äonen einteilen:

Der alte Äon, in dem die Menschen Materialien, die in ihrer Reichweite zu finden waren, nahmen, um daraus Behausungen herzustellen. Behausungen, die von den Bewohnern selbst gemacht wurden, die kaum etwas kosteten, die mit ihren Bewohnern wuchsen und sich veränderten. So waren sie mit Sinnlichkeit bis an den Rand gefüllt. Und jeder hatte seinen altersspezifischen Ort. Bei den Tallensi in Westafrika gab es einen separaten Eingang für die Älteren und für die Jüngeren, damit es nicht geschehe, dass beim Betreten der Hütte der Ältere sich vor dem Jüngeren verneige, weil der Eingang eben niedrig ist.

Der neue Äon, in dem die Menschen zu Verbrauchern von vorfabriziertem und käuflichem Wohnraum wurden: mit der Folge, dass sie selbst vom Prozess des Bauens ausgeschlossen wurden, dass sie ein Leben lang abhängig wurden von Bankkrediten und in den entstehenden Betonzellen keine Spuren des eigenen Lebens hinterlassen. Und dass es gleichgültig wird, ob man ein Alter oder ein Junger ist. Handgreiflich wird das in jenen Ferienwohnungsmaschinen, in die man sich einkauft, um dann einige Wochen im Jahr dort wohnen zu können (Time-Sharing). »Kommen die Mitglieder in die Residence, finden sie ihre Skikleidung, Familienfotos und andere persönliche Dinge schon in der Wohnung vor und im Kühlschrank ihre Lieblingsspeisen und -getränke.« Das schafft die Illusion des Eigenen – sagt Mitchell Pacelle im *Wall Street Journal.*[176]

Der neue Äon, in dem die Menschen zu Konsumenten von Wohnraum geworden sind, überzieht wie Schimmelpilz die Erdoberfläche. Von Taiwan bis Ohio, von Lima bis Peking werden die Menschen in Betonzellen untergebracht, die sich nicht unterscheiden von den Garagen für ihre Autos, neben denen sie denn auch gern schlafen. In diesen Betonzellen sind Arbeitskraft und Mobiliar untergebracht. Riechen, Sehen, Schmecken und Berühren sind in diesen Betonzellen, die – als Einfamilienweide oder als Hochhauskasten – immer Lagercharakter behalten, verkümmert. Die Frage Wo wohnen Sie? und die Frage Wo leben Sie? konnte man als synonym ansehen, weil man wohnte, wo man die Spuren des eigenen Lebens hinterließ, und in diesem Sinne »konnte ›wohnen‹ nicht wirklich von ›leben‹ unterschieden werden.«[177] Und der Altgewordene konnte die Spuren seines Lebens an seinem Ort erkennen.

»Keine andere Kunst als die des Wohnens drückt so umfassend das Eigentümliche der menschlichen Existenz aus«, stellt Ivan Illich fest. Die eigenen Spuren des Lebens bewohnen heute nur noch die Armen der »Dritten Welt« und bei uns »Randgruppen«, Marginalisierte. Wie Aussatz werden Bauwagen-Siedlungen angesehen. Wer heute – etwa auf dem Dorf – noch versuchen wollte, sein eigenes Haus mit Nachbarschaftshilfe zu bauen, sieht sich mit dem Vorwurf der Schwarzarbeit oder mit peniblen administrativen Kontrollen konfrontiert. In der Dritten Welt wird die Kompetenz, sich selbst zu behausen, systematisch ruiniert: Hütten werden als Elendsviertel definiert und durch staatliche Bauprogramme abgelöst, die die Bewohner dazu zwingen, sich zu verschulden. Entwicklungspolitik besteht heute vor allem darin, den Menschen Fähigkeiten zu rauben: Die Fähigkeit, sich selbst ein Haus zu bauen, allein Kinder zu kriegen, sie aufzuziehen, Felder zu behauen. Ein von der Zwangsidee westlicher Gesellschaften getriebener Prozess, mit dem das industrielle Elend – das sich in der Betonzelle nachdrücklich manifestiert – auch bei den Massen in den unterentwickelt genannten Regionen durchgesetzt wird.

»Mexiko (hat) ein großes Programm gestartet, dessen Ziel es ist, jedem Arbeiter eine angemessene Wohnung zu bieten. Als ersten Schritt dazu führte man neue Normen für den Bau von Wohneinheiten ein. Diese Normen sollten den Käufer eines Hauses gegen Missbräuche der Bauindustrie schützen. Aber paradoxerweise raubten gerade diese Normen den Menschen die traditionellen Möglichkeiten, sich ein Haus zu bauen. Denn das neue Wohnungsbaugesetz schreibt Minimalbedingungen vor, die ein Arbeiter, der sich in der Freizeit sein Haus baut, nicht erfüllen kann. Mehr noch, der Mietzins für eine industriell gebaute Wohnung ist höher als das Gesamteinkommen von 80 Prozent der Lohnempfänger. Diese so genannte angemessene Wohnung kann nur von Wohlhabenden oder von denjenigen bezogen werden, denen das Gesetz einen Wohnungsgeldzuschuss zuweist.«[178]

In Massachusetts bewohnten 1945 ein Drittel der Haushalte ein Haus, das entweder vollständig das Werk seiner Bewohner oder aber nach ihren Plänen und unter ihrer Leitung gebaut war. 1970 machte der Anteil dieser Häuser nur noch elf Prozent der Gesamtheit aus.[179]

Der Betonzellenbewohner, der zunehmend zum Normalfall des Wohnens auf dem Planeten wird, geht durch die Welt, ohne eine Spur zu hinterlassen, es sei denn, man wollte den Müll, den er produziert, als Spur seines Lebens auffassen. So hat heute Wohnen immer mehr den Charakter des Lagers, dem sich allenfalls Reiche bis zu einem gewissen Grade entziehen können.

Dabei ist das Haus ursprünglich die Quelle kultureller Blüte gewesen, vermutlich sogar der Ursprung religiöser Optionen: Die Schwelle des Hauses, die zwischen Drinnen und Draußen scheidet, dürfte die Vorform des Altars sein, so wie der Hausherr, der den Gast an der Schwelle des Hauses empfängt, die Urgestalt des Priesters gewesen sein dürfte.[180]

Das Haus – bevor es zur käuflichen Betonzelle wurde – war keine Maschine, sondern war von Menschenhand hergestellt und war alters- und geschlechtsspezifisch. Heute scheint es vor allem darum zu gehen, diese Betonzelle mit Gütern, die wir erwerben, anzufüllen. Die Zukunft des Wohnens im Alter wird sich aus den Entwicklungen der Gerontotechnologie ergeben. Die Wohnung wird schwellenfrei sein, aber die Schwelle des Hauses werden immer weniger Besucher überschreiten. Die Alten werden eine Fernbedienung in der Hand halten, mit der sie fast alles können: Die Jalousien runterlassen, zwischen sechzig Fernsehprogrammen wählen, ihre Bankgeschäfte erledigen, sich das Fertigessen aufheizen lassen, den Kühlschrankinhalt kontrollieren, sich in die Wanne heben lassen, sich in ein Chatprogramm für Senioren einlinken und sich über Selbstmordprogramme informieren. Aber ihre Einsamkeit wird in diesen Senioren-Vernetzungen den Grenzwert des Erträglichen überschreiten.

Ein Zurück in die gute alte Familie wird es nicht geben. Die Scheidungsrate in Großbritannien ist bei den über 60-jährigen innerhalb von drei Jahrzehnten um 20 Prozent gestiegen. In den USA haben sich 2003 2,2 Millionen über 60-Jährige scheiden lassen, auch hier ist die Tendenz steigend. Die Kinder sind weg, der Job ist weg. Dann tauchen angesichts der Langlebigkeit Fragen auf, die bisher so nicht da waren. »Ich fühlte mich sehr unsicher«, sagt eine 59-jährige Frau. »Ich hatte drei Möglichkeiten: Dableiben und weiter vegetieren. Ausbrechen oder Verrücktwerden. Er hat sich um nichts gekümmert. Es war ihm alles egal. Er hätte es bis zum Jüngsten Tage so weiterlaufen lassen.« Stattdessen muss wohl der Weg in Freundschaften eingeschlagen werde, es muss auf Freundschaften gesetzt werden, auch auf Freundschaften zwischen Alten und Jungen. Und das ist natürlich leichter gesagt als getan, weil diese Möglichkeit erst einmal verschüttet ist. Auch eine Wiederentdeckung der Gastfreundschaft wird dazu gehören.

George Steiner, ein in Großbritannien lebender Literaturwissenschaftler, hat das in einer Rede so gesagt: »Der Mensch hat keine Wurzeln, er muss im Menschlichen pilgern. Dies bedeutet, dass wir alle Gäste des Lebens sind. Das Sein ist unser Gastgeber. Wir sind vom Leben eingeladen. Niemand hat ein Recht, geboren zu werden. Jeder ist Gast im mysterium tremendum des Lebens. Wie soll sich der Gast benehmen? Er soll das Haus, in welchem er Gast war, etwas sauberer, etwas schöner, etwas sicherer verlassen, als er es vorfand. Hier liegt der tiefe Sinn der Ökologie. Die Umweltverschmutzung, die Ausbeutung, die Schändung unseres kleinen, überbevölkerten Planeten ist jetzt zur selbstmörderischen Raserei geworden. Tonnen von Abfall, von vergiftetem Dreck liegen am Mount Everest. Die Meere liegen im Sterben. Zahllose Pflanzen und Tierarten werden zugrunde gerichtet. Der Gast ist zum technologisch berauschten und blinden Vandalen geworden. Er verhunzt systematisch die Gaststätte, die ihn willkommen hieß. Wenn wir nicht lernen, im Organischen anständige Gäste zu sein, werden wir auch die anderen Planeten besudeln. Nur mit der Selbstzerstörung der vom Geldwahn irrsinnig gewordenen Menschheit wird sich die Umwelt erholen.«

Die Gegenwart bietet ein anderes Szenario, das der explosionsartig anwachsenden Isolation. Wie in diesem Beispiel:

März 2002, Frankfurt, Schaumburger Straße. Die Henri-Dunant-Siedlung ist vor vierzig Jahren am Sossenheimer Westrand als ein Symbol des sozialen Wohnungsbaus hochgezogen worden. Fünfstöckige Wohnblocks, trist. Fouad, 13 Jahre alt, und Christof, 10 Jahre alt, treffen sich mit anderen Fußballern, um auf der Wiese zu spielen. Da erscheint der 69-jährige Berthold L. mit einem Luftgewehr auf dem Balkon, lädt die Waffe durch und zielt auf die Spieler. Die kleineren Kinder rennen weg, Fouad denkt: Der macht doch nur Spaß. Aber dann drückt Berthold L. zweimal ab. Die Kugeln treffen eine Hecke und einen Sandkasten. Berthold L. behauptet, die Nachbarn hätten eine Kampagne gegen ihn gestartet, um ihn aus der Wohnung zu bekommen. Er wohnt hier seit vierzig Jahren, die Kinder sind aus dem Haus, er lebt allein. Er habe Angst bekommen, »dass der Ball reinfliegt«. Die Schüsse waren »Notwehr«. Er sagt: »Eine Ratte, die man in die Ecke treibt, die wehrt sich doch auch.« Wenn der

Krach vor seinem Fenster nicht aufhöre, werde er sich vielleicht wieder so verhalten. Aber die Polizei habe das Luftgewehr eingezogen.[181] Die Konflikte zwischen ruhebedürftigen Älteren und Kindern sind nach Auskunft des Vorsitzenden des Mietervereins Hädrich ein Hauptproblem in der Siedlung.

Was geschieht da? Der italienische Philosoph Norberto Bobbio beschreibt es so: »In einer Zeit, in der sich der historische Wandel immer schneller vollzieht, stellt die Ausgrenzung der Alten eine unabänderliche, unleugbare Tatsache dar. In den traditionellen, statischen Gesellschaften ist der alte Mensch Träger des kulturellen Erbes der ganzen Gemeinschaft, das er, verglichen mit allen anderen Mitgliedern, in besonders auffälliger Weise in sich vereint. Der Alte weiß aus Erfahrung, was die anderen noch nicht wissen, und sie müssen von ihm lernen, auf dem Gebiet der Moral ebenso wie auf dem der Gebräuche und der Überlebenstechniken.«[182] In den modernen Gesellschaften hat der immer stärker sich beschleunigende Wandel das Verhältnis »zwischen denen, die wissen, und denen, die nicht wissen, umgekehrt«. Die Flucht in die Körpererhaltung, in den Fitnesswahn, in den Verbrauch von Gesundheitsangeboten ist wohl die Antwort der Alten auf ihre Ausgrenzung. So ist man trotzig dabei: Ihr mögt uns ausgrenzen, aber wir besetzen immer noch Lebensabschnitte – noch ein Jahrzehnt, noch ein Jahr, noch ein paar Monate. Es mischt sich die Jagd nach Jugendlichkeit mit dem Versuch, das Leben um jeden Preis zu verlängern. Wir Alten wissen zwar nichts mehr, was euch Junge interessieren könnte: Aber wir wissen alle Haken zu schlagen, dass das Greisentum uns nicht packt. »Mein Herz dort drinnen im Warmen, dieser Hase hinter seinem kleinen Rippengitter, aufgeregt, geduckt und blöde« [183] – das scheint die beste Beschreibung für das Alter heute zu sein: Eine Region der Angst, der Feigheit und der Selbstsorge, oft des Selbstmitleids. Aus dem, was einmal unter günstigen Umständen die

Würde des Alters sein konnte, ist eine hasenherzige Flucht vor dem Alter geworden, in der die Alten sich immer mehr und immer schneller der Kontrolle durch Gesundheitsmullahs unterwerfen: Am liebsten hätte man jeden Tag alle Werte einmal abgeprüft. Werte wohlgemerkt, für die wir keine eigenen Sinnesorgane haben, die wir nicht spüren, sondern die auf Bildschirmen sichtbar werden und als Bedrohung oder Beruhigung an uns zurückgegeben werden. Eine elektronische Fremdherrschaft, der sich die Alten begeistert unterwerfen.

KAPITEL 6

ENTSORGUNGSPARK

Die Kunst des Sterbens und
die Verwaltung des Todes

Ich denke in letzter Zeit oft an den Tod. Alles, was mir
begegnet, erscheint mir als ein Zeichen. Wenn ich
in der Zeitung lese: ›Nächsten Mittwoch Sperrmüll!‹,
spüre ich sofort: ›Der Sperrmüll, das bin ich.‹

Peter Handke: »Die Unvernünftigen sterben aus«,
Drama 1974

Die Begierde nach jungen Sterblichen

»Am Ende jeder Nacht erhebt sich im Osten von ihrem Lager
die rosenfingrige und gelb gewandete Eos, Tochter der Tita-
nen. Sie besteigt ihren Wagen, der von den Pferden Lampos
und Phaeton gezogen wird, und fährt zum Olymp. Dort verkündet sie die Ankunft ihres Bruder Helios – der Sonne. Sie
begleitet ihren Bruder auf der Reise und wandelt sich dabei
zu Hemera, dem Tag, und schließlich zu Hespera, dem Abend,
bis sie gemeinsam an den westlichen Küsten des Okeanos an-
kommen. Eos ist von Aphrodite – die ihren Ares im Bett der
Eos vorfand – bestraft mit der ständigen Begierde nach jungen Sterblichen. So entführt sie auch Ganymed und Tithonus,
die Brüder des Priamos. Zeus raubt ihr den Ganymed, aber sie
erbittet sich im Gegenzug für Tithonus Unsterblichkeit. Zeus
gewährt ihr den Wunsch. Aber sie vergaß, für ihn auch ewige
Jugend zu erbitten: So wurde Tithonus jeden Tag älter und
grauer, sein Antlitz wurde runzlig und seine Stimme keifend.
Als Eos müde ward, ihn zu pflegen, sperrte sie ihn in ihr
Schlafgemach ein, wo er sich in eine Zikade verwandelte.«[184]

Die Sehnsucht nach Unsterblichkeit beschäftigt die Menschen schon lange, vielleicht schon immer. Aber die Geschichte von der unsterblichen Zikade sollte uns eine Warnung sein: Am Ende stünde der Überdruss der anderen und die Reduktion auf eine starre Eintönigkeit, wie sie im schnarrenden Zirpen der Zikade hörbar wird. Dennoch tauchen immer wieder halbseriöse Stimmen aus den biomedizinischen Laborsümpfen auf, die von künftiger Unsterblichkeit reden. James Burnett verspricht: »Nimm diese Tablette und du wirst ewig leben.« Er berichtet über INDY, ein Gen, das isoliert und – im Anschluss an Monthy Python – »I'm Not Dead Yet« genannt wurde. »In nicht so weiter Zukunft wird es möglich sein, Pharmazeutika herzustellen, die nicht nur das Leben um Jahrzehnte verlängern, sondern auch imstande sein werden, Krankheiten fernzuhalten.« In Cambridge hat eine »Start-up«-Firma mit Unterstützung der Universität von Boston und des Massachussets Institute of Technology das Medikament Elixier entwickelt, das diese Kriterien zu erfüllen verspricht.[185]

Wieweit das menschliche Leben ausdehnbar ist, kann heute keiner sagen. Aber eines ist unübersehbar: Die Idee der Verlängerung des Lebens ist im Begriff, zu einer fixen Idee der Biotech-Gesellschaft zu werden. Und warum? Weil in einer Gesellschaft, die vom Pathos des Machens lebt, der Tod das äußerste Ärgernis ist, ein Symbol dafür, was man nicht in den Griff bekommen kann. Leben kann man machen, das wird sich zeigen und zeigt sich schon. Aber der Tod ist in der Machergesellschaft eine Provokation besonderer Art. Für Geld kann man alles kaufen, sogar eine gewisse Verlängerung des Lebens, aber irgendwann ist Schluss. Das ist die äußerste denkbare Kränkung für den modernen Menschen, der sich ansonsten doch vollständig der Verfügbarkeit unterworfen hat.

Aber die Überwindung dieser Kränkung zeichnet sich schon ab. Je mehr die Menschen als kleine Systeme betrachtet werden, desto kühler kann die Enttäuschung ausfallen. Der Tod als Kränkung? Ach, das war einmal. Betrachten wir den Menschen als lebendes System, dann wissen wir, dass dieses System irgendwann am Ende ist und seine Austauschprozesse mit der Umwelt beendet. Sterben und Tod erfahren gegenwärtig eine Rebiologisierung: Sie werden in Bionotwendigkeiten eingeordnet, und Empörung über diese Notwendigkeiten ist unvernünftig und lächerlich. Ein System mit Bewusstsein – das ist alles, worum es sich handelt. In langen kulturellen und religiösen Perioden sind die Menschen zu Individuen geworden, die aus der Natur herausragen. Von der griechischen Unsterblichkeit der Seele bis zur christlichen Auferstehung des Fleisches, von der buddhistischen Wiedergeburt bis zur afrikanischen Vergöttlichung der Ahnen: Die Menschen bestanden darauf, dass ihre Endlichkeit nicht das letzte Wort ist. Nun setzt sich – unter dem Diktat naturwissenschaftlicher Gesetze – schiere Banalität durch. Die Menschen als Systeme, die irgendwann versagen, vom Lurch nicht unterschieden. Im Christentum gewann der Tod eine ungeheure Bedeutung als das Durchgangsstadium, das zur Hölle oder in den Himmel führt. Heute sind die Menschen auf die trostlose Ebene von Amöben degradiert. Der Aufwand, der mit der Gentechnologie betrieben wird, der uns unser Leben als ein determiniert abschnurrendes erklärt, ist nichts anderes als die ins Biologische abgeschobene und damit neutralisierte Todesangst. Der Tod ist ein biologisches Subereignis, eine Nichtigkeit und darum für den vernünftig Denkenden etwas, worein man sich fügt. Mit der Biologisierung des Todes empfängt der moderne Mensch zugleich seine generelle Nichtigkeitserklärung. Der sterbende Christ schaut mit Furcht und Hoffnung in die Zukunft, der sterbende Gen-Gläubige auf seine DNS-Mappe, die ihn zu einem biochemischen Prozess degradiert, Überschrift: Ende der systemischen Austauschprozesse. Im Begriff des Tausches konvergiert die Existenz des modernen Menschen als Marktteilnehmer einerseits und als Biosöldner andererseits: In beiden Fällen ist Tod identisch mit dem Ende der Tauschprozesse.[186]

»Im Zeitalter des Machens darf es eigentlich keine unge-machten Geschehnisse geben, mindestens keine, die unver-wertbar oder nicht mindestens in ein Produktionsgeschehnis integriert wären ... In Molussien hat kurz vor dem Untergang der Stadt ein Forscherteam an der Aufgabe gearbeitet, heraus-zufinden, ob nicht das unprofitable Fortsterben der Bürger irgendwie in Energie umgesetzt werden könnte. So weit sind wir zwar noch nicht. Aber keine Übertreibung ist es zu be-haupten, dass immer weniger von uns einfach an Lebens-müdigkeit oder Altersschwäche sterben. Einfache Sterbefälle sind bereits altertümliche Raritäten. Zumeist wird der Tod hergestellt. Nicht Sterbliche sind wir Heutigen, primär viel-mehr Ermordbare ... (Wir) werden in verchromte Sterbefabri-ken verlagert. In diesen werden wir zwar nicht umgebracht (umgekehrt wird ja unser Sterben durch bewundernswerte Manipulation hinausgezögert); aber während dieser Verzöge-rungszeiten werden wir doch so fest in den Apparat einge-schaltet, dass wir zu dessen Teil, unser Sterben zum Teil der Apparatefunktion und unser Tod zum momentanen Binnen-ereignis innerhalb des Apparats wird. In der Intensivstation der molussischen Stadt Vaslegas sind diese Apparate an sound tapes angeschlossen, die – man klage nicht über Gemüts- oder Kulturlosigkeit unseres Zeitalters – im Augenblick des eintre-tenden Todes automatisch die ersten fünf Takte des Chopin'-schen Trauermarsches auftönen lassen.«[187]

Trauerdiamanten und Selbstmordassistenten

Günter Anders hat im Zusammenhang mit diesem 1979 ge-schriebenen Text darauf hingewiesen, dass die Verrohstoff-lichung von vergasten Menschen im Nationalsozialismus die Verwertung des toten Körpers schon vorweggenommen hat. Die moderne Marktgesellschaft führt das nicht fort, sondern stimmt ihre Variationen auf die Verwertung an. So gibt es zunehmende Besorgnis, dass Leichen eine Art Sondermüll sein könnten, wenn man an die im Körper angesammelten Giftstoffe denkt. Aber die wirkliche marktgerechte Toten- verwertung betreibt LifeGem. In einem Vorort von Chicago ist dieses Unternehmen angesiedelt, das die Körper von Verstorbenen in Diamanten umwandelt. Zwischen 3950 und 21 950 Dollar muss man aufbringen, um seinen Ehemann oder seine Ehefrau am Finger tragen zu können. Die üblichen Methoden, der Toten zu gedenken, schienen dem jungen Unternehmer Greg Herro »nicht persönlich genug«. Men- schen bestehen aus Kohlenstoff – wie Diamanten. Einem russischen Institut gelang zunächst die Verwandlung von Schweinen in Steine. Nun geht das auch mit Menschen: Ver- brennen, Kohle in reines Graphit umwandeln, Hitze und Druck erledigen den Rest. Der Jungunternehmer selbst möchte übrigens nach seinem Tode ein blauer LifeGem werden.[188] Er wird nicht wissen, dass deutsche U-Boot-Soldaten Filzpan- toffeln aus den Haaren vergaster Auschwitz-Häftlinge trugen.

Gern wird gesagt, der Tod sei in der modernen Gesellschaft tabuisiert. Das stimmt insoweit, als Sterben zunehmend aus- gelagert wird, wir sterben unsichtbar. Andererseits haben wir uns daran gewöhnt, auf dem Bildschirm Hekatomben von gewaltsam Getöteten zu sehen, sei es in den Nachrichten, sei es im Krimi. Die Tabuisierung des Todes ist in der virtuellen Welt aufgehoben. Es ist, als würde der einzelne persönliche Tod, der versteckt wird, in Tausenden Medientoten wieder- kehren. Aber auch das mag übermorgen überholt sein. Wann greift die Reality Show nach dem Sterben in Echtzeit? Die Inszenierung lebensgefährlicher Abenteuer, die Inszenierung von »Traumhochzeiten«, die Inszenierung von Gruppen- experimenten ist ja erfolgt. Wann ist die Kamera endlich beim Sterben dabei? (Videos mit letzten Gesprächen Eutha- nasiewilliger aus den Niederlanden gibt es ja schon.) Wann vermischen sich Horrorfilm und Reality Show?[189]

So viel jedenfalls ist an der skurrilen Geschichte mit dem Trauerdiamanten ablesbar: Sterben und Tod werden – wenn nur Gewinnmöglichkeiten erkennbar sind – blitzschnell enttabuisiert. Tatsächlich ist Sterben schon eine Angelegenheit geworden, bei der viel Geld verdient werden kann. Wann werden Unternehmen, die diese Marktlücke rechtzeitig entdecken, an die Börse gehen? Übertrieben? Jeder weiß, wie teuer eine Beerdigung ist, wenn man sie an ein Beerdigungsinstitut übergibt – und das ist ja fast zwangsläufig geworden. Aber vor allem wird bei der medizinischen Versorgung Sterbender kräftig kassiert. Tausende täglich kostet der Tod auf der Intensivstation, Krebstherapien bis zum Exitus sind exzessiv kostspielig und die von pharmazeutischen Firmen verkauften Schmerztherapien verlangen täglich Hunderte Euro. Sterben und Tod sind unter der Hand kommerzialisiert worden und versprechen künftig gute Gewinne. Die Nachfrage nach medizinisch unterstütztem Selbstmord wächst. Es gibt einen regelrechten Selbstmordtourismus in die Schweiz. Und aus den Niederlanden werden beeindruckende Zahlen kolportiert: 1997 wurden dort bei insgesamt 80 000 Sterbefällen 2300 Fälle praktizierter Euthanasie auf Wunsch des Patienten und 1000 Fälle ohne persönliche Zustimmung registriert. In 8100 Fällen seien Kranke an einer Überdosis eines angewandten Medikaments gestorben. Bei 7900 Kranken haben die Ärzte die lebensverlängernde Behandlung abgebrochen. Damit ist etwa 20 Prozent der Sterbenden »geholfen« worden. Bei verstorbenen Behinderten betrug der Anteil 40 Prozent.[190]

Wie dicht ist man da bei einem Prozess, der gar keinen anderen Begriff als den der Entsorgung zulässt? Dieser Teil der Medizin will offenbar zu einem Sektor der Abfallwirtschaft werden. Die Fragen, die sich dementsprechend stellen, lauten: Was hat diese Entsorgung gekostet? Wer hat daran verdient? Wie haben die Ärzte ihr Tun abgerechnet? Und längst handelt es sich nicht mehr nur um den Fall »Niederlande«. 80 bis 90 Prozent der deutschen Ärzte halten es für akzeptabel, Schmerzmittel überzudosieren, um unheilbare Patientinnen und Patienten dadurch zu töten. Man mag das ja für richtig halten, aber muss sich zumindest darüber klar sein, dass Euthanasie im Begriff ist, zur umfassenden europäischen Realität zu werden.[191]

Wenn die niederländische Entwicklung auf Europa übergreift – und in Belgien ist sie schon angekommen –, kann man sich ausmalen, welche quantitativen Dimensionen die Altenentsorgung in Europa bekäme. Es würde sich jährlich um etwa 140 000 Menschen handeln, die als Entsorgungsfälle betrachtet werden könnten. Setzt man die bescheidene Summe von 1000 Euro pro Fall (Medikamente, ärztliches Tun etc.) an, würden pro Jahr in Europa 140 Millionen Euro im Euthanasiesektor umgesetzt werden. Die Frage nach Rationalisierung und Kostendämpfung kann dann nicht ausbleiben.

Im Jahre 1997 hat die Universität von Michigan in den Vereinigten Staaten beim Europäischen Patentamt in München unter der Patentnummer 0516811 Erfindungsschutz für einen Medikamenten-Cocktail beantragt, der zur Tötung zum Zwecke der Euthanasie bestimmt ist. Es kann nicht verwundern, dass auch die Do-it-yourself-Variante schon auf dem Markt ist: In den Vereinigten Staaten hat der Mediziner Kervorkian eine Selbstmordmaschine entwickelt, und in Australien hat der Mediziner Philip Nitschke einen Selbstmordautomaten vorgestellt: Der Patient kann den Selbstmord, der durch drei verschiedene injizierte Substanzen ausgelöst wird, jederzeit unterbrechen. Bei der dritten Injektion wird ihm maschinell mitgeteilt: »Wenn Sie jetzt auf ›Ja‹ drücken, wird Ihnen innerhalb von dreißig Sekunden eine tödliche Injektion verabreicht und Sie werden sterben.«[192] Die Apparate sind in Oregon (USA) und in Australien legal, denn dort wurden schon vor einigen Jahren die gesetzlichen Voraussetzungen für einen Selbstmord mit Assistenz geschaffen.

Der Tod gerät in das Blickfeld kontrollierender und verwaltender Instanzen. Es kann nicht ausbleiben, dass die heimliche Taylorisierung folgt. Massenhafte Versorgungsaufgaben ziehen Rationierung nach sich. Das Muster ist bekannt. Erst wird Behandlung angeboten, dann wird sie zum Zwang (wie heute zum Beispiel bei der Zahnbehandlung), und schließlich wird das Angebot – wenn es zu teuer geworden ist – gedeckelt. Heute kommt das Angebot der Sterbehilfe auf, es dürfte schleichend zu einem Zwang werden. Ein informeller Zwang natürlich: Man wird es als Wohltat zu betrachten lernen, von seinen Leiden erlöst zu werden – niemand wird da direkt genötigt. Und schließlich werden sich mehr oder minder kostspielige, bequeme, luxuriöse Angebote auf dem Markt differenzieren.

Es gehört natürlich dazu, dass die Entscheidung darüber, wem in der Intensivstation Überlebenschancen eingeräumt werden und wem nicht, auf computergestützte Softwareprogramme übergegangen ist. Das Gewissen des Arztes, das – wie man aus dem Nationalsozialismus weiß – keine sehr verlässliche Instanz ist, wird abgelöst durch die vorgeblich objektive Rechenhaftigkeit der Informationsmaschine. So berechnet zum Beispiel das Computerprogramm Riyad die Überlebenschancen von Intensivpatienten. Das Programm dient der »Qualitätsüberprüfung unserer Mediziner«, betonte die Sprecherin der Berliner Charité, Marlis Gebuhr. In der Charité hatte das Programm 1997 Anwendung gefunden. In britischen Kliniken war das Softwareprogramm schon Anfang der neunziger Jahre verbreitet. Wirtschaftliche Gesichtspunkte werden in Großbritannien ohnehin viel direkter und offener bei medizinischen Aktivitäten berücksichtigt. Und man sieht sich – im Vergleich mit den Kontinental-Europäern – fortschrittsfreundlicher: Der britische Mediziner Julian Bion hat moniert, dass die Europäer noch immer »einen tiefer verwurzelten Argwohn vor der technologischen Lösung moralischer Probleme« hätten.[193] Noch gibt es da in Deutschland Widerstand. »Wenn das Überleben eines Menschen von wirtschaftlichen Kriterien abhängig gemacht wird, dann sind wir ethisch da, wo die Nazis aufgehört haben«, kommentierte 1997 der damalige Präsident der Ärztekammer Hamburgs, Frank Ulrich Montgomery die Einführung von Riyad: Das sei ein Selbstmordprogramm für Intensivstationen.[194] Die »Todescomputer« mit dem Programm Riyad wiesen freilich noch eine zu hohe Fehlerquote auf: Von 53 Patienten, deren Sterbewahrscheinlichkeit vom Computer mit 99,9 Prozent errechnet wurde, überlebten tatsächlich 16. Bei sechs von diesen Überlebenden seien Kosten von mehr als 100 000 Mark entstanden, teilt Marlis Gebuhr von der Charité mit. Die Kosten im Vorfeld des Todes werden also offenbar genau berechnet, und in diesem Fall wäre der Irrtum des Softwareprogramms kostensparend gewesen. Auf jeden Fall geraten medizinisch Sterben oder Überleben einerseits und Geld andererseits in eine erschreckende Nähe zueinander.

Ein anderes Softwareprogramm (Apache III) übertraf dagegen die ärztliche Urteilskraft. Es fällte – so wird berichtet – die »richtigeren« Urteile im Blick auf das Problem »abschalten« oder »nicht abschalten«. Wir dürfen schließen: Selbstverständlich wird auf Dauer das reichlich mit Daten gefütterte Softwareprogramm die besseren Prognosen als Mediziner liefern. Dahinter dürfte dann die Frage, ob wir diesen Weg in einen softwaregestützten, irrtumsfreien und kostengünstigen Tod wollen, verschwinden.

In einer großen Werbeanzeige wird Michelangelos berühmtes Bild aus der Sixtinischen Kapelle modernisiert. Bei Michelangelos Fresko nähert sich Gottes Hand, die aus dem Himmel herabkommt, der erhobenen Hand Adams, um ihn zu inspirieren. In der neuen Variante senkt sich eine Roboterhand aus dem sphärischen Jenseits zu der Hand eines erstaunten jungen Mannes nieder. Text: »Noch schlägt unser Gehirn den Computer spielend. Aber wer entwickelt sich weiter? Bei einigen Spielen sind auch die leistungsfähigsten Computer dem Menschen unterlegen. Sie bräuchten die hunderttausendfache Rechnerleistung, um mit der menschlichen Kreativität mithalten zu können. Die Wissenschaftler, die solche Super-Rechner entwickeln, beschreiten völliges Neuland.«[195] Die Enteignung des Todes wird – so darf man vermuten – eine technische Perfektion erreichen, die wir uns jetzt noch nicht ausmalen können. »Irrtumsfrei abgeschaltet« – ist es das, was wir uns wünschen? Kann man vor dem letzten Seufzer aufatmen, weil mit Sicherheit fehlerfrei gestorben werden wird?

Entscheidungen im ethischen Niemandsland

Was dürfen Mediziner und was dürfen sie nicht? Es stehen uns da heute kaum moralische Kriterien zur Verfügung, die von allen geteilt werden. Alles ist möglich: Die katholische Norm, die jede von Menschen veranlasste Beendigung des Lebens ablehnt, findet ihre Vertreter ebenso, wie sich der radikale säkularisierte Individualismus im Recht sieht, unter bestimmten Bedingungen Leben zu beenden. In der Rechtsprechung ist ein Schwanken zu erkennen. Der BGH hat 1994 formuliert: »Lassen sich auch bei der gebotenen sorgfältigen Prüfung konkrete Umstände für die Feststellung des individuellen mutmaßlichen Willens des Kranken nicht finden, so kann und muss auf Kriterien zurückgegriffen werden, die allgemeinen Wertvorstellungen entsprechen. Dabei ist jedoch Zurückhaltung geboten; im Zweifel hat der Schutz menschlichen Lebens Vorrang vor persönlichen Überlegungen des Arztes, eines Angehörigen oder einer anderen beteiligten Person.«[196] Was aber sind das für allgemeine Wertvorstellungen? Die der medizinischen Machbarkeit? Die des wie immer und von wem auch immer vorgestellten Leidens? Eine höchst heikel gewordene Frage nach dem Sinn des Lebens und dem Sinn des Todes? Eine ethische Unübersichtlichkeit, in der betroffene Angehörige ebenso wie beratende Mediziner notwendigerweise nur im Nebel stochern können, wenn sie ehrlich sind.

Rettung wird in Differenzierungen gesucht, die bisweilen

wie Spitzfindigkeiten aussehen. Da werden aktive und passive Sterbehilfe unterschieden – im einen Fall wird angeblich gehandelt, im anderen wird angeblich etwas zugelassen. Zunehmend wird es schwer, diese Grenze überhaupt auszumachen. Was ist die erhöhte Dosis Schmerzmittel: aktive oder passive Sterbehilfe oder nichts von beidem? Der katholische Priester Leoniard Dubi aus Chicago sagt: Man darf den Stecker rausziehen. »Laut der Lehre der Kirche dürfen wir nicht für aktive Sterbehilfe sein. Eine passive: wenn man zulässt, dass jemand stirbt, ohne irgendwelche dieser extremen Mittel einzusetzen, ist jedoch mit Sicherheit vertretbar. Man darf den Stecker rausziehen.«[197]

Die Kunst des Sterbens ist der Frage gewichen, was an uns noch getan werden sollte und was nicht. Damit ist der Prozess der Enteignung des Todes eingeleitet. Ich sterbe nicht, sondern ich werde gestorben. Die Antike wusste, dass man die Stunde seines Todes versäumen kann: Timeo Deum transeuntem – ich fürchte, dass der Gott an mir vorübergeht.[198] Wer heute die Stunde seines Todes versäumt, wird sich sogleich von professionellen Helfern umringt sehen. Und man kann sagen, dass es sehr selten geworden ist, dass sich jemand seinen eigenen Tod nicht nehmen lässt. Normal ist der versäumte Tod, normal ist der organisierte, normal ist der überwachte Tod, normal ist insofern die Enteignung des Todes. (Natürlich behaupten die Sterbeprofessionellen, dass sie gerade jedem durch ihr Tun den »eigenen Tod« ermöglichen wollen. Aber der mir von anderen zugestandene eigene Tod ist ein Schmäh). Im Grunde schließt die Enteignung des Todes nur ab, was mit der Enteignung des Lebens zuvor schon erfolgt ist: das risikobewusste, präventionsorientierte Leben, das den Augenblick auslöscht. Der Blick wird dabei ständig von der Gegenwart weg- und in die Zukunft hineingelenkt. Damit verschwindet das, was die Griechen *bios*, die Römer *curriculum vitae* genannt haben: Der Lebenslauf wird stattdessen zu einer Planungsaufgabe – eingehängt in den

Zwang zur Risikovermeidung einerseits und den Präventionszwang andererseits. Es ist gerade nicht wahr, dass die aus
sozialen Milieus und Traditionen herausgefallenen Menschen
sich ihre Biographie patchworkartig selbst machen müssen.[199] Das, was einmal Biographie war, wird heute vom Ver-
sicherungsagenten und vom Präventionsexperten bestimmt.

Was nach Befreiung von drückenden Traditionen aussieht,
ist doch nur die Einbindung in neue unpersönliche transin-
dividuelle Vorgaben. Wen kann es wundern, dass auch Sterben und Tod zu einem Areal der Sicherung und Prävention
werden? Schmerzkiller in der Vene, Sterbetherapeuten am
Bett und ein in § 39 a des Sozialgesetzbuches abgesicherter
Aufenthalt im Hospiz: »Die Höhe des Zuschusses ... darf
kalendertäglich 6 vom Hundert der monatlichen Bezugs-
größe nach § 18 Abs. 1 des Vierten Buches nicht unterschreiten und unter Anrechnung der Leistungen anderer Sozial-
leistungsträger die tatsächlichen kalendertäglichen Kosten
nach Satz 1 nicht überschreiten.«

So kann man sagen, dass in der spätmodernen Gesellschaft
Sterben und Tod mit drei neuen Fragen konfrontiert, die gar
nicht mehr ohne weiteres als zynisch erkennbar sind, weil sie
so zeitgemäß erscheinen.

– *Die Geldfrage:* Wer verdient wie viel an Sterben und Tod?
– *Die Entsorgungsfrage:* Wohin mit den Sterbenden und wohin mit den Toten?
– *Die Entscheidungsfrage:* Wann und unter welchen Umständen wird abgeschaltet?

In den alternden Gesellschaften Europas kommt dadurch ein
Prozess in Gang, der drei Eckpunkte hat: die Institutionali-
sierung, die Medikalisierung und die Ökonomisierung des
Sterbens.

Institutionalisierung
Noch um das Jahr 1900 ging man zum Sterben nach Haus.
Weniger als zehn Prozent der Menschen in Deutschland ver-

brachten das Ende ihres Lebens im Krankenhaus. Heute ist das umgekehrt: 80–90 Prozent der Menschen sterben im Krankenhaus oder im Heim.[200] Faktisch vollzieht sich eine Institutionalisierung des Sterbens, auch wenn als rhetorisches Ideal nach wie vor das Sterben im Kreis der Familie propagiert wird. Die Familien sind aber immer weniger der Aufgabe gewachsen, Moribunde zu pflegen. Ambulante Dienste werden daran wohl nur vorübergehend etwas ändern, denn heimlich denken die meisten daran, dass professionelle medizinische Hilfe eben doch eher in der Institution als zu Hause erreichbar ist. Sterben zu Hause wird gegenwärtig seltener, weil einerseits die Familienstrukturen brüchig werden und andererseits die Einbettung des Sterbens in professionelle Fürsorge zur Folge hat, dass sich die Familie als unzuständig auffassen muss.

Medikalisierung[201]

Auf die Idee, dass in der Grenzsituation des Lebens zum Tod Experten anwesend sein müssten, wäre vor hundert Jahren noch niemand verfallen. Im 19. Jahrhundert haben die Regeln ärztlicher Kunst in hippokratischer Tradition empfohlen, dass »der Arzt nicht nur im Falle des Sterbens, sondern auch im Falle der Unheilbarkeit eines Patienten sich zurückzuziehen habe, denn für diese Situationen waren die Familien, vielleicht die Nachbarschaften und allenfalls Pflegende zuständig«.[202] Die Voraussetzung für die Medikalisierung des Todes ist eine tief greifende Veränderung der Auffassung von Tod und Sterben in den modernen Gesellschaften.[203] Seit dem Ende des 18. Jahrhunderts wird Krankheit körperlich verräumlicht, sie wird an bestimmte Orte im Körper gebunden und – wie Michel Foucault sagt – von der »Metaphysik des Übels« abgelöst. »Weil der Tod in die medizinische Erfahrung ... integriert worden ist, konnte sich die Krankheit von ihrem Status als Gegen-Natur befreien und sich im lebenden Körper der Individuen verkörpern.«[204] Der Tod kommt an den Tag als etwas, was im festen, aber zugleich zugänglichen Raum des menschlichen Körpers eingeschlossen ist. Gewohnte Formen des Umgangs mit Sterben und Tod werden damit hinfällig, weil Sterben und Tod nicht mehr Vorbereitung auf eine andere Existenzform oder ein Durchgangsstadium sind, sondern es werden nun Antworten gesucht auf einen Tod, der zum Problem geworden ist. Die Palliativmedizin – die neue medizinische Disziplin, die sich auf den Umgang mit Sterbenden spezialisiert – wird in diesem Prozess das medizinisch-technische Äquivalent zur letzten Ölung. Das Gespräch mit dem Sterbetherapeuten dürfte sich zum Äquivalent für Beichte und Segen des Priesters entwickeln. Ehemals verließ der Medicus den Raum, wenn die Zeichen des Todes – die *facies hippocratica* – in den Gesichtszügen des Sterbenden erkennbar wurden. Heute grenzte das an unterlassene Hilfeleistung. Mag auch die Verlängerung des Lebens um jeden Preis aus der Mode kommen, ein medizinisch kontrolliertes Sterben setzt sich zugleich umso deutlicher durch.

Ökonomisierung
80 Prozent der Krankheitskosten fallen in Deutschland im letzten Lebensjahr an.[205] So wie es bereits Ansätze zur Rationierung gesundheitlicher Leistungen im Alter gibt, so werden sie zuerst versteckt, längerfristig aber vermutlich auch sehr offen für die Sterbephase praktiziert werden. Angesichts der demographischen Entwicklung der Gesellschaften in Europa wird sich die Frage verschärfen, was für Moribunde noch getan werden kann und was nicht. Wenn der Vorsitzende der Jungen Union im Jahre 2003 die Hüftoperation ab 85 in Frage stellt, dann wird es nicht mehr lange dauern, bis jemand die Frage nach der Begrenzung der Sterbekosten (nicht mehr als drei Tage Intensivstation z. B.) aufwirft. Bei älteren Leuten ist ja ohnehin die Auffassung verbreitet, dass man am Ende Schmerzvermeidung um jeden Preis anstreben

müsse, aber keine sinnlosen lebensverlängernden Maßnahmen. Das ist ein merkwürdiges Gebräu. Einerseits eine völlig verständliche Auffassung. Sie passt aber merkwürdig genau in eine Gesamtlage, die allenthalben von Kostendämpfungsimpulsen getrieben ist. Haben die Alten den gesellschaftlichen Imperativ, dass man am besten verschwindet, wenn man zu nichts mehr nütze ist, stillschweigend verinnerlicht? Wer spricht im Sterbewunsch alter Leute? Vielleicht manchmal die Gesellschaft, die im Kontext der Marktgesellschaft »unnütze« Individuen entwerten muss und sie stillschweigend zum Abtreten auffordert? Und wann entsteht daraus die Idee einer qualitätskontrollierten Absterbeordnung? Am 16. April 2001 hat sich die niederländische linksliberale Gesundheitsministerin Els Borst-Ellers für die kontrollierte Abgabe von Selbsttötungstabletten an lebensmüde Alte ausgesprochen. Sie sagt: »Lebensmüdigkeit ... ist ein Leiden, das keinerlei Beziehungen zu gesundheitlichen Beschwerden und Krankheiten hat.«[206] Zuerst wurde die moderne Euthanasie mit »unerträglichem Leiden im Endstadium« begründet. Nun geht es schon um allgemeine Lebensmüdigkeit. Wann wird die Frage nach den Kosten, die ein Individuum verursacht, offen dazutreten?

Sterben und Tod werden – so scheint es – in ordentliche Abläufe verpackt und damit entschärft wie ein Sprengsatz. Das institutionalisierte, medizinisch überwachte, schmerzkontrollierte Sterben soll Sicherheit schaffen. Der Körper wird gewissermaßen zur Endbehandlung an Profis abgegeben. Am Horizont wartet im Übrigen schon eine neue Spezies von Experten, die sich an der Verwaltung und Kontrolle der Emotionen und Gefühle, die in diesem Zusammenhang anarchisch werden könnten, erproben. Workshops mit dem Thema »Wie fühlt es sich an, wenn ich sterbe?« werden angeboten und brechen angeblich die letzten Tabus. In Wirklichkeit dürfte es sich darum handeln, erfolgreich die eigenen Empfindungen abzuspalten, um sie an Experten abgeben zu können. Manchmal fragt man sich, wann das absurde, aber verbreitete Motto »Erfolgreich altern« überboten wird und fortgesetzt in dem Slogan: »Wie sterbe ich richtig?«. Teile eines solchen Pakets sind ja jetzt schon da, es muss sich nur einer trauen, alles zu einem Bestseller zusammenzufassen: Wie mache ich ein gültiges Testament? Welche Patientenverfügung ist die richtige? Will ich Organe spenden? Dazu könnte sich ein Hospizführer gesellen (Überblick über ambulante und stationäre Hospize mit Gütesiegel), ein Leitfaden der Palliativmedizin für Laien: Auf welche Schmerzmittel habe ich ein Recht; und welches sind die besten? Welche gesprächstherapeutischen Angebote sind erprobt und erfolgreich? Wohin muss ich gehen, wenn ich einen medizinisch begleiteten Selbstmord möchte? Und schließlich: Wie organisiere ich meine Beerdigung? Welche Wünsche habe ich? Wer trägt die Kosten?

Am Ende alle in den Sterbeknast?

Wenden wir uns noch einmal der Frage nach diesem merkwürdigen Zwiespalt zu: Jeder möchte angeblich zu Hause sterben, kaum jemand tut es. Und die Gründe liegen zutage: Die Familie kann die Betreuung aus verschiedenen Gründen immer weniger leisten; und das angestrebte narkotisierte, überwachte Sterben ist in einer Institution leichter zu sichern als im familialen Kontext. Insofern läuft alles in Europa heute auf eine Ausweitung des Angebots an speziellen Sterbehäusern – Hospizen – hinaus. Man darf daran zweifeln, dass ambulante Hospizdienste, Dienste also, die Familien bei der Pflege Sterbender unterstützen, den Trend zur Institution stoppen können. Sie leben vom Engagement Ehrenamtlicher und sind damit auch billiger. Aber die Ehrenamtlichen geraten zunehmend unter Professionalisierungsdruck – und damit entstehen auch Kosten. Ob ambulante Hospizdienste auf Dauer als die sozial erwünschte und zugleich kostengünstige Alternative Zukunft haben, bleibt abzuwarten. Was man sehen kann, ist, dass in den alternden Industriegesellschaften Hospize aus dem Boden schießen. In Italien – dem Land, in dem die Familie einmal einen besonders hohen Stellenwert hatte – gibt es jetzt schon einhundert Hospize, und Experten erwarten, dass es schon in drei Jahren einhundertfünfzig sein werden. Was passiert da? Werden da »Sterbeknäste« aus dem Boden gestampft oder Zufluchtsstätten für Menschen geschaffen, die sonst entweder in der Familie vernachlässigt oder auf der Intensivstation an Schläuche gefesselt verenden würden?

An einem heißen Dezembermorgen habe ich in Kalkutta das weithin bekannte Hospiz aufgesucht, das »Mutter Theresa«, eine katholische Ordensschwester, gegründet hat. Mir wurde ein Weg gewiesen, der am Tempel der indischen Göttin Kali vorbeiführte. Fasziniert vom Gedränge und der bunten Freundlichkeit, geriet ich auf einen kleinen Platz. Mein Blick fiel plötzlich auf die zuckenden Leiber kleiner schwarzer Ziegen, denen die Köpfe abgeschlagen worden waren. Wenige Meter rechts wurde gerade ein weiteres Tier für die Opferung vorbereitet, das Beil schwebte schon über seinem Hals.

In einer nahe gelegenen Straße fand ich dann die Tür, die direkt in den großen Raum des Hospizes führte, dessen Stille nach dem Geschrei, dem Gedränge, dem Blut, das mich umgeben hatte, eine unbeschreibliche Wirkung entfaltete. Auf dem Boden des dämmrigen und kühlen Raumes lagen sehr einfache Matratzen, darauf braune Decken, aus denen dünne Arme, Beine, Köpfe herausragten. Große Augen in eingefallenen Gesichtern. Zwischen den Betten gingen junge Menschen aus europäischen und amerikanischen Regionen hin und her, die hier einen freiwilligen Dienst an den Sterbenden versehen. Es werden Menschen hierher gebracht, um die sich sonst niemand kümmern würde, Menschen, die irgendwo auf der Straße vergehen würden. Ich hatte mich vor diesem Besuch gefürchtet und wunderte mich nun, dass dies keineswegs ein Ort des Schreckens war, sondern wie ein Raum von fast sakraler Schönheit anmutete, obwohl sich in ihm nichts befand als Leidende, die auf dem Boden lagen, und einige verrückte Nordländer, die sich aus der Touristenexistenz herausgewunden hatten, für die sie ja eigentlich als Jugendliche aus den reichen Regionen vorbestimmt waren.

Kürzlich habe ich ein Hospiz im italienischen Norden, in B., besucht. Man nähert sich einem ovalen Gebäudekomplex, dessen Eingang wie der Eingang zu einem sehr luxuriösen Hotel wirkt: Links und rechts der breiten gläsernen Türflügel ein künstlicher See, das Portal wird von blauen Säulen gebildet, die ein Schild mit der Aufschrift »Hospice« tragen. Man betritt eine große Halle mit granitenem Fußboden, in dem sich das Sonnenlicht, das durch riesige Glasfassaden eingelassen wird, spiegelt. Große Pflanzen sind geschmackvoll im Raum arrangiert, in der Mitte ein aus Marmor und edlem Holz gestalteter Empfang. Der ärztliche Leiter Dr. Z. empfängt mich mit größter Freundlichkeit. Vierunddreißig Einzelzimmer, im Oval angeordnet, gibt es hier auf zwei Etagen. Balkon oder Terrasse gehören dazu, Schwesternzimmer, kleine Salons für die Besprechung mit Angehörigen. In jedem Zimmer eine Liege für Angehörige, die über Nacht bleiben wollen. Klimaanlage, Fernsehapparat, italienisches Design und technisch raffinierte Betten, die eine optimale medizinische Versorgung ermöglichen. Der Innenhof, der durch das Oval gebildet wird, bietet einen gepflegten Blumengarten.

Die Kosten für den Aufenthalt in diesem Hospiz betragen etwa 2500 Euro im Monat, die von der italienischen Krankenversicherung getragen werden. Die durchschnittliche Verweildauer beträgt 19 Tage. Die meisten Klienten sind Krebskranke.

Natürlich befinden sich diese beiden Hospize nicht auf dem gleichen Planeten. In Kalkutta werden Menschen vor äußerster Not bewahrt, vor Dreck, Durst und Hunger. Das italienische Luxus-Hospiz ist ein letzter Ort für Menschen, die »austherapiert« sind und oft genug unter den Folgen von Krebstherapien zu leiden haben. 80 Prozent der Klienten in amerikanischen Hospizen haben vor allem mit den Folgen chemotherapeutischer Behandlung zu tun.

Die Gründe für Hospize und dafür, sie aufzusuchen, sind – wie man sieht – sehr unterschiedlich. Und sie haben etwas mit der wachsenden Ungleichheit in der Welt zu tun. Die Baracke in Namibia, in der sterbende Aids-Kranke unterkommen, weil ihre Familien schon weggestorben sind, ist etwas völlig anderes als das Hospiz in Norwegen, das Teil einer flächendeckenden Versorgung der Bevölkerung mit Hospizen ist. In Norwegen gibt es »Centers of Excellence for Palliative Care« – Zentren, in denen die Ausbildung von Hospizmitarbeitern koordiniert, Lehrprogramme entwickelt, Forschung angeregt und Patientendokumentationen standardisiert werden.[207] Es bleibt die Frage zurück: Ist diese Idee eines Aufbaus von flächendeckenden Versorgungsstrukturen für Sterbende ein Horror? Eine überfällige Wohltat? Ist es die Fortsetzung der Tabuisierung des Todes mit anderen Mitteln oder die einzig mögliche Art, Tod und Sterben in unsere Gesellschaft zurückzuholen?

Am Ende des 20. Jahrhunderts schien eine Zeit lang das Ende der Institutionen überhaupt eingeläutet zu werden: Auflösung der Psychiatrien, Dezentralisierung der Krankenhäuser, elektronische Fußfesseln statt Gefängnis, ambulante Pflege statt Heim. Eines ist aber sicher: Das Hospiz entsteht als eine späte Institution gerade neu und verzeichnet hohe Wachstumsraten. In einem Augenblick, in dem der Wohlfahrtsstaat um sich schlägt und kappt, wo gekappt werden kann, blüht diese Einrichtung auf. Was bedeutet das? Zugespitzt könnte man sagen: Noch ist nicht klar, welche Kräfte sich in der Hospizbewegung durchsetzen werden:

Bilden sich in der ›Wachstumsbranche‹ Hospiz und Palliativmedizin Umrisse eines Entsorgungsparks aus, wo auf

hohem medizinischem und professionellem Niveau die Ordnung des Sterbens und des Todes für eine hilflose Gesellschaft organisiert wird?

Oder setzen sich – vor allem in der ehrenamtlichen Hospizarbeit – noch einmal die wärmenden Kräfte gegen die
soziale Vereisung unserer Gesellschaft durch?

Überall bricht heute ehrenamtliche Arbeit weg. Die Klage
kann man in Vereinen ebenso wie bei der freiwilligen
Feuerwehr hören. Niemand will es mehr machen. Und niemanden kann es verwundern, dass angesichts der radikalen
Vergeldlichung aller Lebensverhältnisse ehrenamtliche Tätigkeit verdorrt. Nur im Hospizbereich ist es anders. Fast überall
gibt es (noch) mehr ehrenamtliche Helfer als Anfragen nach
Sterbebegleitung. Vor allem Frauen sind bereit, sich zu engagieren, Frauen waren es, die die Hospizbewegung ins Leben
gerufen haben. Warum machen sie das? Vielleicht versuchen
sie, in einer von Geld, Macht und Männern bestimmten
Welt, Areale ausfindig zu machen, in denen Geld, Macht und
Männer nicht herrschen. Das Hospiz, so scheint es manchmal, ist eine Zuflucht auch für Nächstenliebe, die in anderen
Bereichen längst untergepflügt worden ist. Das Hospiz wirkt
manchmal wie ein sozialer Garten oder wie ein Kloster-
garten, wo hinter schützenden Mauern etwas wachsen kann,
was sonst längst ausgerottet ist. Das Hospiz ist – solange es
noch nicht endgültig den Wohlfahrtsverbänden, der Quali-
tätskontrolle und der staatlichen Subvention in die Hände
gefallen ist – zunächst einmal etwas Altmodisches: ein Ort
der persönlichen, der unentgeldlichen und nicht professio-
nalisierten Freundschaft zwischen Menschen. Etwas, was
so selten geworden ist wie Glühwürmchen und was sich in
einer von Geld, Professionalität und Kontrollzwängen verwüsteten Welt vielleicht nur noch am Rande – in den Arealen
des Sterbens und des Todes – halten kann. Da, wo die Marktgesellschaft ihr Interesse verliert, da kann es die persönliche
Nächstenliebe geben, der sonst systematisch der Weg verlegt

wird. Vielleicht muss man es noch zugespitzter sagen: So wie die Eremiten der frühen Christenheit sich vor der Fäulnis und Verwesung des Römischen Reiches in die Wüste zurückzogen, so zieht sich die verschmähte und marginalisierte Menschenliebe in die soziale Wüste zurück, die sich heute am Rande des Lebens bildet. Natürlich stecken Qualitätskontrolleure, Wohlfahrtskonzerne und Professionalisierer aller Art ihre Nase schon in diese Wüste, um zu schauen, ob es etwas zu kolonisieren, zu verwalten oder zu verdienen gibt. Insofern ist die Hospizbewegung gefährdet. Aber zuerst einmal ist sie ein soziales Wunder.

Die Hospizbewegung – als ein wärmendes Feuer entstanden – steht am Scheideweg und ihr sind heute schwierige Fragen aufgegeben. Dass das Hospiz kein exterritoriales Gebiet ist, sondern dass die Konflikte der Gesellschaft in diesen Bereich hineinragen, zeigt diese Geschichte: Ende September 2002 stürmt die US-Drogenpolizei ein Sterbehospiz in Santa Cruz, Kalifornien, und legt alle, auch gelähmte paraplegische Patienten in Handschellen. Das privat geführte Hospiz hatte im Einklang mit dem kalifornischen Gesetz und den Behörden Marihuana angepflanzt und an die unheilbar kranken Heimbewohner abgegeben. Doch das Bundesgesetz will es anders – obwohl zwei Drittel der Amerikaner die medizinische Abgabe von Marihuana befürworten und in acht Staaten bereits dafür gestimmt haben.[208]

Welche ethischen und sozialen Normen sollen am Rande des Lebens gelten? Der Umgang mit Schmerzmitteln hat Berührungen mit der Drogenthematik zur Folge. Die damit verbundene Frage lautet: Sind Sterbebegleitung und Sterbehilfe eigentlich wirklich immer genau zu unterscheiden? Vier Spannungsfelder lassen sich gegenwärtig identifizieren:

Religiöse Bindungen?
In Österreich wurde im Jahr 2002 mit Plakaten für die Hospizarbeit geworben. Die niederländische Euthanasiepraxis

wurde auf dem Plakat der österreichischen Sterbebegleitung gegenübergestellt. Europa steht da vor einer Richtungsentscheidung. In Bayern und Österreich ist die Hospizbewegung ebenso stark, wie in den Niederlanden und Belgien die Sterbehilfe. In der österreichisch-bayerischen Sterbebegleitung setzen sich unfraglich katholische Orientierungen durch, während in der Euthanasie wohl eine calvinistisch-protestantische Kultur ihre säkularisierte Wirkung präsentiert.

Ehrenamt oder Schulmedizin?
Die Wurzeln der Hospizbewegung sind deutlich im sozialen und religiösen Engagement einzelner Menschen zu finden. Die Wurzeln reichen weit zurück – man denke nur an die Hospizgründung durch die heilige Elisabeth in Marburg. Auf der anderen Seite macht gegenwärtig die Palliativmedizin Fortschritte. Die geht davon aus, dass die Betreuung Sterbender vor allem eine Angelegenheit medizinischer Professionalität sein müsse. Unfraglich kann man eine Spannung zwischen weiblich bestimmter Hospizbewegung und männlich dominierter Palliativmedizin ausmachen. Beteuert wird von beiden Seiten, dass man einander brauche. Aber Palliativmediziner scheinen eher zu wünschen, dass die Hospizarbeit in den Bereich der Schulmedizin zurückgeholt wird, während Hospizler bestrebt sind, durch nachgeholte Ausbildung die Professionalisierungslücke der Ehrenamtlichen zu schließen. Wird in Zukunft ehrenamtliches Engagement entwertet bei gleichzeitiger (medizinischer) Re-Institutionalisierung hospizlicher Tätigkeit?

Vielfalt oder Standardisierung?
Heute bildet sich Hospizarbeit deutlich an kulturellen, ökonomischen und politischen Gegebenheiten der jeweiligen Regionen und Staaten aus. Die Hospizbewegung in Polen ist erkennbar von katholischen Initiativen getragen, in der Slowakei dagegen gibt es ein deutliches Planungsinteresse

seitens des Gesundheitsministeriums. Lokale Formen des Umgangs mit Leid, Sterben und Tod verschwinden heute sehr schnell und weichen einer säkularisierten und medikalisierenden Einbettung, die tendenziell uniformen Charakter annimmt. Wenn sich die Bürokratie der Europäischen Gemeinschaft des Themas annimmt, dann muss man befürchten, dass solche lokalen Verknüpfungen entwertet werden. Am Ende stünde ein europaweites, von einheitlichen kontrollierten Standards geprägtes Hospiz – das dann spätestens die Strukturen einer entsorgenden Institution annehmen würde.

Im Wolfspack

»Drei Monate lang konnte Olga ihre Medikamente noch selbst kaufen. Dann hatten die teuren Arznei- und Schmerzmittel die Ersparnisse der 63-jährigen Krebskranken vollständig aufgezehrt. Die allein stehende Frau aus St. Petersburg begann danach, Stück für Stück ihres Hausrats zu verkaufen, um Geld für Medikamente zu bekommen. Nach weiteren drei Wochen war ihre Wohnung leer. Die Todkranke kam ins Hospiz der St. Elisabethgemeinde. Dieses Hospiz hat dreißig Betten, es besteht 2002 seit zehn Jahren und ist damit das älteste Russlands.« Circa 60 Hospize gibt es in Russland (bei einer Gesamtbevölkerung von 148 Millionen Menschen). Die russisch-orthodoxe Gemeinde, die das Hospiz trägt, hat kaum Geld. Das Haus ist zuständig für etwa 400 000 Menschen. 4 000 von ihnen sind krebskrank. 600 der schwersten Fälle betreut das Hospiz der Elisabethgemeinde.[209]

Das Wohlstandsgefälle zwischen Westeuropa und Osteuropa wird sich in der gerade entstehenden Hospizlandschaft niederschlagen. Inmitten osteuropäischer Armut können Hospize wahre Fluchtburgen sein, in denen verarmte und kranke Menschen Zuflucht finden. Im westlichen Wohlstandsgürtel könnte ein Produkt entstehen, das eine neue Sterbenssicherheit zu bieten vorgaukelt, die sich durch garantierte Schmerzvermeidung und erprobtes Management der Stiftung Warentest empfiehlt. Man sieht den Focus-Titel vor sich: Die 100 besten Hospize. Man müsse – so erklärte kürzlich ein Sozialwissenschaftler im Blick auf das Hospiz – »das Produkt besser bewerben … das Produkt wartet auf die Kundschaft«. Dann kann man darauf warten, dass die Gesundheitsreform in eine Hospiz-Fallpauschale mündet: Nehmt die Großmutter, ihr kriegt 10 000 Euro, wie ihr es macht, ist uns egal. Lebt sie 10 Tage macht ihr einen Gewinn, lebt sie länger, setzt ihr zu.

Das Hospiz – so könnte man etwas zynisch sagen – ist womöglich die heimliche Hauptstadt der Spätmoderne. Gesellschaftliche Konflikte, ethische Ratlosigkeiten, Versicherungswahn und Entmündigungssucht sind hier in scharfem Schlaglicht zu erkennen. Vielleicht wird hier darüber entschieden, ob Alter künftig den Eintritt in eine Gletscherlandschaft markiert oder die Gastfreundschaft unter den Menschen neu belebt wird. Über alles könnte dort neu nachgedacht werden. Auch über die Befreiung aus der drohenden Enteignung des Todes. So wie sich der katholische Priester, von dem Philippe Ariès berichtet, auf der Intensivstation die Schläuche abreißt mit den Worten: »Ich werde um meinen Tod betrogen.«[210]

Vielleicht muss auch über den Schmerz noch einmal neu nachgedacht werden. Hiob, der auf dem Misthaufen sitzt, voller Schmerzen und Schwären, wird in der Bibel geschildert als jemand, an dem gerade deshalb Gott sichtbar und erkennbar wird. Nimmt uns die Narkotisierung aller Schmerzen eigentlich etwas? Vermutlich trifft man hier auf ein Kerntabu der modernen Gesellschaft: Über die Priorität der Bekämpfung des Schmerzes herrscht Einigkeit. Verdächtige Einigkeit? Hat sich die Angst vor Sterben und Tod längst verschoben auf die Angst vor Schmerzen?

Auch hier stehen die Bewohner moderner Gesellschaften vor einer Weichenstellung. Die eine Richtung heißt: Machen wir Sterben und Tod zu einer sicheren Sache. Exakte Einschätzungen durch die Software, Schmerzmanagement und professionelle Begleitung durch Experten aller Art – das letzte Rundum-Sorglos-Paket, ein finaler Event, dessen Organisation in den Händen der dafür Zuständigen liegt. Die andere Richtung: die Rückeroberung der Kunst des Sterbens, die freilich nur möglich ist, wenn wir uns nicht als ein versagendes System begreifen, sondern als Geschöpfe.

Kürzlich wurde berichtet von einem Obdachlosen, einem Penner. Der hatte sich eine Marke für eine Auto-Waschstraße gekauft und sich dann nackt in diese Waschstraße gestellt, um sich zu duschen. Das funktioniert ohne Auto nicht. Aber es ist irgendwie ein Bild für die Sackgasse, in die sich die Menschen zu verrennen im Begriff sind. Es ist ein Bild äußerster Ratlosigkeit, Erniedrigung und enttäuschter Erwartung. Je mehr sich die Menschen darauf einlassen, Sterben zu institutionalisieren, desto mehr werden sie sich fühlen wie der Penner in der Waschstraße: Die Enteignung des Todes zieht die Entsozialisierung des Sterbens nach sich.

Sollen die Worte eines weisen alten Juden diese Überlegungen abschließen: »Die moderne Gesellschaft vermag mit ihren Alten nichts anzufangen. Leib-leiblich leben wir länger denn je; geist-leiblich sind die Greise überflüssiger denn je. ... Wir sterben ein langes Leben hindurch. Leiblich geht der Mensch nach 60 nur zurück. Im Wolfspack würde ihm da der Gnadenstoß versetzt werden. Aber unter uns Menschen wird dies Naturgesetz, ›was fällt, soll man noch stoßen‹ durchbrochen. Der Hitleraufschrei: ›Ich muss den Krieg noch führen, ehe ich zu alt bin, ehe ich 60 bin‹, bezeichnet seine Unmenschlichkeit sogar besser als seine viehische Grausamkeit. Hitler verwechselte nämlich die menschliche Geschichte mit der der Wölfe. Obwohl die Industrie, aus der Hitlers Seele die Schlacke darstellt, mit den alten Leuten nichts anzufangen weiß, sind trotzdem der Säugling und der Todesbereite zusammen wichtiger als die Studenten und die Manager. Denn

der eine, der Sterbenswillige, liefert dem Säugling die neuen
Kinnbacken, die neuen Namen, die neue Sprache, von Geschlecht zu Geschlecht ... Dass das Wort Fleisch wird, das
wird nicht sichtbar in dem Säugling, sondern in dem Sterbenden. Wer gut stirbt, in dem ist ein neuer liebenswerter
Zug ausgeprägt worden, und er darf nicht vergessen werden.
Es ist natürlich nicht das leibliche Alter von 80 oder 90 Jahren, das ›an sich‹ unvergesslich wäre ... Aber immer gehört
zum Vorbilde ein Sterbensprozess. Der Einsatz des Lebens
muss gewagt worden sein. Denn erst der, der für seine
Lebensweise auch stirbt, verleiht dieser Weise auch Unsterblichkeit. Wer uns an das Sterben gemahnt und es mit Sinn
begabt, der vererbt den Neugeborenen die Kraft, die ihnen
sonst gegenüber ihren Eltern und Lehrern und Umwelten
abginge. Auf diese für eine neue Lebensweise Sterbenden und
sie so machtvoll bezeugenden Älteren beruft sich die nächste
Generation. Das befreit sie, das allein befreit sie von dem
Zufall der Geburt.«[211]

EINFACH ALTERN

Aufbruch in ein neues Alter

Bedenkt: der Teufel, der ist alt.
So werdet alt, ihn zu verstehen!

Johann Wolfgang von Goethe, Faust II,
Mephistopheles zum Baccalaureus

Nur noch essen und schlafen?

»Die Hälfte des Lebens wird mit Schlafen verbracht. Zehn
Jahre werden in der Kindheit zugebracht. Zwanzig Jahre werden im Alter verloren. Von den zwanzig Jahren, die übrig
bleiben, verbrauchen Kummer, Jammer, Schmerzen, Hetzerei
und Unruhe sehr viel Zeit, und Hunderte körperlicher Krankheiten zerstören noch mehr Zeit.« Sagt der Buddha. Und
Tenzin Gyatso, der 14. Dalai Lama, geistliches Oberhaupt des
tibetischen Volkes, fügt hinzu: »Von den hundert Jahren
eines Menschenlebens verbringen wir den frühen Abschnitt
als Kind und den letzten Abschnitt als alter Mensch, wo man
oft nur wie ein Tier isst und schläft.« Das sagt er so einfach,
und es ist ein Schlag ins Gesicht moderner Reichtumsgesell-
schaften, in denen doch große Kraftanstrengungen gemacht
werden, um das Altwerden zu bekämpfen. Der Dalai Lama
markiert diese Verdrängungswut der Modernen. Was passiert
mit uns – so fragt er –, wenn wir das Alter nicht als Teil des
Lebens akzeptieren, sondern es als unerwünscht betrachten
und aus dem Denken ausblenden? »Das hat zur Folge, dass
man geistig nicht vorbereitet ist. Wenn das Alter dann unausweichlich eintritt, wird es sehr schwierig.«[212]
Die Resonanz, die der Dalai Lama heute in Europa hat,

überrascht, denn die christliche Tradition hat durchaus ähnliche – im besten Sinne des Wortes – einfache Weisheiten vorzuzeigen. Aber offenbar sind diese Traditionen begraben unter modernistischem Anti-Aging-Schrott, lebendig begraben, weil die Menschen nicht an ihr Alter und erst recht nicht an den Tod erinnert werden wollen – jedenfalls nicht von Stimmen aus der eigenen Kulturgeschichte.

Der erschöpfende und aufreibende Kampf, den die Menschen heute gegen Alter und Tod führen, lässt sie das Leben versäumen. Die Länge des Lebens gerät unter das Diktat der Statistik, und wir schielen auf diese uns vorgerechnete durchschnittliche Lebenserwartung und fragen uns, wie viel uns wohl noch zusteht. Das Altwerden wird zum unlauteren Vorteil, der dem Durchschnitt abgelistet werden muss. Ist meine Lebensquote vielleicht schon aufgebraucht? Je angstvoller diese Frage – desto schneller flieht die Zeit.

Noch einmal der Dalai Lama: »Es gibt Menschen, die körperlich alt sind, aber so tun, als ob sie jung wären.« Das ist dumm. »Ihnen wachsen Haare in den Ohren, und das ist ein sicheres Zeichen für das Alter – aber es ist ihnen unangenehm, alt zu sein.« Wichtig ist es dagegen, Altern und Tod als Bestandteil des Lebens zu akzeptieren. Werden Alter und Tod geleugnet, bringt dieses Leugnen nur eins hervor: Gier.

In hellsichtigen Augenblicken des Lebens ahnen wir oder sehen wir sehr deutlich, dass die Sucht nach Dingen, nach exklusiver Nahrung und modischer Kleidung uns vom Leben abbringt. Ich denke oft an einen Mann, mit dem ich durchaus eng befreundet war. Aus seiner metaphysischen Verlassenheit machte er keinen Hehl: Nichts gebe es, was dem Leben Sinn verleihen könne. Das Einzige, worin er sich zu retten versuchte, war eine krampfhafte Ästhetisierung des Lebens. Immer auf der Jagd nach der Schönheit, nach dem künstlerisch Ungewöhnlichen, nach dem neuesten Trend. Scharfsinnig war er und äußerst empfindsam für alles, was seiner Karriere dienlich oder gefährlich sein konnte. Ein

durchgestyltes Leben: exklusive Einrichtung, raffinierte opti-
sche und akustische Genüsse. Bis hin zum Designerhund.
Und aus der Entfernung, aus der ich dieses Leben jetzt
betrachte, doch nichts als verzweifelte Leere, die mit exklusi-
vem Design übertüncht werden sollte. Die Hoffnungslosig-
keit einer radikal modernen Existenz, der jede Orientierungs-
möglichkeit entrissen ist.

Ich setze dagegen das Leben einer alten Frau, die im nami-
bischen Katutura lebt, der slumähnlichen Vorstadt Wind-
huks. Eine schwergewichtige kluge Frau, die ihren arthriti-
schen Körper nur mit Krücken in die Höhe stemmen kann.
Die Behausung, in der sie lebt, ist aus unserer Sicht nur eine
Baracke. Ausgestattet mit ästhetischen Scheußlichkeiten, von
den Drucken an der Wand bis zum ärmlichen Mobiliar. Im
Kontext der Blech- und Papphütten, die hier vorherrschen,
ist das mehr, als die meisten anderen haben. Diese alte Frau
hat alle Hände voll zu tun. Um sie herum sterben die jungen
Menschen an Aids, werden HIV-infizierte Säuglinge ausgesetzt, verrecken Menschen, die niemanden mehr haben, der
sie versorgt, im müllübersäten Dreck. »People are talking
about death like bread«, sagt sie, die Menschen reden über
Tod wie über Brot. Sie sammelt um sich Menschen, und sie
versucht, Geld aufzutreiben. Hier wird eine Wellblechhütte
errichtet, in der ausgesetzte Babys versorgt werden, dort ein
notdüftiges Hospiz für Sterbende gebaut: Nichts als ein Dach
und ein paar Matratzen. Mühsam zusammengekratzte Cents,
mit denen Leben gerettet und Sterben erträglich gemacht
werden können. Diese alte Frau braucht sich die Frage nach
dem Sinn des Lebens nicht zu stellen. Der Sinn ist einfach da.

Der Luxus, in dem wir leben, der noch unsere Pflegeheime
mancherorts zu Stahl-Glas-Palästen hat werden lassen, nimmt
uns offenbar mehr, als er uns gibt. Denn in diesen Heimen
werden wir ja technisch-medizinisch meist ordentlich versorgt, aber darüber hinaus verwesen wir in Verlassenheit,
weil Kommunikation aus Kostengründen nur dosiert und

sparsam vergeben wird. »Wer hätte«, so schreibt John Berger, »die Einsamkeit ahnen können, in der die Menschen heute leben? Eine Einsamkeit, die täglich von einem Netzwerk aus körperlosen und falschen Bildern verstärkt wird. Doch deren Falschsein ist kein Irrtum. Wenn man in der Jagd nach Profit das einzige Mittel zur Rettung der Menschheit sieht, wird Umsatz um jeden Preis zum obersten Gesetz, und konsequenterweise muss man sich über das Existierende hinwegsetzen, es nicht beachten, es unterdrücken.«[213]

Mehr und mehr sind wir einem körperlosen Alter ausgesetzt: Alte erscheinen vorzüglich als statistische Massen in Grafiken und Diagrammen. Die zur Gewohnheit gewordene Jagd nach Profit verwandeln die Alten gezwungenermaßen in die Jagd nach mehr Lebensjahren. Der Preis dafür ist eine luxuriöse Blutleere. Manchmal gewinnt man den Eindruck, dass man als alter Mensch zu einer Vampirexistenz verdammt ist, die dazu führt, dass die anderen sich überlegen, wann und wie man dem Vampir nächstens den Pfahl ins Herz rammen kann, um ihn loszuwerden. Vielleicht sollte man die Professor-Rürup-Kommission einmal unter diesem Gesichtspunkt sehen. Aber man weiß ja auch, wie bei Polanskis Vampirfilm die Rettungsaktion endet: Den Rettern wachsen die Eckzähne.

Wir sind heute dabei, die düstersten Utopien zu überbieten. Aldous Huxley hatte in seinem Roman »Schöne neue Welt« beschrieben, wie in einer totalitär von Nützlichkeit beherrschten Welt die Alten entsorgt werden, wenn sie nicht mehr brauchbar sind: Sie werden in Sterbehäusern unter Drogen gesetzt, von Musik umhüllt und dann abgeschaltet. Schulkinder werden frühzeitig zu Exkursionen in diese Todespaläste gebracht, mit Schokoladenbaisers gefüttert, um sich an dieses voraussehbare Ende zu gewöhnen. So weit die Utopie.

Wahr ist: In manchen dänischen Altersheimen werden heute zur Einschlafzeit Pornofilme härtester Machart gezeigt.

Der Pfleger kommt nicht mehr mit dem pharmazeutischen Schlummertrunk, sondern mit dem Video. Es habe – so wird aus diesen Heimen berichtet – seitdem keine gewalttätigen Übergriffe unter den Heimbewohnern mehr gegeben, der therapeutische Nutzen von TV-Sex sei unbestreitbar. Das Pflegepersonal organisiert für männliche Heiminsassen Termine mit so genannten Besuchs-Freundinnen. Das dänische Sozialministerium arbeitet im Jahre 2001 an einer Broschüre zu altengerechten Onaniepraktiken.[214]

Nichts gegen Senioren-Erotik, nichts gegen die Sehnsucht nach Nähe und Wärme. Der Skandal liegt darin, dass die Alten hier noch einmal zu belieferungsbedürftigen Mängelwesen degradiert werden, deren Sexualität verwaltet wird. Bis zum letzten Augenblick soll das Leben der gekauften Unterhaltung unterworfen bleiben. Bis zum letzten Augenblick soll gelten, dass jeder und immer auf alles ein Recht hat. Das höchste Stadium des Menschen soll seine Bewusstlosigkeit werden.

Darauf zielt auch ein Szenario, das sich in der *Financial Times Deutschland* findet: Eine Klinik am Starnberger See im Jahre 2050. Wer es sich leisten kann, lässt sich dort den »Glückspilz« ins Hirn implantieren. Das ist eine Hirnsonde, die auf Knopfdruck Glücksgefühle flutet, um Schmerz und Trauer zu bekämpfen.[215] Ist es das, was wir wollen? Die Narkotisierung des Lebens, die es erlaubt, Trauer und Schmerz, die doch auch zum Alter gehören, hinauszukomplimentieren? Schon jetzt ist ja die Zahl der tablettenabhängigen Alten bemerkenswert hoch. 90- bis 95-Jährige nehmen – verglichen mit dem Bevölkerungsdurchschnitt – das Dreifache an Pharmaka ein.[216] Beruhigungstabletten und Stimmungsaufheller gehören heute zum Greisentum wie der Harnisch zum Söldner: Wir haben begonnen, uns mit Psychopharmaka gegen das Altwerden zu wappnen. Im gleichen Zug wird zwangsläufig das Leben aus dem Leben vertrieben.

Master-Survivor und Retro-Senior

Der Reichtum, den wir errungen haben, ist nicht zu einem schützenden Nest geworden, in dem die Menschen – endlich von banalen Überlebenssorgen befreit – als Menschenfreunde leben können. Der Reichtum scheint vielmehr die Erfahrung von Sinnlosigkeit, die entgrenzte Gier und umfassende Einsamkeit systematisch aus sich herauszusetzen. Darum werden Pornos, Psychopharmaka und bald sicher auch Hirnsonden gebraucht, um den Zustand der Erinnerungslosigkeit und Bewusstlosigkeit herzustellen, der uns dieses Alter ertragen hilft. Dahinter droht die Möglichkeit zu verschwinden, in Würde alt zu werden.

Der Begriff der Würde, der in unserer Verfassung steht (»die Würde des Menschen ist unantastbar«) hat ja schon etwas Verstaubtes bekommen. Wir assoziieren etwas Tatteriges und Lächerliches damit, das Wort kommt aber von »Wert« – und das ist nun seinerseits ein problematisch gewordener Begriff, da sich in ihn die Geldgesellschaft eingenistet hat.[217] Darum wird der Begriff »Würde« gegenwärtig durch den Begriff der Lebensqualität abgelöst und verdrängt. Dann hat man etwas Messbares, Quantifiziertes, das verwaltbar, kontrollierbar und herstellbar ist. Vom qualitätskontrollierten Alter bis zum qualitätskontrollierten Sterben ist es da nur noch ein kleiner Schritt.

Näher kommen wir dem, was Würde meinen könnte, vielleicht mit Martin Buber. Es ist die »jedem, ja: jedem Menschen eingepflanzte, aber ungebührlich vernachlässigte Ahnung des Wesens, das mit ihm, und mit ihm allein… gemeint, intendiert, vorgebildet (ist) und das zu vollenden, das zu werden ihm zugemutet und zugetraut ist«.[218] Das – so Buber   sei nichts anderes als das Ganzweiden, Gestaltwerden, Kristallwerden der Seele, womit auch immer ein »grausames Wagnis« verbunden sei, ein »verwegenes Werk der Selbsteinung«.[219]

Wo das vergessen ist, stehen Lebensqualität und ihre Kontrolle auf dem Plan. Schon ist in diesem Sinne – natürlich erst einmal amerikanisch – vom Master-Survivor die Rede, der sich dadurch auszeichnet, dass es ihm gelungen ist, mehr Jahre als andere zu ergattern. Ein Hamburger Konditor hat in Zusammenarbeit mit dem Klentze Institut die erste Anti-Aging-Praline auf den Markt gebracht. »Die neuen Felice-Trüffel sollen mit Genuss den Alterungsprozess verzögern.«[220] Eine kleine 40-Gramm-Tafel Milchschokolade enthält rund 300 Milligramm Polyphenole, so viel wie die übliche Tagesration an Obst und Gemüse. Verheißung: Wir werden uns nicht einmal mehr durch Kohlrabi-Berge nagen müssen, um den Alterungsprozess zu verzögern. Es geht alles bequemer. Ein süßlich-klebriges Pralinen-Alter.

Man darf erwarten, dass sich diesem medizinisch gehätschelten und gestützten Alterskämpfer der Retro-Senior zugesellen wird. Der ist den Pralinen abgewandt und wendet stattdessen seinen Rücken den Akupunkturnadeln zu. Er wird auf den neuen Modetrend, den ultimativen Hype, der da unter dem Namen »Simplify« gerade ankommt, setzen. Er sieht sich als Opponent zu konsumistischen Trends, will ein Slobby sein, und fällt dabei doch nur auf eine vorübergehende Marotte herein, die als »Megatrend Reife« in den Markt gedrückt wird. Die Grundmelodie bleibt das Halleluja auf ein Ich, das nur sich selbst im Blick hat. Hatte der stoische Philosoph Seneca das Alter als die »Blütezeit der Seele« preisen können, so konzentriert sich hier alles auf den Mehrwert, dem man dem Leben auf verschiedene Weise abpressen möchte. Wenn ich es recht bedenke, würde ich persönlich dann doch – statt dem Megatrend Reife verpflichtet zu sein – die Felice-Trüffeln vorziehen.

Das ist alles so negativ, höre ich die geneigten Leser sagen. Wo bleibt das Positive? Das kommt schon noch. Aber Hoffnung kann nur da entstehen, wo die schlechte Wirklichkeit nicht einfach hingenommen wird. Wer sich hemmungslos und hirnlos ins positive Denken stürzt, hat seinen persönlichen Beitrag zur Geschichte der Verdummung der Menschen schon geleistet. Wer die Hölle leugnet, kann den Himmel nicht sehen. Friedrich Hebbel hat es – in seinen Tagebüchern – drastisch auf den Begriff gebracht: »Der Dichter, der den Weltzustand, wie er ist, aufdeckt, muss nicht Liebe von seinen Zeitgenossen fordern. Wann hätten die Leute denn ihren Henker geküsst?«

Es kommt überhaupt nicht darauf an, zu sagen, was sein soll. Damit würde man nur einstimmen in den fanatischen Chor der Projektemacher, die unablässig versuchen, die Zukunft zu asphaltieren, um sie schnell befahrbar zu machen. Postmoderne Regenmacher, die sich die Zukunft unterwerfen wollen, indem sie sie verplanen. Es kommt stattdessen darauf an, die Bedingungen zu benennen, die verhindern, dass das Wünschbare realisiert werden kann.

Wer skeptisch ist, gilt heute als Spielverderber. Je unübersehbarer und dringlicher die Probleme in unserer modernen Gesellschaft werden, desto weniger darf von ihnen geredet werden. Stattdessen flüstert man sich ein beschwörendes »Alles wird gut!« ins Ohr. Es berührt aber merkwürdig, dass es da zugleich einen kulturellen Zwiespalt gibt, der immer tiefer zu werden scheint. Einerseits wird von Wirtschaftsbossen, von Ministern und Medienstars unablässig das positive Denken eingefordert, das eine Art Treibsatz für die Wachstumsgesellschaft sein soll. Andererseits braucht man nur ein zeitgenössisches Theaterstück anzusehen oder auf die Dokumenta zu gehen, um zu wissen, dass – von Beckett bis Baselitz – Kultur radikal kritisch und negativ ist, weil sie es sein muss, wenn sie realistisch sein will. Vielleicht sind die Sparbeschlüsse in den Kulturetats tatsächlich als der heimliche Plan zu verstehen, diese letzten Ecken, in denen es Widerspruch gibt, auszufegen. In einem denkwürdigen Gespräch zwischen dem alt gewordenen Historiker Ernst Fischer und dem ebenfalls alten Philosophen Adorno sagt der Letztere: »Nicht wahr, positiv denken ist kriminell?« Fischer nickt und stimmt zu. Es gibt eine scharfe Trennlinie zwischen dem dummdreisten »think positive« und der Hoffnung auf eine menschenwürdige Lebenswelt.

Diese Trennlinie wird auf wunderbare Weise deutlich in einem Gespräch zwischen Marco Polo und dem Tartarenkaiser Kublai Khan. Der Reisende Marco Polo erzählt dem Groß-Khan von den Städten, die er besucht hat, und dass sie eine Galerie des Schreckens seien. (Der italienische Schriftsteller Italo Calvino hat diese fiktiven Reisen und diese erdachten Städte beschrieben.) Am Schluss seiner Erzählungen fragt der Kaiser den Reisenden: »Wird der letzte Anlegeplatz, auf den uns die Winde zutreiben, die Höllenstadt sein, zu der die Strömung uns in einer sich immer mehr verengenden Spirale hinunterzieht?«

Und Marco Polo antwortet: »Die Hölle der Lebenden ist nicht etwas, was sein wird; gibt es eine, so ist es die, die schon da ist, die Hölle, in der wir tagtäglich wohnen, die wir durch unser Zusammensein bilden. Zwei Arten gibt es, nicht darunter zu leiden. Die eine fällt vielen recht leicht: die Hölle akzeptieren und so sehr Teil davon werden, dass man sie nicht mehr erkennt. Die andere ist gewagt und erfordert dauernde Vorsicht und Aufmerksamkeit: suchen und zu erkennen wissen, wer und was inmitten der Hölle nicht Hölle ist, und ihm Bestand und Raum geben.«

Es ginge also darum, das richtige Leben im falschen zu suchen.

Auf vielfältige Weise verbogen und schon vermarktet, ist in der erwähnten Idee des »Simplify« etwas von dem »Richtigen« aufbewahrt. Simplify – das bereitet zwar die Degradierung der Alten zu Konsumenten zweiter Klasse vor. Und es ist ein wahrscheinlich schnell wieder verschwindendes Lifestyle-Schlagwort. Der Begriff erinnert aber dennoch von Ferne daran, dass es darum geht, aus den Zwängen der Verbrauchsgesellschaft auszusteigen. Lebendig alt werden kann man nur, wenn man sich aus den Schuttbergen einer konsumistischen Gesellschaft herauswühlt. Weg mit dem Schrott! muss die Devise lauten: Raus mit den vielen Dingen! Ein Adieu dem Erlebniszwang! Nieder mit dem Dauerfernsehen! Flucht aus den Wartezimmern der Ärzteschaft und ein herzhaftes »Nein danke!« an die Gesundheitsindustrie. Werft die Anti-Aging-Tabletten weg und weist den Hormonberatern die Tür. Sie wollen nur, dass ihr wie präparierte Leichen ausseht.

Das durch Hormontabletten und Stimmungsaufheller verleugnete Alter entwickelt sich zum junk-age. Und wo ist die Rettung? Von kleinen »närrischen Akten der Zurückweisung« spricht Ivan Illich. Flucht vor der Einstampfung des Alters, stattdessen das Wagnis eines Alters, das dem Lachen, der Weisheit, dem Schmerz, der Erinnerung zugewandt ist und sich nicht medial, pharmakologisch oder administrativ betäuben lässt. Wenn eure Enkel sich nichts erzählen lassen wollen oder ihr keine Enkel habt, dann erzählt euch gegenseitig etwas, solange ihr könnt. Versucht nicht, Versäumtes nachzuholen, sondern konzentriert euch auf das Mögliche. Man muss sich im Alter nicht mehr durch Bibliotheken wühlen, sondern kann es machen, wie es der weise Papst Johannes XXIII. vorgeschlagen hat: »Zehn Minuten meiner Zeit werde ich heute einer guten Lektüre widmen« – statt sich etwas vorzunehmen, woran man dann doch scheitert. Bescheidenheit und Selbstbegrenzung sind die Pforten in ein vitales und reiches Alter.

Die Alten sind damit keineswegs genötigt, sich einem neuen Stress zu unterwerfen, der sie dazu auffordert, unablässig »eigentlich« und tiefsinnig zu sein. Keine Altersleistungsgesellschaft. Das wird in jener schönen Geschichte von dem chinesischen Meister deutlich, der – am Rande des Lebens angekommen – ein Brettspiel spielt. Seine Schüler fragen ihn entsetzt, ob er denn im Angesichte des Todes nicht zu einer tiefsinnigen Lektüre greifen wolle. Seine Antwort: Wenn man einen großen Fluss zu durchschreiten beabsichtige, dann suche man sich doch auch eine flache Stelle.

Ist es denn wirklich unmöglich, sich durch das Gestrüpp der Generationsdebatte hindurchzudrängen, um zu Fragen zurückzukehren, die an die Wurzel gehen? Bleibt es wirklich bei banalen Verteilungsfragen? Lassen wir uns von der Manie und Blindheit politischer und ökonomischer Eliten darauf reduzieren? Ist die Frage nach der Tugend in Geldfragen aufgelöst und zum Verschwinden gebracht worden? Kürzlich war ich eingeladen von einer Gruppe sehr reicher – vorwiegend älterer – Menschen. Ich sollte ihnen etwas darüber erzählen, »wie wir in Zukunft leben wollen«. Eine spürbare Beunruhigung war da, dass vielleicht, vielleicht das gute Leben nicht schon dadurch garantiert sei, dass Geld im Überfluss vorhanden ist. Man konnte es wahrnehmen: Die Frage nach dem richtigen Leben ist nicht tot. Meister Eckhart, der deutsche Mystiker, der um 1300 lebte, reißt den Vorhang weit auf, der den Blick auf das richtige Leben erlaubt: »Du musst dich selbst lassen, und zwar völlig lassen, dann hast du recht gelassen. Es kam einmal ein Mensch zu mir – es ist noch nicht lange her – und sagte, er habe große Dinge hinweggegeben an Grundbesitz, an Habe, um dessentwillen, dass er seine Seele rettete. Da dachte ich: Ach, wenig und Unbedeutendes hast du doch gelassen! Es ist eine Blindheit und eine Torheit, solange du irgendwie auf das schaust, was du gelassen hast. Hast du aber dich selbst gelassen, so hast du wirklich gelassen. Der Mensch, der sich selbst gelassen hat, der ist so lauter, dass die Welt ihn nicht leiden mag.«[221]

In was für eine Welt sind wir geraten, dass Fünfundzwanzigjährigen heute ihre Altersversorgung zu einer Frage geworden ist, die ihnen wichtiger erscheint als die Suche nach einer humanen Lebenswelt? Und wie haben die Alten die Welt verschandelt, dass es so weit kommen konnte? Wie konnte es geschehen, dass wir den Kontostand unserer Lebensversicherung mit größerer Andacht betrachten, als wir ein Beethoven-Andante hören?

Die radikalste Äußerung zur Generationenfrage, die ich

kenne, und die alles auf den Begriff bringt, stammt von Sokrates. Und es sind seine letzten Worte, die er zu den Richtern spricht, die ihn zum Tode verurteilen, weil er angeblich die Jugend verführt habe: »An meinen Söhnen, wenn sie erwachsen sind, nehmt eure Rache, ihr Männer, und quält sie ebenso, wie ich euch gequält habe, wenn euch dünkt, dass sie sich um Reichtum oder um sonst irgendetwas eher bemühen als um die Tugend; und wenn sie sich dünken, etwas zu sein, sind aber nichts: so verweiset es ihnen wie ich euch, dass sie nicht sorgen, wofür sie sollten, und sich einbilden, etwas zu sein, da sie doch nichts wert sind. Und wenn ihr das tut, werde ich Billiges von euch erfahren haben, ich selbst und meine Söhne. Jedoch, es ist Zeit dass wir gehen, ich um zu sterben, und ihr, um zu leben. Wer aber von uns beiden zu dem besseren Geschäft hingehe, das ist allen verborgen außer nur Gott.«[222]

Quält sie, wie ich euch gequält habe! Wir die Älteren können heute so nicht sprechen, weil wir das Recht dazu verloren haben, denn wir selbst haben in der Wahl zwischen Reichtum und Tugend nach dem Falschen gegriffen. Wer sich heute die Debatte um die Zukunft der Bildung anhört, merkt die Verrottung, wenn er sie bemerken will. Da wird zum Beispiel für die kommenden Generationen ein wettbewerbsfähiges Bildungssystem gefordert: Die Frage nach dem »Guten« ist auf eine Rankingfrage heruntergekommen: Wo ist die Universität, in der der jugendliche Lern-Container am schnellsten und effektivsten mit Informationen angefüllt wird? Die Frage, ob angelsächsische Masterstudiengänge oder deutsche Diplome zu bevorzugen sind, wird heftig diskutiert, wenn aber jemand die Frage des Sokrates stellen würde, ob es denn auch um »Tugend« gehe in diesen Universitäten, dann würde er ein höhnisches oder verächtliches Gelächter ernten. Die geplante Entmoralisierung der kommenden Generationen ist uns so selbstverständlich geworden, das sie uns überhaupt nicht mehr auffällt. Sokrates würde zwar heutzutage keinen Schierlingsbecher trinken müssen, aber einer Evaluation würde er nicht standhalten und mit seinem Ranking sähe es grau aus. So ist der Kampf der Generationen beiderseits von der Dummheit und der Ignoranz bestimmt.

Ein konspiratives Alter

Die *conspiratio* war der Kuss, mit dem sich die Männer und Frauen der frühchristlichen Kirche gegenseitig freundschaftlich begrüßten. Zu ihrer Gastfreundschaft gehörte, dass immer eine Matratze, ein Stück Brot und eine Kerze im Hause waren, um den aufzunehmen, der an die Tür klopfte. Man sah in dem anklopfenden Gast ganz selbstverständlich den Gott – wie es der irdische Jesus gelehrt hatte. Jeden Menschen als eine Manifestation des Göttlichen zu begreifen, das war das Neue am Christentum, das damit alle ethnischen und kulturellen Grenzen zu sprengen sich anschickte: eine Menschen-Konspiration. Vielleicht wäre das eine angemessene Antwort auf die Fragen, die aus dem schwierig gewordenen Verhältnis der Generationen entstehen? Je mehr Gelddebatten das Generationenverhältnis bedrohlich überschatten, desto wichtiger wird es, konspirativ gegenzusteuern – wenn wir darunter eine neue Spiritualität im Verhältnis der Generationen verstehen.

Schauen wir noch einmal resümierend auf dieses zerrüttete Verhältnis der Generationen, das wir beschrieben haben – und auf seine Zukunft –, und wechseln dabei noch einmal die Perspektive: Die erinnerungs- und weisheitsfeindliche Gegenwartsgesellschaft findet in den Millionen Alzheimer-Kranken ihren adäquaten Ausdruck. In jedem, der sein Gedächtnis verloren hat, setzt sie sich selbst ein Denkmal. Bei den Erinnerungslosen sind wir unserer Realität also näher, als uns lieb sein kann. Sie sind gar nicht der Rand unserer Lebenswelt, sondern sie sind so etwas wie die heimliche Mitte. Anstiftung zur Erinnerung – das ist deshalb vielleicht

der wichtigste Beitrag zur Befriedung des Generationen-
kampfes.

Der Konflikt um die Alten bricht – so war gesagt worden –
jetzt aus, weil die konsumistische Korruption nicht mehr
funktioniert. Die Renten können nicht mehr steigen, weil die
Kassen leer sind. Im Gesundheitsbereich drohen uns Rationierungen.

Es kommt alles darauf an, dass die Chancen, die in dieser
Herausforderung liegen, begriffen und ergriffen werden. Es
ist in der Tat ein merkwürdiges Phänomen, dass damit wohl
zum ersten Mal in der uns bekannten Geschichte die Alten
zum Anlass für tief greifende gesellschaftliche Reformen werden. Aber so ist es.

Die Verteilungsdebatte wird weitergehen, und die Argumente werden gebetsmühlenartig wiederholt, werden immer
wieder als neu ausgewiesen und sind doch immer dieselben.
Das planerische Grundelement heißt Kürzung. Auch wenn in
der deutschen Gesellschaft Geld genug vorhanden sein dürfte,
um solche Kürzungen zu vermeiden: Der Verweis auf den
globalisierten Arbeitsmarkt (Lohnnebenkosten!) wird dafür
sorgen, dass die Kürzungen durchgesetzt werden. Er wird
auch eine Privatisierung der Versorgung mit Renten und
Gesundheit zur Folge haben, bei dem immer mehr alte und
junge Leute den Anschluss verlieren werden.

Grün, schwarz, gelb, rot: Auf die eine oder andere Weise
werden sie die Leute in die Investmentfonds scheuchen, wo
die für ihr Geld noch weniger bekommen als in der staatlichen Rentenversicherung – wenn sie denn überhaupt die
Chance haben, bei diesem Börsenlottospiel mitzuspielen.
Eine große Zahl von Menschen hat ja schon jetzt kaum hundert Euro übrig, um sich gegen die Risiken des Alters zu versichern. Eine vernünftige, menschenfreundliche Politik wird
unter diesen Umständen versuchen, eine Grundsicherung zu
schaffen, die ein – wenn auch einfaches – Leben garantiert.
Das Unbefriedigende dabei bliebe, dass man die Umrisse

einer Gesellschaft zu sehen bekommt, bei der die Jungen vergreisen, weil sie mit zwanzig zwangsweise in die Grundsicherungs-Pension geschickt würden. Denn das ist die Kehrseite einer Gesellschaft, der die Arbeit ausgeht. Aber das ist immer noch besser als neoliberale Kaltschnäuzigkeit, die den Bettler auf der Straße braucht, um den »Normalen« zu zeigen, wohin es mit ihnen kommen kann. Dabei ist dies in einer Gesellschaft, die auf die Disziplinierung durch Arbeit gar nicht mehr angewiesen ist, besonders infam.

In diesem Buch ist plädiert worden für eine Rekultivierung und Rezivilisierung des Generationenkonfliktes. Die Debatte um Generationengerechtigkeit zeigt, dass dem Bürger und der Bürgerin überhaupt nichts mehr zugetraut wird. Hoch über den Köpfen wird diskutiert, wer was kriegt, und allenfalls Lobby-Repräsentanten dürfen mitreden. Das ganze Kommissionsunwesen zeugt von einer hilflosen Gesellschaft: Darum ist der *civis*, der die Zivilisierung verantwortet, gefordert. Dass die Leute immer häufiger nicht mehr zur Wahl gehen, heißt ja nicht, dass sie ihre Sache nicht zu betreiben wüssten. Es heißt zunächst nur, dass es ihrer Erfahrung entspricht, dass die da oben doch machen, was sie wollen.

Darum ist die beginnende Entkoppelung der Bürger und Bürgerinnen ein verständlicher Schritt. Sie erwarten sich von der Politik – außer Kürzungen – immer weniger, ebenso wie die Politiker ja vom Bürger nichts mehr erwarten außer dem Kreuzchen am Wahltag.

Rings um mich her verlieren Familienväter ihre Jobs, verschwinden Einrichtungen der Erziehungsberatung und der Drogentherapie, verwahrlosen Schulen und rechnen mir mittelalterliche Frauen vor, dass sie 560 Euro Rente bekommen werden. Eine Kollegin erfährt aus der Zeitung, dass das Universitätsinstitut, in dem sie arbeitet, geschlossen wird. Die gewohnten kleinen Sicherheiten verschwinden, Knappheit, Arbeitslosigkeit und Unversorgtheit werden normal, stattdessen werden die Leute in eine Eigenverantwortung entlassen, deren Name Versicherungspolice ist.

Und das alles ist – wie wir ahnen – erst der Anfang. Ohnmächtige Wut fordert eine Rücknahme der Kürzungen. Aber an dem Tag, an dem weitere Kürzungen bei der Sozialhilfe, der Eigenheimzulage, der Pendlerpauschale verkündet werden, sieht man in *Bild* Boris Becker in seinem neuen Riesenbüro in Zug in der Schweiz. Dort lebt er steuerfrei. Globalisierung der Kürzungen: Der eine kürzt seine Steuerzahlungen, dem anderen wird die Sozialhilfe gekürzt.

Ich sehe nicht, wie oder wer diesen Prozess der Entsolidarisierung der Gesellschaft stoppen wollte oder könnte. Wie also wollen wir darauf reagieren? Die Alten und die Jungen müssen sich, soweit es geht, von der Geldökonomie entkoppeln und stattdessen eine neue Ökonomie anvisieren, in der die Menschen sich wieder stärker fragen: Was kann ich selber tun, und was kann ich für andere tun? Eine solche Ökonomie ist erst noch auszuarbeiten. Sie könnte bescheidener, aber menschenfreundlicher sein. Sie würde sich von einer desolaten Wachstumsgesellschaft verabschieden – gerade weil die Fürsorge für die Nachkommen dies verlangt. Sie würde Lebenswelten nicht auf Pump gestalten, deren Zinsen die Enkel zahlen müssen. Sie würde ein Altwerden ohne Gier zu rekonstruieren versuchen: Und natürlich ist nur ein Altern ohne Gier ein menschenwürdiges Alter. Stattdessen würde eine neue Sinnlichkeit und eine subsistente Lebensfülle aufblühen können. Vielleicht bekommt für ein solches Leben das Gedicht des Tao Yüan Ming Glanz (er ist ein Zeitgenosse des Augustin und hat um 400 gelebt):

Hochsommerlich der Tag, doch seine Schwüle
bedrückt mich nicht. Vor meiner Hütte stehn
Bäume in grünem Kleid und spenden Kühle.
In ihrem Schatten linde Lüfte wehn.

Und ich, der längst entsagt schon dem Getue
der Welt und nur ein karges Leben such,
genieße hier die Freuden meiner Ruhe,
spiel Laute oft und lese manches Buch.
Ich scheu die Arbeit nicht, wenn ich auch meide
Den Reichtum, weil darin kein Segen ruht.
Ich pflügte, säte, hab genug Getreide.
Gemüse, selbstgepflanzt, schmeckt doppelt gut
Und doppelt gut der Wein auch, selbst vergoren,
in dem man noch die eigne Arbeit fühlt.
Was hab ich draußen in der Welt verloren?[223]
...

Wenn hier von Verzicht und Selbstbegrenzung die Rede ist,
dann ist damit nicht Selbsterniedrigung und Kasteiung
gemeint. Die Alten sind keineswegs als Flagellanten gedacht,
die durch die Straßen ziehen und sich büßend die Rücken
blutig peitschen. Gedacht ist an eine durchaus heitere
Freundschaftlichkeit mit der Welt, die aber eine klare Trennlinie zu ihren obszönen Zumutungen zieht: Obszön insofern,
als alle Beziehungen nur noch als vergeldlichte, entkörperte,
professionalisierte existieren. Durch die Abkehr von diesem
Weg können die Alten – vielleicht– zu einer Weisheit zurück-
finden, die ihnen diese beschleunigte Lebenswelt zuvor genommen hat.

Im Augenblick sieht es ja so aus, als würden die Alten rund-
um zu Objekten: zu Objekten der Politik, der Versorgungs-
betriebe, zu Objekten der Wissenschaft und speziell der
Medizin. Obwohl die Alten viele sind und obwohl die Alten
über mehr Geld als die Jungen verfügen, geht das einher mit
einer umfassenden Entmachtung, die die Alten zu Kunden
und Klienten gemacht hat. Reicher an Geld und Dauer
war das Alter nie, armseliger in seiner Unmündigkeit und
Abhängigkeit auch nicht. Obwohl es so aussieht, als wären
die Alten vorläufig die Gewinner im Kampf der Generatio-

nen, haben sie, wenn man die Rückseite dieses Sieges anschaut, eben alles verloren: vor allem ihre Souveränität. Vielleicht verbirgt sich aber genau dort das Geheimnis, das den Zugang zu einer neuen Weisheit ermöglicht. Die globalisierte Welt, in der die Alten heute ebenso leben wie die Jungen, ist gekennzeichnet vom Wahn des Machens. Das muss man nicht mehr erläutern, weil es evident ist. Aber gleichzeitig dämmert den Menschen, die das Denken noch nicht ganz aufgegeben haben, dass Prozesse in Gang gesetzt worden sind, über die wir die Kontrolle verloren haben. Wer soll dem Markt Grenzen setzen? Wer soll die drohende Klimakatastrophe abwenden? Wer soll die Verwüstung des Planeten unterbrechen?

Wer die Augen nicht vor diesen Wirklichkeiten verschließt, muss Angst bekommen. Der Einzelne, der realistisch ist, erlebt sich als machtlos. Realismus fordert das Eingeständnis, dass wir als einzelne Menschen machtlos sind gegenüber diesen destruktiven Prozessen. Befreiung läge in der Konsequenz, die daraus zu ziehen ist: Verzicht auf die Macht, die Welt zu verändern. Als Jesus auf dem Berg steht, von dem aus er einen Blick in die Welt hat, bietet ihm der Teufel die globale Macht an, und Jesus verzichtet darauf, diese Macht in Anspruch zu nehmen. Dieser Verzicht ist Befreiung, dieser Verzicht erlaubt es, über den Zwängen der Welt zu stehen.[224] Vielleicht ist den Alten, deren Grunderfahrung ja die allmähliche Entmachtung ist, der Zugang dazu leichter offen? Dann könnten sie wieder die Weisen sein und damit Lehrer für die Jüngeren, von denen einige vielleicht das Geheimnis der Befreiung, die im Verzicht liegt, verstehen könnten.

Sicher ist es wichtig, Auswege aus der Dramatik, die aus der Vergreisung Europas entsteht, zu finden, mit der die Probleme gelöst werden, die jetzt im Vordergrund sichtbar sind: Renten und Gesundheitsfragen. Aber das sind Verschiebebahnhöfe. Kein Zweifel, dass sich die Humanität der modernen Gesellschaften daran wird messen lassen, wie sie mit ihren Alten umgeht. Wird es Reformen geben, die im Wesentlichen auf dem Rücken der Armen, der Schwachen und der Alten durchgeführt werden? Danach sieht es im Augenblick aus.

In der Adventszeit des Jahres 2003 veröffentlichen die katholischen Bischöfe in Deutschland ein Papier, in dem sie einen radikalen Umbau des Sozialstaates verlangen. Die sozialen Sicherungssysteme hätten sich zu einem »undurchsichtigen Dickicht von Transferleistungen entwickelt«. Das Papier will offenbar den Weg zu weiteren Sozialkürzungen öffnen, statt Schlimmeres zu verhüten. Die Sozialleistungen – das wird hier wie auch sonst übersehen – sind keine Almosen des Staates, sondern vor allem durch Eigenbeiträge der Bürger und Bürgerinnen erworbene Ansprüche.

Es empfiehlt sich wohl, unsere Lage mit der bei einer Überflutungskatastrophe zu vergleichen. Dämme müssen gebaut werden, damit neoliberale Destruktion nicht alles hinwegspült, was an Geborgenheit und Sicherheit geschaffen worden ist. Der moderne Mensch, dem die Familie nur noch wenige Sicherheiten zu bieten hat, ist auf ein Stück staatlicher Daseinsfürsorge angewiesen. Um diese Garantie ist zu kämpfen. Angesichts der Bereitschaft der Eliten in Wirtschaft, Politik, Wissenschaft, Medien und Kirchen, gemeinsam den Sozialstaatsabbau zu fordern, müssen sich die Menschen guten Willens auf ein Notprogramm verständigen. Ein solches Programm muss sehr einfach sein und muss es erlauben, den Dschungel der Sozialadministration zu lichten. Es kann sich, wenn ich richtig sehe, auf drei Punkte beschränken und ist damit so einfach wie das Merz'sche Steuerprogramm:

1. Wer nicht arbeiten kann, weil keine Arbeit zu bekommen ist, dem steht eine staatliche Versorgung zu, die so bemessen sein muss, dass es möglich ist, damit bescheiden, aber unabhängig zu leben.

2. Wem es durch Krankheit oder Behinderung unmöglich ist zu arbeiten, für den gilt dasselbe.
3. Familien mit mehreren Kindern erhalten Kindergeld.
4. Alte Menschen haben Anspruch auf eine staatliche Grundrente.

Die Auswege, von denen hier die Rede ist, sind keine Rezepte und keine Pakete, die man nur aufzuschnüren braucht, und alles ist gebrauchsfertig auf dem Tisch. Weisheit kann man nicht kaufen, man kann sie nur suchen. Auch Freundschaft kann man nicht kaufen, man kann sie nur zu leben versuchen. Befreienden Verzicht kann man nicht irgendwo abgreifen, sondern muss ihn üben. (Askese heißt wörtlich übersetzt: sich üben.)

Die Hoffnung auf neue Lebensverhältnisse, in denen die Warenhaftigkeit der Person rückgängig gemacht ist, liegt in der Freundschaft. Sie wird sich wohl auf den Trümmern der zerbröckelnden Familie aufbauen und dabei vielleicht auch neue Formen des Beieinanderseins, die man wieder Familie nennen könnte, hervorbringen. Heute noch kann sich kaum jemand den notwendigen und fälligen Aufbruch vorstellen. Aber eine neue Alters-Subsistenz, die sich von physischer und psychischer Entmündigung abkoppelt, wird zur Überlebensbedingung. Zuerst heißt das konkret: Abkoppelung von der Geldwirtschaft. Das klingt heute noch vollständig utopisch, aber das wird schon in zehn Jahren anders aussehen. Es wird nicht mehr lange dauern bis – bei sinkenden Renten – Hausreparaturen unbezahlbar werden, da die geringere Kinderzahl ja auch eine Verringerung der Zahl der Facharbeiter nach sich ziehen dürfte. Dann wird das Eigenheim schnell zur unbewohnbaren Ruine. Das kann schon ein Rohrbruch bewirken. Die Altengesellschaft wird schon bald viele neue Formen der Selbstenteignung kennen lernen, wenn nicht der Rückgewinn von Kompetenz und neue Freundschaftsnetze das verhindern.[225]

Noch schreitet der Verlust an Kompetenz rasend voran. Dafür stehen schon heute Geschichten, die man von Zeit zu Zeit in den Medien mitgeteilt bekommt: »Alter Mann aß Katzennahrung.« Für das, was Kitekat kostet, kann man auch eine einfache Suppe kochen – wenn man es kann.

Der steppenbrandartige Verlust von Kompetenzen ist es, dem entgegenzusteuern wäre. Die soziale Katastrophenzone, in die das Alter heute gerät, besteht nicht in einem Zuwenig an Versorgung, sondern in der Zerstörung von Lebensmilieus und in dem Verschwinden von Fähigkeiten.

Der mittelalterliche Theologe Wilhelm von Saint-Thierry schreibt in einer Meditation verzweifelt-hoffnungsvoll: »Wie lange soll das noch dauern, Herr, wie lange? Wann endlich reißt du deinen Himmel auf und kommst herab? Dann könntest du mit deinem vernichtenden Zorn meine Stumpfheit brechen. Dann müsste ich aufhören, so zu sein, wie ich bin.«[226]

Vielleicht sind diese Worte uns fremd und fern. Aber die Frage: Wie kann ich ein anderer werden? – die teilen wir mit Wilhelm von Saint Thierry. Und wir ahnen wohl auch, dass wir uns nicht wie Münchhausen am Schopf selber aus dem Sumpf ziehen können. Die Menschen sind – wie es Samuel Beckett gesagt hat – zu Stümpfen geworden. Wie sollen sie der Stumpfheit entrinnen? Hoffnung liegt in der Freundschaft. Ich bedarf des anderen, der mir seine Freundschaft schenkt. Die Christen haben noch mehr gesagt: Sie behaupten, dass in dem anderen Menschen der Gott begegnet. »Was ihr getan habt einem von diesen meinen geringsten Brüdern, das habt ihr mir getan.« (Matthäus 25, 40) Deshalb weist der Nächste und insbesondere der Freund über uns beide hinaus. Das ist auch eine der möglichen Antworten auf die Frage: Was soll aus uns werden? Ein *paradisus homo*: als einen paradiesischen Menschen hat die alte Kirche den Freund bezeichnet. Das soll aus uns werden.

Vom eigenen Alter und vom eigenen Tod ist heute deshalb

so häufig die Rede, weil beides schwer zu haben ist. Rilkes Gebet um den »eigenen Tod« ist – wie Theodor W. Adorno schreibt – der »klägliche Betrug darüber, dass die Menschen nur noch krepieren«.[227] Keiner stirbt seinen eigenen Tod, der in die Maschinerie depersonalisierter Verwaltung geraten ist. Deshalb droht auch die Rede vom »eigenen Alter« zu einer Illusion zu werden. Aber die anstrengende und zugleich befreiende Suche nach dem eigenen Leben ist der Mühe wert, einer Mühe, die Erich Fromm in die immer noch gültige Formulierung »Haben oder Sein« gefasst hat.

Der Autor, der hier schreibt, wird sich die Frage stellen lassen müssen, ob ihm dieses denn selbst gelinge? Und er wird mit dem stoischen Philosophen Seneca – dem die Frage ähnlich anklagend vorgelegt wurde – antworten: »Über die sittliche Vollkommenheit, nicht über mich selber spreche ich, und wenn ich mit Charakterschwächen in Streit gerate, streite ich vor allem mit meinen eigenen: Wenn ich es kann, werde ich leben, wie es nötig ist« und – so Seneca – ich fahre fort »das Leben – nicht welches ich führe, sondern welches man, wie ich weiß, führen muß – zu preisen, dass ich die sittliche Vollkommenheit anbete und ihr – in riesigem Abstand – kriechend folge«.[228]

Spannend: Wie wird das Alter sein? Eine skandalöse Zeit, in der wir nur mit Neid und Wut auf junges Leben schauen können? Gelingt Selbstironie? (»Durch einen Fehler im Weltenplan/ lockerte sich mein Schneidezahn./ Da schoss es mir eiskalt durch den Sinn:/ Wie wenn ich nicht unsterblich bin?« – Robert Gernhardt). Quälende Langeweile? Winston Churchill, von Schlaganfällen gelähmt, hat gesagt: »It's all so boring«, es ist alles so langweilig. Der Filmemacher Buñuel berichtet von den zähen Tagen des Alters, an denen man nur noch auf die Stunde des ersten Aperitifs wartet.[229]

Oder gibt es die hoffnungsvolle Aussicht, die der japanische Maler Hokusai eröffnet, der vom Alter Vervollkommnung erwartet?

»Seit ich sechs Jahre alt war, habe ich die Manie, die Formen der Dinge nachzuzeichnen. Gegen fünfzig habe ich eine unendliche Menge von Zeichnungen veröffentlicht. Aber alles, was ich vor dem Alter von siebzig Jahren geschaffen habe, war nicht der Rede wert. Im Alter von dreiundsiebzig Jahren habe ich etwas von der Natur der Tiere, der Kräuter, der Bäume, Vögel, Fische und Insekten begriffen. Folglich werde ich mit achtzig Jahren noch mehr Fortschritte gemacht haben. Mit neunzig werde ich das Geheimnis der Dinge durchschauen. Mit hundert Jahren werde ich entschieden einen Grad von wunderbarer Vollkommenheit erreicht habe, und wenn ich hundertzehn Jahre zählen werde, wird alles von mir, sei es auch nur ein Strich oder ein Punkt, lebendig sein.«[230]

Literaturverzeichnis

Adorno, Theodor W.: *Minima Moralia*, Frankfurt am Main 1997.

Adorno, Theodor W.: *Notizen zur Literatur*, Frankfurt am Main 1963.

Albrecht, Harro: Arithmetik des Sterbens, in: *Die Zeit* vom 15. Januar 2003.

Albrecht, Harro: Blutsauger, in: *Die Zeit* vom 24. Oktober 2002.

Améry, Carl: *Hitler als Vorläufer*, München 2002.

Anders, Günter: *Die Antiquiertheit des Menschen*, Bd. 2, *Über die Zerstörung des Lebens im Zeitalter der dritten industriellen Revolution*. München 1988.

Ariès, Philippe: *Die Geschichte des Todes*, München 1999.

Bächtold-Stäubli, Hanns (Hg.): *Handwörterbuch des deutschen Aberglaubens*: Bd. 1 (1927), Berlin 1987.

Baudrillard, Jean: *Der symbolische Tausch und der Tod*, München 1982.

Beauvoir, Simone de: *Das Alter*, Reinbek 1987.

Becker, Jörg: *Information und Gesellschaft*, Wien und New York 2002.

Beck, Ulrich/Sopp, Peter (Hg.): *Individualisierung und Integration: Neue Konfliktlinien oder neuer Integrationsmodus?* Opladen 1997.

Berger, John: *Gegen die Abwertung der Welt*, München 2003.

Berger, John/Mohr, J.: *Eine andere Art zu erzählen*, München 1984.

Bericht über die menschliche Entwicklung 1997, herausgegeben von der Deutschen Gesellschaft für die Vereinten Nationen, Bonn 1998.

Bethge, Philip: Lebenszeit gewinnen, in: *Der Spiegel* 38/1999.

Biedermann, Hans-Jürgen: Eine Ratte, die man in die Ecke treibt, die wehrt sich doch auch, in: *Frankfurter Rundschau* vom 20. März 2002.

Blech, Jörg: Neue Leiden alter Männer, in: *Der Spiegel* 16/2003.

Blüchel, Kurt G.: Arzneimittel-Tollhaus Deutschland, in: *Frankfurter Rundschau* vom 16. August 2003.

Blüchel, Kurt G.: *Heilen verboten – töten erlaubt*, München 2003.

Bobbio, Norberto: *Vom Alter – de senectute*, Berlin 1998.

Bohl, Jürgen R.H.: Von der Würde des Designer-Hirns, in: Peter-Alexander Möller (Hg.): *Heilkunst, Ethos und die Evidenz der Basis. Medizinethische Diskurse über werdendes menschliches Leben in exogener Einflussnahme*. Frankfurt am Main 2002, S. 25–41.

Bracker, Maren: Pflegezwang für Frauen. Häusliche Pflege alter Menschen durch Familienangehörige, in: *Dr. med. Mabuse, Zeitschrift im Gesundheitswesen*, 15, 1990, S. 38–41.

Brandt, Hartwin: *Wird auch silbern mein Haar. Eine Geschichte des Alters in der Antike*, München 2002.

Breyer, Friedrich: Deutlicher Spareffekt. Interview in: *Rheinischer Merkur* vom 12. Juni 2003.

Brunner, Helmut: Gesundheitsökonomie und Altersrationierung – (k)ein Thema in Deutschland, in: Peter-Alexander Möller (Hg.): *Die Kunst des Alterns. Medizinethische Diskurse über den Alterungsprozeß in exogener Einflussnahme*, Frankfurt am Main 2001, S. 137–151.

Bundesministerium für Familie, Senioren, Frauen und Jugend (Hg.): *Vierter Bericht zur Lage der älteren Generation in der Bundesrepublik Deutschland*, Berlin 2002.

Buñuel, Luis: *Mein letzter Seufzer*, Königstein/Taunus 1983.

Calvino, Italo: *Die unsichtbaren Städte*, München 1984.

Canetti, Elias: *Masse und Macht*, München 1980.

Canetti, Elias: *Aufzeichnungen 1973–1984*, Frankfurt am Main 2002.

Cicero: *De senectute. Über das Alter*, Stuttgart 1998.

Cole, Thomas R./Winkler Mary G.: »Unsere Tage zählen« Ein historischer Überblick über Konzepte des Alterns in der westlichen Kultur, in: Gerd Göckenjan/Hans-Joachim von Kondratowitz (Hg): *Alter und Alltag*, Frankfurt am Main 1988, S. 35–66.

Dahn, Daniela: Gewogen und für zu schwer befunden, in: *Freitag* 23 vom 30. Mai 2003.

Dietz, Berthold: *Die Pflege(r)evolution? Ansprüche, Wirklichkeiten und Zukunft der Sozialen Pflegeversicherung*, Diss. Gießen 2002.

Dörner, Klaus: *Der gute Arzt. Lehrbuch der ärztlichen Grundhaltung*, Stuttgart 2001.

Duden, Barbara: *Geschichte unter der Haut*, Stuttgart 1987.

Duden, Barbara: Bevölkerung, in: Wolfgang Sachs (Hg.): *Wie im Westen so auf Erden. Ein polemisches Handbuch zur Entwicklungspolitik*, Hamburg 1993, S. 71–88.

Duden, Barbara: *Die Verkrebsung, Vortrag auf der internationalen Konferenz der Deutschen Krebsgesellschaft e.V.*, Manuskript, Frankfurt am Main 1997.

Ehmer, Josef: *Sozialgeschichte des Alters*, Frankfurt am Main 1990.

Fischermann, Thomas: Zu arm zum Ausruhen, in: *Die Zeit* vom 10. Oktober 2002.

Foucault, Michel: *Die Geburt der Klinik. Eine Archäologie des ärztlichen Blicks*, Frankfurt am Main 1998.

Friedell, Egon: *Kulturgeschichte Griechenlands*, München 1994.

Friedell, Egon: *Kulturgeschichte der Neuzeit*, München 1976.

Graupner, Heidrun: Mühsame Suche nach dem Konsens, in: *Süddeutsche Zeitung* vom 21./22. Juni 2003.

Grefe, Christiane: Immer noch! Mitteilungen aus der Anti-Aging-Gemeinde, in: *Kursbuch* 151, 2003, S. 132–140.

Grefe, Christiane/Greffrath, Matthias/Schumann, Harald: *attac. Was wollen die Globalisierungskritiker?*, Berlin 2002.

Gronemeyer, Marianne: *Die Macht der Bedürfnisse*, Darmstadt 2002.

Gronemeyer, Marianne: *Das Leben als letzte Gelegenheit. Sicherheitsbedürfnisse und Zeitknappheit*, Darmstadt 1993.

Gronemeyer, Reimer: Die späte Institution. Das Hospiz als Fluchtburg, in: Reimer Gronemeyer/Erich Loewy (Hg.) in Zusammenarbeit mit Michaela Fink, Marcel Globisch, Felix Schumann: *Wohin mit den Sterbenden? Hospize in Europa – Ansätze zu einem Vergleich*, Münster 2002, S. 139–145.

Gronemeyer, Reimer: *So stirbt man in Afrika an AIDS. Warum westliche Gesundheitskonzepte im südlichen Afrika scheitern*, Frankfurt am Main 2002.

Gronemeyer, Reimer: *Eiszeit der Ethik. Die zehn Gebote als Grenzpfähle für eine humane Gesellschaft*, Würzburg 2003.

Halbwachs, Maurice: *Das kollektive Gedächtnis*, Stuttgart 1967.

Heusch, Peter: Äffchen statt Zivis? In: *Was uns betrifft, Zeitschrift der evangelischen Zivildienstseelsorge*, 4, 1993.

Hollander, Walther von: *Der Mensch über Vierzig*, Berlin 1957.

Illich, Ivan: Von der Verkehrung der Gastfreundschaft durch das Christentum, in: *Biotope der Hoffnung. Zu Christentum und Kirche heute*, Olten 1988, S. 198–214.

Illich, Ivan: *Genus*, München 1983.

Illich, Ivan: *Posthumous Longevity. An open letter to a cloistered community of Benedictine nuns*, Manuskript Bremen 1989.

Jeggle, Utz: Die Angst vor dem Sterben. Besuch in einem imaginären Museum, in: Gerd Göckenjan/Hans-Joachim von Kondratowitz (Hg.): *Alter und Alltag*, Frankfurt am Main 1988, S. 157–180.

Keller, Martina: Operation Niere, in: *Die Zeit* vom 5. Dezember 2002.

Klemperer, Viktor: *LTI, Lingua Tertii Imperii*, Leipzig 2001.

Kommission der Europäischen Gemeinschaften: *Mitteilung der Kommission an den Rat, das europäische Parlament, den Wirtschafts- und Sozialausschuss und den Ausschuss der Regionen. Die Zukunft des Gesundheitswesens und der Altenpflege: Zugänglichkeit, Qualität und langfristige Finanzierbarkeit sichern*, Brüssel 5. Dezember 2001.

Kondratowitz, Hans-Joachim von: *Konjunkturen des Alters*, Regensburg 2000.

Koty, John: *Die Behandlung der Alten und Kranken bei den Naturvölkern*, Stuttgart 1934.

Krum, Werner: *Gardasee und das Veronese*, München 1979.

Kurnitzky, Horst: *Die unzivilisierte Zivilisation. Wie die Gesellschaft ihre Zukunft verspielt*, Frankfurt 2003.

Kurz, Robert: Generation Bankrott, in: *Konkret* 11, 2002, S. 41.

Leicht, Robert: Wenn der Tod gewollt ist, in: *Die Zeit* vom 30. Juli 1998.

Lehr, Ursula: Die Jugend von gestern – und die Senioren von morgen, in: *Aus Politik und Zeitgeschichte*, Beilage zur Wochenzeitung *Das Parlament*, 12. Mai 2003, S. 3–5.

Mageroy, Nils: Palliative Care in Norway, *http://www.hospicecare.com/Newsletters/march 2000/* vom 17. April 2003.

Maisch, Herbert: *Patiententötungen*, München 1997.

Manow, Philip: Individuelle Zeit, institutionelle Zeit, soziale Zeit. Das Vertrauen in die Sicherheit der Rente und die Debatte um Kapitaldeckung und Umlage in Deutschland, in: *Zeitschrift für Soziologie* Heft 3, Juni 1998, S. 193–211.

Marx, Karl/Engels, Friedrich: *Werke*, Bd. 35, Berlin 1967.

Montaigne, Michel de: *Essais*, Frankfurt am Main. 1998.

Moths, Eberhard: Vor Sonnenuntergang, in: *Süddeutsche Zeitung* vom 22. August 2002.

Mühlhausen, Corinna: *Future Health. Der "Megatrend Gesundheit" und die Wellness-Gesellschaft*, herausgegeben vom Zukunftsinstitut, Kelkheim 2000.

Negt, Oskar: *Arbeit und menschliche Würde*, Göttingen 2001.

Neckel, Sighard: *Status und Scham. Zur symbolischen Reproduktion sozialer Ungleichheit*, Frankfurt 1991.

Niejahr, Elisabeth: Die vergreiste Republik, in: *Die Zeit* vom 2. Januar 2003.

Öchsner, Thomas: Kaufen auf Pump – mit 72 Jahren ist Schluss, in: *Süddeutsche Zeitung* vom 16. November 2002

Ranke-Graves, Robert von: *Griechische Mythologie*, Reinbek 1960.

Rosenstock-Huessy, Eugen: *Die Sprache des Menschengeschlechts. Eine leibhaftige Grammatik in vier Teilen*, Erster Band, Heidelberg 1963.

Rosny, Èric de: *Heilkunst in Afrika. Mythos, Handwerk und Wissenschaft*, 2. Auflage Wuppertal 1998.

Roth, Philip: *Das sterbende Tier*, München 2003.

Rouche, Michel: Abendländisches Frühmittelalter, in: Paul Veyne (Hg.): *Geschichte des privaten Lebens*, Bd. 1, Frankfurt am Main 1989, S. 389–512.

Seneca, L. Annaeus: *Philosophische Schriften*, Darmstadt 1999.

Speck, Otto: Pflegebehinderte alte Menschen, in: Peter Rödler/Ernst Berger/Wolfgang Jantzen (Hg.): *Es gibt keinen Rest! Basale Pädagogik für Menschen mit schwersten Beeinträchtigungen*, Neuwied, Berlin 2001, S. 203–217.

Sperber, Katharina: Wenn Ältere noch eine Job-Chance erhalten, in: *Frankfurter Rundschau* vom 6. April 2002.

Stephan, Cora: Gefühltes Alter, in: *Kursbuch* 151 2003, S. 25–31.

Student, Johann-Christoph: Kritikwürdig bis makaber, in: *Dr. med. Mabuse, http://www.oeko.net.de/mabuse/zeitschrift* vom 25. August 1999.

Suter, Lotta: Die Führer der Seelen wittern Meuterei, in: *Freitag* 45 vom 1. November 2002.

Terkel, Studs: *Gespräche um Leben und Tod. Grenzerfahrungen, Ängste, Wünsche und Hoffnungen*, München 2002.

Verdi, Guiseppe: *Briefe*, Berlin 1983.

Wegener, Rudolf: Menschen, wollt ihr ewig altern (?), in: Peter-Alexander Möller (Hg.): *Die Kunst des Alterns. Medizinethische Diskurse über den Alterungsprozess in exogener Einflussnahme*, Frankfurt am Main 2001, S. 343–350.

Wehkamp, Karl-Heinz/Keitel, Hilma: Brandnew Body – Brandnew Soul – Brandnew Medicine: Ein Dialog über ethische Probleme der Lifestyle Medizin, in: Peter-Alexander Möller (Hg.): *Heilkunst, Ethos und Evidenz der Basis. Medizinische Diskurse über werdendes Leben in exogener Einflussnahme*, Frankfurt am Main 2002, S. 187–199.

Wüllenweber, Walter: Die Last mit den Alten, in: *Stern* 48, 2002.

Anmerkungen

1 Jonathan Swift: *Gullivers Reisen*, Frankfurt 1974, S. 298ff.
2 Egon Friedell: *Kulturgeschichte der Neuzeit. Die Krisis der europäischen Seele von der schwarzen Pest bis zum ersten Weltkrieg*, Band 1, München 1976, S. 96.
3 Horst Kurnitzky hat darauf hingewiesen, dass es inzwischen medizinische Indikatoren gibt, die das Gesagte belegen. Die virtuelle Kommunikation mit dem Bildschirm schädigt offenbar empfindliche Mechanismen des Gedächtnisses und kann so einer Demenz vom Typ Alzheimer Vorschub leisten. (Horst Kurnitzky: *Die unzivilisierte Zivilisation. Wie die Gesellschaft ihre Zukunft verspielt*, Frankfurt 2003, S. 194.)
4 Kommission der Europäischen Gemeinschaften: *Mitteilung der Kommission an den Rat, das europäische Parlament, den Wirtschafts- und Sozialausschuss und den Ausschuss der Regionen. Die Zukunft des Gesundheitswesens und der Altenpflege: Zugänglichkeit, Qualität und langfristige Finanzierbarkeit sichern*, Brüssel 5. Dezember 2001.
5 *Bericht über die menschliche Entwicklung 1997*, herausgegeben von der Deutschen Gesellschaft für die Vereinten Nationen, Bonn 1998, S. 72.
6 Walter Wüllenweber: Die Last mit den Alten, in: *Stern* 48/2002, S. 50–56.
7 Zit. ebenda, S. 51.
8 *Financial Times Deutschland* vom 10. März 2003.
9 *Chrismon plus. Das evangelische Magazin*, 2/2003, S. 48.
10 Guiseppe Verdi: *Briefe*, Berlin 1983, S. 320, 325,327.
11 *Meet the Future. Das Visions-Seminar*, 28. März 2003 in Wiesbaden. Über www.zukunftsinstitut.de.
12 Ebenda.
13 Simone de Beauvoir: *Das Alter*, Reinbek 1987, S. 34ff.
14 Philip Roth: *Das sterbende Tier*, München 2003, S. 43f.
15 Vgl. Maurice Halbwachs. *Das kollektive Gedächtnis*, Stuttgart 1967.
16 *Handwörterbuch des deutschen Aberglaubens*, herausgegeben von Hanns Bächtold-Stäubli und Eduard Hoffmann-Krayer, Band I, Berlin 1987 Artikel »Alter«. Sp. 330f.

17 Siehe dazu die Ausführungen im vierten Kapitel.
18 Louis-Ferdinand Céline: *Reise ans Ende der Nacht*, Reinbek 2003, S. 117f.
19 Theodor W. Adorno: *Minima Moralia*, Frankfurt 1997, S. 22.
20 Ebenda.
21 Michel Rouche: Abendländisches Frühmittelalter S. 436. In: Paul Veyne (Hg.): *Geschichte des privaten Lebens*, 1. Band , Frankfurt am Main1989, S. 389–513.
22 Vgl. John Koty: *Die Behandlung der Alten und Kranken bei den Naturvölkern*, Stuttgart 1934.
23 Rouche: Abendländisches Frühmittelalter, S. 436.
24 L. Annaeus Seneca: *Philosophische Schriften*, Dritter Band, *Sechsundzwanzigster Brief an Lucilius*, Darmstadt1999, S. 221f.
25 Egon Friedell: *Kulturgeschichte Griechenlands*, München 1994, S. 11.
26 Ivan Illich: *Genus. Zu einer historischen Kritik der Gleichheit*, Reinbek 1983, S. 127.
27 Meldung *Spiegel Online* 2003 vom 22. März 2003.
28 Michel de Montaigne: Philosophieren heißt sterben lernen, in: Michel de Montaigne: *Essais*, Frankfurt am Main 1998, S. 45–52, hier S. 48.
29 Vgl. Utz Jeggle: Die Angst vor dem Sterben. Besuch in einem imaginären Museum, in: Gerd Göckenjan und Hans-Joachim von Kondratowitz: *Alter und Alltag*, Frankfurt 1988, S. 157–180.
30 Ebenda, S. 161.
31 Philippe Ariès: *Geschichte des Todes*, München 1982, S. 716f. Vgl. Marianne Gronemeyer: *Das Leben als letzte Gelegenheit*, Darmstadt 1993 und Lothar Baier: *Keine Zeit – 18 Versuche über die Beschleunigung*, München 2000.
32 Werner Krum: *Gardasee und das Veronese*, München 1979, S. 225.
33 *Eniklīn* ist eine Diminutivbildung zu althochdeutsch *ano* ›Vorfahre, Großvater‹. »Offenbar wird bei den Germanen wie bei anderen indoeuropäischen Völkern die Bindung zur übernächsten Generation als besonders stark angesehen, was oft auch in der Namensgebung zum Ausdruck kommt.« (*Etymologisches Wörterbuch des Deutschen*, erarbeitet im Zentralinstitut für Sprachwissenschaft, Berlin 1993, S. 285.)
34 Thomas R. Cole und Mary G. Winkler: »Unsere Tage zählen«. Ein historischer Überblick über Konzepte des Alterns in der westlichen Kultur, in: Göckenjan und Kondratowitz (Hg.): *Alter und Alltag*, S. 35–66, hier S. 39.

35 Ebenda, S. 38f.
36 Cicero: *De senectute. Über das Alter*, Stuttgart 1998.
37 *Westdeutsche Allgemeine Zeitung* vom 4. August 2003.
38 Zit. in Cole und Winkler: »Unsere Tage zählen«, S. 56.
39 John Berger und J. Mohr: *Eine andere Art zu erzählen*, München 1984, S. 104–109.
40 Friedrich Nietzsche: *Morgenröte. Gedanken über die moralischen Vorurteile*, Berlin 1999, S. 139.
41 *Frankfurter Rundschau* vom 18. Juli 2003, S. 32.
42 Vgl. dazu Götz Eisenberg: *Amok – Kinder der Kälte. Über die Wurzeln von Wut und Hass*, Reinbek 2000.
43 Elias Canetti: *Masse und Macht*, München 1980, S. 249.
44 *Der Spiegel* 49/2000, S. 182ff., *Frankfurter Allgemeine Zeitung* vom 14. November 2002 und *Neue Ruhr/Rhein Zeitung* vom 28. Juli 2003.
45 Peter Hennicke: Warten auf Nachhaltigkeit, in: *Das Magazin*, Wissenschaftszentrum Nordrhein-Westfalen, 14. Jahrgang, 1/2003, S. 6–9.
46 Interview in: *Die Zeit* vom 17. Juli 2003.
47 *Greenpeace Magazin*, 5/2003, S. 61.
48 *Frankfurter Allgemeine Zeitung* vom 14. November 2002.
49 *Frankfurter Rundschau* vom 19. Mai 2003.
50 *Spiegel-Online* vom 22. März 03.
51 *The Economist* vom 10. Mai 2003, S. 9.
52 Horst Kurnitzky: *Die unzivilisierte Zivilisation. Wie die Gesellschaft ihre Zukunft verspielt*, Frankfurt 2003, S. 174.
53 Wolfgang Thierse: Die Sozialdemokratie muss dem Mainstream widerstehen, in: *Frankfurter Rundschau* vom 12. September 2003.
54 Robert Kurz: Generation Bankrott, in: *konkret* 11, 2002, S. 41.
55 Ebenda.
56 *The Economist* vom 10. Mai 2003, S. 9.
57 Ebenda, S. 63–65.
58 Vgl. Thomas Fischermann: Zu arm zum Ausruhen, in: *Die Zeit* vom 10. Oktober 2002, S. 28.
59 »Gestern, heute, morgen / Dynamit Nobel / Bei Minen die erste Adresse« Werbeslogan in der Zeitschrift *Wehrtechnik* 6, 1992.
60 Zitiert in: *Frankfurter Rundschau* vom 16. Juli 2003, S. 3.
61 Ebenda.
62 Zitiert in: *Der Spiegel* 18/2003, S. 26.
63 Harald Schumann im Interview im Deutschlandfunk (Kultur am Sonntagmorgen, 6. Juli 2003, 9,30–10.00 Uhr.) Vgl. auch Philip

Manow: Individuelle Zeit, institutionelle Zeit, soziale Zeit.
Das Vertrauen in die Sicherheit der Rente und die Debatte um
Kapitaldeckung und Umlage in Deutschland, in: *Zeitschrift für
Soziologie* Heft 3, Juni 1998, S. 193–211.

64 Laut *Financial Times Deutschland* vom 17. Juni 2003 (Kompakt).

65 Hans-Peter Martin und Harald Schumann: *Die
Globalisierungsfalle: Der Angriff auf Demokratie und Wohlstand,*
Reinbek 1998.

66 Harald Schumann im Interview im Deutschlandfunk (siehe
Anm. 63).

67 Zitiert in: Katharina Sperber: Wenn Ältere noch eine Job-Chance
erhalten, in: *Frankfurter Rundschau* vom 6. April 2002, S. 9.

68 Daniela Dahn: Gewogen und für zu schwer befunden, in: *Freitag*
vom 30. Mai 2003, S. 4.

69 Ebenda.

70 Thomas Öchsner: Kaufen auf Pump – mit 72 Jahren ist Schluss,
in: *Süddeutsche Zeitung* vom 16. November 2002.

71 Bericht in: *Der Spiegel* 19/2000, S. 62f.

72 Kurnitzky: *Die unzivilisierte Zivilisation,* S. 177f.

73 Vgl. zum Beispiel das *Themenheft Generationengerechtigkeit*
2/2003 der Stiftung für die Rechte zukünftiger Generationen.

74 Ulrike Baureithel: Das gute Leben, in: *Freitag* vom 19. September
2003, S. 38.

75 Ulrike Herrmann: Nur keine Panik!, in: *tageszeitung* vom
26. August 2003, S. 11.

76 *Neue Zürcher Zeitung* vom 13. April 2003, ganzseitige Anzeige
S. 28.

77 Heidrun Graupner: Mühsame Suche nach dem Konsens, in:
Süddeutsche Zeitung vom 21./22. Juni 2003, S. 2.

78 *Der Tagesspiegel* vom 17. Juni 2003, S. 16.

79 Der Vorsorgeexperte Prof. Jörg Debatin hat in Essen das
Vorsorgeprogramm »Praeventicum« ins Leben gerufen. Zu viele
Menschen würden sich – so sagt er – in falscher Sicherheit wie-
gen. Mit Bildern von ihren verkalkten Schlagadern will Debatin
Menschen einen Schock versetzen, um sie zu einer gesünderen
Lebensweise zu bewegen. Die Kosten (gegenwärtig 1500 Euro)
müssen die Besucher des Praeventicums allerdings selbst tragen.
Debatin zieht den Vergleich mit der Autoversicherung: Gegen
Unfälle ist man versichert, niemand dagegen käme auf die Idee,
sich für eine Autoinspektion versichern zu lassen. http://w4.sie-
mens.de/FuI/de/archiv/pof/heft1_03/artikel23/index.html,

d. i. *Pictures of the Future. Die Zeitschrift für Forschung und Innovation* 1/2003.

80 Christian Grefe und Matthias Greffrath/Harald Schumann: *attac. Was wollen die Globalisierungskritiker?*, Berlin 2002.

81 *Deutsches Ärzteblatt* vom 20. September 2002, zit. in Kurt G. Blüchel: Arzneimittel-Tollhaus Deutschland, in: *Frankfurter Rundschau* vom 16. August 2003, S. 7.

82 Ebenda.

83 Ivan Illich: *Die Nemesis der Medizin. Die Kritik der Medikalisierung des Lebens*, 4. Auflage München 1995, S. 9. Das Buch erschien zuerst 1975 unter dem Titel *Die Enteignung der Gesundheit*.

84 Ebenda, S. 213.

85 Joachim Wiemeyer: An Haupt und Gliedern, in: *Herder-Korrespondenz* Heft 12, Dezember 2002. Wiemeyer war Berater der deutschen Bischofskonferenz und trat zurück, als seine Äußerungen nach einer Sendung in Report Mainz in die Diskussion gerieten. Er trat nicht zurück »wegen seiner Selektionsgelüste für alte Menschen, sondern aufgrund von ›Belastungen und Irritationen, die durch diese Sendung entstanden‹ sind« wie Otto Köhler bissig anmerkt (Otto Köhler: Mit 75 ist Schluss. Selektionsgelüste. Eine neue Sozialethik trennt wertvolles von weniger wertvollem Leben, *Freitag* vom 20. Juni 2003, S. 1.)

86 Friedrich Breyer: Deutlicher Spareffekt. Interview in *Rheinischer Merkur* vom 12. Juni 2003.

87 Victor Klemperer: *LTI, Lingua Tertii Imperii*, Leipzig 2001.

. 88 Interview mit Friedrich Breyer in: *Süddeutsche Zeitung* vom 21./22. Juni 2003, S. 2.

89 Ebenda.

90 Zit. *Süddeutsche Zeitung* vom 5. August 2003, S. 22.

91 *Frankfurter Rundschau* vom 19. Mai 2003, S. 4.

92 Harro Albrecht: Arithmetik des Sterbens, in: *Die Zeit* vom 15. Januar 2003.

93 Vgl. Meldung in der *Süddeutschen Zeitung* vom 21./22. Juni 2003, S. 2. Bezogen auf eine Studie von Hilke Brockmann aus dem Max-Planck-Institut für demographische Forschung in Rostock. Anhand von 430.000 Krankenhausaufenthalten weist Hilke Brockmann nach, dass Senioren meist weniger kostenintensive Therapien erhalten als jüngere Menschen, die an der gleichen Krankheit leiden. Vom 60. Lebensjahr an nehmen die Ausgaben zur Behandlung lebensbedrohlicher Krankheiten deutlich ab. Die teuersten Behandlungen erhalten sterbenskranke

Patienten in den letzten zwei Jahren vor ihrem Tod – wenn sie zwischen 20 und 59 Jahre sind. Man mag diese ärztlichen Entscheidungen für richtig halten, sie zeigen aber, dass es de facto längst eine Rationierung in breitem Ausmaß gibt. Der Heidelberger Gerontologe Andreas Kruse hat in einer Studie belegt, dass 70-Jährige heute im Durchschnitt gesünder sind als vor 30 Jahren. Die Kosten für das Alter verlagern sich eben in die späteren Jahre (zit. in: *Süddeutsche Zeitung* vom 5. August 2003, S. 22).

94 Zit. in: *Süddeutsche Zeitung* vom 21./22. Juni 2003, S. 2.

95 Diese Worte waren im Kommunistischen Manifest auf das Familienverhältnis angewendet worden. Erstaunlicherweise hat das Gesundheitswesen länger als die Familie den Eindruck aufrechterhalten können, es handle sich beim ärztlichen Tun um eine von Geld und Gut unabhängige Wohltat.

96 Kurt G. Blüchel: *Heilen verboten – töten erlaubt*, München 2003, S. 46.

97 Ebenda.

98 Asset Management Consulting AG, *World Pharma Certificate*, Zürich 2001.

99 Vgl. dazu Oskar Negt: *Arbeit und menschliche Würde*, Göttingen 2001, S. 52ff.

100 Peter-Alexander Möller: Einleitung S. 17, in: Peter-Alexander Möller (Hg.): *Die Kunst des Alterns. Medizinethische Diskurse in exogener Einflussnahme*, Frankfurt am Main 2001.

101 M. Gronemeyer: *Das Leben als letzte Gelegenheit*.

102 Zit. in: *Neue Apotheken Illustrierte/Gesundheit* vom 15. Juni 2002, S. 28.

103 *Neue Apotheken Illustrierte* (siehe Anm. 102), die mit diesem Artikel zugleich für Organspenden wirbt.

104 Studie der Allgemeinen Ortskrankenkassen, zit. in: *Stuttgarter Nachrichten* vom 27. November 1991. Vgl. auch. Barbara Duden: *Die Verkrebsung*, Vortrag auf der internationalen Konferenz der Deutschen Krebsgesellschaft e.V., Frankfurt am Main. 1997, Manuskript.

105 *Vierter Bericht zur Lage der älteren Generation*, herausgegeben vom Bundesministerium für Familie, Senioren, Frauen und Jugend, Bonn 2002, S. 160.

106 Asset Management Consulting AG, *World Pharma Certificate*, Zürich 2001.

107 Jörg Blech: Neue Leiden alter Männer, in: *Der Spiegel* 16/2003, S. 116–120. Beklemmend ist in diesem Artikel beschrieben,

wie sich der medizinisch-pharmazeutische Komplex gegenseitig stützt, wie Konferenzen von Pharmafirmen finanziert werden, auf denen dann die Kulisse für entsprechende Medikamenten-werbung aufgebaut wird. Dass Mediziner direkt zu Zuträgern der Werbung werden, ahnte man, aber die in diesem Artikel gesammelten Beweise hinterlassen dann doch einen beträchtlichen Schrecken.

108 Ebenda.

109 Zit. in: *Der Spiegel* 18/2003, S. 150.

110 World's first brain prosthesis revealed, (www.newscientist.com/news/print.jsp?id=ns99993488) vom 12. März 2003.

111 Zit. in: *Der Spiegel*, 49/2000, S. 186.

112 Zum Beispiel in der *Neuen Zürcher Zeitung* vom 29./30. März 2003, S. 74.

113 Zit. in: *Der Spiegel* 17/2000, S. 167.

114 Es sind inzwischen unübersehbar viele Anti-Aging-Titel auf dem Markt. Hier die Grellsten: James A. Duke, Michael Castleman: *The Green Pharmacy. Anti-Aging Prescriptions: Herbs, Foods, and Natural Formulas to Keep You Young*, New York 2001; Terry Grossman: *The Baby Boomers' Guide to Living Forever*, Colorado 2000; Gary Null, Ann Campbell: *Gary Null's Ultimate Anti-Aging Program*; New York 1999; Roy L. Walford, Lisa Walford: *The Anti-Aging Plan: Strategies and Recipes for Extending Your Healthy Years*, New York 1995. Zur Auseinandersetzung damit vgl. auch Christiane Grefe: Immer noch! Mitteilungen aus der Anti-Aging-Gemeinde, in: *Kursbuch* 151, 2003, S. 132–140.

115 Vgl. die Internetseite des Palm Springs Life Extension Institute in Palm Springs, Kalifornien (www.drchein.com). Vgl. auch Philip Bethge: »Eine Art von Doping« (unter der Überschrift »Lebenszeit gewinnen«) in: *Der Spiegel* 38/1999, S. 178–179.

116 Zit. ebenda, S. 179. Vgl. dazu Barbara Duden: *Geschichte unter der Haut*, Stuttgart 1987.

117 Vgl. u. a.: C. Geissler, M. Held: *Generation Plus. Von der Lüge, dass Altwerden Spass macht*, Berlin 2003; N.W. Walker: *Auch Sie können wieder jünger werden*, München 1999; D. Chopra und D. Simon: *Der Jugendfaktor. Das Zehn-Stufen-Programm gegen das Alter*, Bergisch-Gladbach 2002; Iris Berben und Esther Haase: *Älter werde ich später. Das Geheimnis jung und sinnlich, fit und entspannt zu sein*, München 2001; H. Bresser: *Jung für immer. Älter werden – jung und vital bleiben – gut aussehen*, Stuttgart 2000.

118 *http://www.bostonmagazine.com* (April 2003).
119 Corinna Mühlhausen: *Future Health. Der »Megatrend Gesundheit« und die Wellness-Gesellschaft*, herausgegeben vom Zukunftsinstitut, Kelkheim 2000.
120 Cora Stephan: Gefühltes Alter, in: *Kursbuch* 151, 2003, S. 26.
121 Ebenda.
122 Berben und Haase: *Älter werde ich später*.
123 Grefe: Immer noch!, S. 135.
124 Ebenda, S. 133.
125 Fast alle Elemente dieses Szenarios sind schon verwirklicht oder ihre Verwirklichung steht bevor. Wichtige Anregungen für dieses Szenario habe ich entnommen aus: Urlaub kann das Leben ändern. Interview mit Matthias Horx in: *Frankfurter Allgemeine Sonntagszeitung* vom 23. Februar 2003; Jürgen R. H. Bohl: Von der Würde des Designer-Hirns, in: Peter-Alexaner Möller (Hg.): *Heilkunst, Ethos und die Evidenz der Basis. Medizinethische Diskurse über werdendes Leben in exogener Einflussnahme*, Frankfurt am Main 2002, S. 25–41. Die Meldung über das gehörlose Paar ist zitiert in *Titanic* 2002, S. 6; von der Vermarktung der Medizin berichtet M. Spitzer: Medizin nach Markt – Ein Jahrzehnt Gesundheitsreform. *Nervenheilkunde* 2001, 20, S. 534–536; über die Zusammenarbeit von Beerdigungsunternehmern und »Sterbeknast« berichtet Ivan Illich: Von der Verkehrung der Gastfreundschaft durch das Christentum, in: *Biotope der Hoffnung. Zu Christentum und Kirche heute*, Olten 1988; vgl. außerdem Karl-Heinz Wehkamp und Hilma Keitel: Brandnew Body – Brandnew Soul – Brandnew Medicine: Ein Dialog über ethische Probbleme der Lifestyle-Medizin, in: Möller (Hg.): *Heilkunst, Ethos und die Evidenz der Basis*, S. 187–199. Auf einem drei mal acht Meter großen Plakat wurde 2003 in Windhoek, Namibia, mit dem Bild einer schwarzen Kleinfamilie und folgendem Text geworben: *Plan your family's future with our affordable FUNERAL PLAN.* In Namibia sind 2003 ca. ein Viertel der Erwachsenen HIV-infiziert. Dr. Kervorkian hat in den Vereinigten Staaten eine Selbsttötungsmaschine vorgestellt (*Le Figaro* vom 28. Juli 1998). Das Europäische Patentamt soll unter der Patentnummer 0516811 Erfindungsschutz für einen Medikamentencocktail erteilt haben, der zur Tötung zum Zwecke der Euthanasie bestimmt ist (*Frankfurter Allgemeine Zeitung* vom 8. April 1998).
126 *Giornale die Brescia* vom 31. Mai 2003 und Mitteilungen von Georgia A. Rakelmann.

127 Theodor W. Adorno: Versuch, das Endspiel zu verstehen, S. 224, in: Theodor W. Adorno: *Notizen zur Literatur II*, Frankfurt am Main 1963, S. 188–235.

128 Samuel Beckett: *Endspiel*, Frankfurt am Main 1957, S. 13.

129 *Frankfurter Rundschau* vom 28. Juli 2003, S. 22.

130 Ursula Lehr: Die Jugend von gestern – und die Senioren von morgen, S. 5, in: *Aus Politik und Zeitgeschichte*, Beilage zur Wochenzeitung *Das Parlament*, 12. Mai 2003, S. 3–5.

131 Norberto Bobbio: *Vom Alter – de senectute*, Berlin 1997, S. 33.

132 John Koty: *Die Behandlung der Alten und Kranken bei den Naturvölkern*, Stuttgart 1934, S. 49.

133 Barbara Duden: Bevölkerung, in: Wolfgang Sachs (Hg.): *Wie im Westen – so auf Erden*, Reinbek 1993, S. 71–88.

134 *Wetzlarer Zeitung* vom 23. Mai 2002 und 28. Mai 2002.

135 Zit. in Bobbio: *Vom Alter – de senectute*, S. 34.

136 In: Karl Marx/Friedrich Engels, *Werke*, Band 35, S. 150f., Berlin 1967. In einem Brief vom 27. August 1881 verteidigt Engels übrigens die Vivisektion. Sie sei angesichts der »riesigen kommerziellen Experimente der Bourgeoisie an den Volksmassen« ein peripheres Phänomen (ebenda, S. 224).

137 Dokument 6 in : Karl Heinz Roth (Hg.): *Erfassung zur Vernichtung. Von der Sozialhygiene zum ›Gesetz über Sterbehilfe‹*, Berlin 1984, S. 140.

138 Tagung betreffend Altersfürsorge und Altersheime, *Blätter der Wohlfahrtspflege in Württemberg*, 92 (1939), 8, S. 121 zit. bei Joachim von Kondratowitz: *Konjunkturen des Alters*, Regenburg 2000, S. 35.

139 Ebenda, S. 36f.

140 Ebenda, S. 37.

141 Ebenda, S. 39.

142 Über die Eröffnung der Transrapidstrecke wird berichtet in der *Frankfurter Rundschau* vom 2. Januar 2003, S. 3. Der im Deutschen vergleichsweise neue Begriff »Bevölkerung« ist nach Uwe Pörksen ein Beispiel für die Kreolisierung der Sprache durch die Pseudosprache der Statistik. (Uwe Pörksen: *Plastikwörter: Zur Sprache einer internationalen Diktatur*, Stuttgart 1988, zit. in: Barbara Duden: Bevölkerung, S. 75.)

143 Interview in der *Frankfurter Rundschau* vom 24. Dezember 2002.

144 Zitat aus Adolf Hitler: *Mein Kampf*, zit. nach Carl Améry: *Hitler als Vorläufer*, München 2002, S. 89.

145 Elias Canetti: *Aufzeichnungen 1973–1984*, Frankfurt am Main 2002, S. 53.

146 Carl Améry, *Hitler als Vorläufer*, S. 179.

147 Ebenda, S. 167.

148 Ebenda, S. 168.

149 Sighard Neckel: *Status und Scham. Zur symbolischen Reproduktion sozialer Ungleichheit*, Frankfurt 1991.

150 Walther von Hollander: *Der Mensch über vierzig. Lebensformen im reiferen Alter*, Berlin 1957, S. 13.

151 Ebenda, S. 15.

152 Elias Canetti: *Aufzeichnungen*, S. 74.

153 Zitiert bei John Berger: *Gegen die Abwertung der Welt*, München 2003, S. 93.

154 *British Medical Journal* 2002. Vgl. Harro Albrecht: Blutsauger, in: *Die Zeit* vom 24. Oktober 2002.

155 Martina Keller: Operation Niere, in: *Die Zeit* vom 2. Dezember 2002, S. 15–17.

156 Ivan Illich: *Die Korruption des Christentums*, Teil 5.

157 Social alarm Services in Germany. Current situation and trends in a diverse market situation. http://www.empirica.biz/swa/cases/17.pdf, S. 7.

158 Supporting home care delivery through IST. Experiences from a German pilot project. http://www.empirica.biz/swa/cases/11.pdf, S. 8.

159 Ebenda.

160 Medication Aid Device and Parkinson Card. A Dutch Initiative. www.empirica.biz/swa/cases/13.pdf, S. 8.

161 Ulrike Zechbauer: Diener aus Stahl (http://w4.siemens.de/FuI/de/archiv/pof/heft2_02/artikel18/index.html), d.i. Siemens (Hg.), *Pictures of Future*, 2, 2002.

162 *Profil* vom 15. September 2003, S. 39.

163 So Ivan Illich: *Nemesis der Medizin* und *Die Korruption des Christentums*, übersetzt von Trapp, hier: Teil 4. Vgl. dazu das dritte Kapitel in diesem Buch.

164 Otto Speck: Pflegebehinderte alte Menschen, in: Peter Rödler/Ernst Berger, Wolfgang Jantzen (Hg.): *Es gibt keinen Rest! Basale Pädagogik für Menschen mit schwersten Beeinträchtigungen*, Neuwied, Berlin, 2001.

165 *www.abendblatt.de/* vom 21. Juli 2003.

166 Maren Bracker: Pflegezwang für Frauen, in: *Mabuse* 66 (1990), S. 38–41.

167 Berthold Dietz: *Die Pflege(r)evolution? Ansprüche, Wirklichkeiten und Zukunft der Sozialen Pflegeversicherung*, Diss. Gießen 2002, S. 196.

168 Ebenda, S. 212.

169 Herbert Maisch: *Patiententötungen*, München 1997 bietet eine Fülle von Beispielen.

170 Peter Heusch: Äffchen statt Zivis? In: *Was uns betrifft, Zeitschrift der evangelischen Zivildienstseelsorge*, 4, 1993, S. 28.

171 *Süddeutsche Zeitung* vom 22. August 2003.

172 Vgl. zur bürgerlichen Kälte im Loft Günter Grass, Daniela Dahn, Johano Strasser (Hg.): *In einem reichen Land. Zeugnisse alltäglichen Leidens an der Gesellschaft*, Göttingen 2002, S. 263–270. Dort finden sich »Aufnahmen von Lofts in Berlin … die häufig von Singles bewohnt werden oder als Zweitwohnungen dienen … (sie) befinden sich in den architektonischen Hüllen von einstigen Fabrikbauten. An den Stellen früherer industrieller Produktion entfaltet sich heute, in der Spärlichkeit kultivierten Designs, sich individuell gebender Lebensstil.« (S. 263)

173 Theodor W. Adorno: *Minima Moralia. Reflexionen aus dem beschädigten Leben*, Frankfurt am Main 1986, S. 41f.

174 Vgl. Ivan Illich: *In the Mirror of the Past*, London 1992, S. 55–64.

175 Vitruvius Pollio, Marcus: *Vitruvii De architectura libri decem = Zehn Bücher über Architektur*, übersetzt und mit Anmerkungen versehen von Curt Fensterbusch, 5. Aufl. Darmstadt 1991, S. 119.

176 So bei Jeremy Rifkin: *Access. Das Verschwinden des Eigentums*, Frankfurt am Main 2000, S. 173. Die Rede ist hier von der Franz Klammer Lodge in Telluride, Colorado. Die Mitglieder zahlen zwischen 118.000 und 154.000 US-Dollar für eine jährlich fünfwöchige oder längere Nutzung der Ferienwohnungen.

177 Ivan Illich: *H₂O und die Wasser des Lebens*, Reinbek 1987, S. 21.

178 Ivan Illich: *Selbstbegrenzung. Eine politische Kritik der Technik*, Reinbek 1975, S. 81.

179 Ebenda, S. 82.

180 Vgl. Ivan Illich: *Hospitality and Pain. Paper presented in Chicago at McCormick Theological Seminary*, 1987.

181 Hans-Jürgen Biedermann: Eine Ratte, die man in die Ecke treibt, die wehrt sich doch auch, in: *Frankfurter Rundschau* vom 20. März 2002.

182 Bobbio: *Vom Alter – De senectute*, S. 26f.

183 Louis-Ferdinand Céline: *Reise ans Ende der Nacht*, Reinbek 2003, S. 50.

184 Robert von Ranke-Graves, *Griechische Mythologie*, Band 1, Reinbek 1995, S. 132.

185 *http://www.bostonmagazine.com* (April 2003).

186 Vgl. Baudrillard: *Der symbolische Tausch und der Tod*, München 1991.

187 Günter Anders: Die Antiquiertheit des Sterbens, in: *Die Antiquiertheit des Menschen*, Band 2, 1988, S. 247. Molussien ist ein in den Schriften Anders' häufig vorkommender fiktiver Ort.

188 Bericht in der *Süddeutschen Zeitung* vom 29./30. März 2003, S. 12.

189 Die Hinrichtung des Oklahoma-Attentäters in den USA wurde – da die Zahl der Angehörigen, die dabei sein wollten, zu groß war – auf Bildschirmen in einen kinoähnlichen Saal übertragen. Die Ansätze also sind – wie man sieht – gemacht.

190 Bericht der Deutschen Hospizstiftung, zitiert in der *Frankfurter Allgemeinen Zeitung* vom 8. April 1998.

191 Vgl. dazu Johann-Christoph Student: Kritikwürdig bis makaber, in: *Dr. med. Mabuse* vom 25. August 1999.

192 *Le Figaro* vom 28. Juli 1998.

193 Zit. in: *Der Spiegel* 2/1994, S. 159.

194 Zit. *Frankfurter Rundschau* vom 28. Februar 1997.

195 »... an ihrer Seite steht Böhler-Uddeholm, mit visionären Werkstoffen«, heißt es weiter in der Anzeige, die am 15. September 2003 in *profil* erschien.

196 Vgl. dazu den Kommentar von Robert Leicht: Wenn der Tod gewollt ist, in: *Die Zeit* vom 30. Juli 1998, S. 3.

197 Studs Terkel: *Gespräche um Leben und Tod*, München 2002, S 176.

198 Ivan Illich: *Posthumous Longevity. An open letter to a cloistered community of Benedictine nuns*, MS 1989.

199 Vgl. vor allem: Ulrich Beck: *Individualisierung und Integration: Neue Konfliktlinien oder neuer Integrationsmodus*, Opladen 1997.

200 Klaus Dörner: *Der gute Arzt. Lehrbuch der ärztlichen Grundhaltung*, Stuttgart 2001, S. 97. Vgl. auch Philippe Ariès: *Die Geschichte des Todes*, München 1999.

201 Vgl. dazu vor allem Ivan Illich: *Die Nemesis der Medizin*, München 1995.

202 Dörner: *Der gute Arzt*, S. 97.

203 Vgl. dazu Reimer Gronemeyer: Die späte Institution. Das Hospiz als Fluchtburg, in: Reimer Gronemeyer und Erich Loewy (Hg.)

in Zusammenarbeit mit Michaela Fink, Marcel Globisch, Felix Schumann: *Wohin mit den Sterbenden? Hospize in Europa – Ansätze zu einem Vergleich*, Münster 2002, S. 139–145.

204 Michel Foucault: *Die Geburt der Klinik. Eine Archäologie des ärztlichen Blicks*, Frankfurt am Main 1998, S. 207.

205 Vgl. Helmut Brunner: Gesundheitsökonomie und Altersrationierung – (k)ein Thema in Deutschland, in: Möller (Hg.), *Die Kunst des Alterns*, S. 137–151.

206 Zit. *Frankfurter Rundschau* vom 17. April 2001.

207 Nils Mageroy: Palliative Care in Norway, http://www.hospice-care.com/Newsletters/march2000/page3.html.

208 Zitiert bei Lotta Suter: Die Führer der Seelen wittern Meuterei, in: *Freitag* vom 1. November 2002, S. 9.

209 Bericht von Burkhard Saul unter http://www.hoffnung-fuer-ost-europa.de/projekte/pro.alte/content.html.

210 Philippe Ariès: *Die Geschichte des Todes*, München 1999, S. 747.

211 Eugen Rosenstock-Huessy: *Die Sprache des Menschengeschlechts. Eine leibhaftige Grammatik in vier Teilen*, Erster Band, Heidelberg 1963, S. 63.

212 Dalai Lama: *Der Weg zum sinnvollen Leben*, Freiburg 2003, S. 32f.

213 John Berger: *Gegen die Abwertung der Welt*, München 2003, S. 23f.

214 *Der Spiegel* 37/2001, S. 226.

215 *Financial Times Deutschland* vom 31. Mai 2001.

216 Rudolf Wegener: Menschen, wollt ihr ewig altern?, in: Peter Alexander Möller (Hg.): *Die Kunst des Alterns*, Frankfurt am Main 2001, S. 348.

217 *Deutsches Wörterbuch von Jacob und Wilhelm Grimm*, Band 30, München 1984, s.v. »Würde«.

218 Martin Buber: *Bilder von Gut und Böse*, Heidelberg 1986, S. 65.

219 Ebenda, S. 60ff.

220 »Die erste Anti-Aging-Praline der Welt« (http://gesundheit.icpro.de/PGG/PGGA/pgga.htm?line=4&ht_line=line_4&ressort=40800&rubrik=40801&snr=11558).

221 Meister Eckhart: *Werke. Texte und Übersetzungen*, hg. von Niklaus Largier, Band 1, Frankfurt am Main 1993, S. 319.

222 Platon: *Sämtliche Werke* 1, *Apologie*, Nr. 33, Reinbek 1957, S. 31.

223 Zit. in: Hans-Joachim Simm: *Von der Gelassenheit*, Frankfurt am Main 1997, S. 17.

224 Ivan Illich: *Die Korruption des Christentums. Ivan Illich über Evangelium, Kirche und Gesellschaft. Gespräch mit David Cayley*,

übersetzt ins Deutsche von Sebastian Trapp, Manuskript 2003 (i.E.).

225 Eberhard Moths: Vor Sonnenuntergang, in: *Süddeutsche Zeitung* vom 22. August 2002, S. 15.

226 Wilhelm von Saint-Thierry. *Meditationen und Gebete*, Leipzig 2001, S. 61.

227 Adorno: *Minima Moralia*, S. 313.

228 L. Annaeus Seneca: *Vom glücklichen Leben*, Abschnitt 18, 1, in: L. Annaeus Seneca: *Philosophische Schriften* Band II, Darmstadt 1999, S. 45.

229 Luis Buñuel: *Mein letzter Seufzer*, Königstein/Taunus 1983.

230 Zit. bei Walther von Hollander: *Der Mensch über Vierzig*, Berlin 1957, S. 152f.